규제의 파르마콘

류 충 렬

도서출판 대영문화사

서 문

규제는 파르마콘(pharmacon)이다.
규제는 끊임없이 탄생하고 다듬어져야 한다.
규제개혁은 규제현실화에서 벗어나야 한다.

규제는 독성(毒性)을 내재하고 있는 약(藥), 파르마콘(pharmacon)*이다.

필자는 30여년의 공직생활 동안 세 차례에 걸쳐 많은 세월을 규제개혁의 화두에 몰두했다. 1998년 3월 1일, 우리나라 규제개혁 역사의 전환점이라는 「행정규제기본법」이 시행된 시점에서는 '규제란 무엇인가?', '규제를 어떻게 분류하고 등록 단위를 정할 것인가?', '규제영향분석은 어떻게 할 것인가?' 등 새로운 제도의 출발점에서 기초적인 디딤돌을 놓는 데 고심했다. 이어 진행된 '규제 수량 50% 감축'이라는 세계에 전무후무한 목표에 매달리기도 했다.

2009년에는 '한시적 규제유예'라는 새로운 규제개혁의 기법을 구상하고, 어떻게 개념을 정리하고, 무슨 규제를 선정해 유예할 것인가로 고심했다. 필자가 위 두 번의 규제개혁의 화두에 매달리던 시점은 묘하게도 한국이 해외 투자가 절박한 경제위기의 시기였다.

1998년은 '아시아 외환위기'로 인한 IMF 구제금융 이후의 시점이었고, 2009년은 서브프라임 모기지 등 미국의 리먼브라더스(Lehman-Brothers) 파

* 그리스어에서 유래된 약학상의 용어로, 질병을 내재하고 있는 약, 독과 약을 동시에 갖고 있는 약물.

산 이후 몰아친 '글로벌 경제위기'의 시기였다. 모두 해외 투자의 확충과 경제위기 조기 극복을 위한 규제개혁이 강조된 시기였다. 규제개혁이 절실한 시점에 규제개혁의 현장에서 화두에 매달린 기억이 더없는 보람이기도 하다.

2010년 이후에는 민관 합동으로 구성된 '민관합동규제개혁추진단'에서 기업의 애로와 현장의 잘못된 규제를 찾아 이곳저곳을 돌기도 했다. 이런저런 규제정책과 규제개혁 경험의 끝에서 규제를 독(毒)을 내재하고 있는 약(藥), 파르마콘으로 부르고자 한다.

규제는 끊임없이 탄생하고 끊임없이 다듬어야 한다

규제는 바람직한 경제사회의 질서를 위해 처방된 누구나 지켜야 하는, 필요한 사회 질서용 약(藥)이다. 사회가 복잡해지고, 국민의 안전이 강조되며, 산업의 융·복합화가 진행될수록 규제는 탄생될 수밖에 없다. 끊임없이 개발되어야 하는 약이다. 우리 사회의 약으로 만들어진 규제가 '길을 막는 전봇대', 성가신 '신발 속의 돌멩이' 심지어는 도려내야 할 '암 덩어리'로까지 비유되고 있다. 규제에 내재된 독성이 왜 약성보다 더 강하게 나타나는가?

규제는 끊임없이 탄생하고, 끊임없이 독성을 다듬는 개혁이 이뤄져야 하는 이유를 독자와 함께 생각해 보고자 했다. 그 이유를 찾아가는 것이 바로 규제개혁의 시작이기 때문이다.

규제개혁은 규제현실화와 구분되어야 한다

규제의 독성을 다스리는 규제개혁, 그 규제개혁의 노력에서는 역대 정부 모두 고심하고 노력한 것은 사실이다. 그러나 많은 노력에도 불구하고 규제개혁의 필요성은 더 높게 제기되고, 개혁의 성과가 피부에 제대로 와닿지 않는다는 불만이 높은 것 또한 사실이다.

그간 우리의 규제개혁은 정부가 과제를 발굴한 것도 있으나 주로 피규제자로부터 애로를 건의받아 문제를 해결해 주는 방식으로 추진했다. 단편적인 현재의 애로를 해결하는 방식은 규제현실화에 불과하다. 규제현실화는 기술 발달과 경제사회의 규제환경이 급속하게 변화하는 오늘날에는 곧 추가적인 애로와 다른 규제의 개선을 요구하게 된다. 규제현실화는 이미 걸림돌로 작용된 이후에 해결(개선 시점의 실기)하는 것으로서, 건의된 현재 애로의 치유(현재 문제의 해결)에 그치게 되고, 건의되거나 발굴한 대상(개별 규제에 한정)의 개혁에 그치게 된다.

규제개혁, 전략적으로 접근해야 한다

규제는 정책 목표를 실현하는 강력한 수단이다. 현실 치유적인 규제현실화는 규제의 정책 목표 달성을 유도하고 선도하는 기능의 작동을 어렵게 한다. 규제개혁은 규제현실화에서 벗어나 기업과 국민이 규제를 준수하면 바람직한 정책 목표가 실현되고 유도되도록 미래 지향적이고 전략적인 규제개혁이 필요하다.

전략적 규제개혁은 규제를 통해 실현하려는 정책 목표를 제시하고, 목표 달성을 위해 필요한 개혁의 대상 선정, 대상에 적합한 규제개혁 기법의 적용, 마련된 개선안을 담는 법제화 방식, 나아가 집행절차의 투명화에 이르기까지 순차적으로 전략에 입각해서 체계적으로 추진해 보자는 것이다.

규제개혁의 기법 또한 다양하다. 한시적 규제유예, 규제일몰제, 성과 기준 설정, 규제영향분석 등 다양한 기법은 그 장단점과 쓰임새가 각기 다르다. 그간 우리의 규제개혁은 규제개혁 기법을 먼저 정하고 규제들을 맞춰 넣는 식으로 추진하기도 했다. 그간 정부의 수많은 규제개혁 추진에도 불구하고 성과가 미흡하다는 평가에는 정부의 노력 부족보다는 규제현실화에 머무른 측면이 크다.

규제개혁의 경험 끝에 그때의 아쉬움을 담았다

나름대로 전략적 규제개혁의 방향을 살펴보고 이를 위한 개혁의 기법들을 모아 그 쓰임새를 살펴보고자 했다. 그러나 화두만 던지는 미완성이다. 게으른 성격으로 화두만 던지는 졸작을 쓰는 데도 제법 오랜 시간이 걸렸다. 교정과 자료 수집에 협조를 아끼지 않은 대한상공회의소 황동언 팀장에게 감사드린다. 그간 공직 생활에 항상 힘이 되어준 아내와 디자인과 글자체에까지 더 없는 도움을 준 딸, 아들에게 감사하다. 규제개혁의 현장에서 고심을 같이한 옛 직원들에게 감사하고 화두만 던지게 되어 미안하다.

2015년 한여름에

류충렬

차 례

제1장

규제의 파르마콘

규제란 무엇인가?
왜 길을 막는 전봇대가 되었나?
말도 안 되는 규제들
규제는 파르마콘이다
규제의 외형 목적과 숨겨진 의도
지방자치단체의 '서랍 속 규제'
규제, 집행 행태에 따라 독성이 나타난다
규제, 끊임없는 탄생과 끊임없는 개혁

규제란 무엇인가?

규제(regulation)란 무엇인가? 그동안 우리 사회는 규제를 '길을 막는 전봇대', '손톱 밑 가시', '신발 안 돌멩이', '암 덩어리 규제' 등으로 자주 비유해 왔다.1) 이러한 비유들에는 규제가 기업의 발목을 잡거나 경제 성장을 가로막는 존재이며, 이로 인해 뽑아버려야 하는 '전봇대' 또는 곧바로 제거해야 하는 성가신 '신발 안 돌멩이'나 '손톱 밑 가시'로 개혁의 대상이 되어야 한다는 인식이 내포되어 있다. 그럼 과연 규제는 이처럼 나쁜 것일까? 이들 표현처럼 규제가 뽑아버려야 하거나 제거해야 하는 성가신 것이라면 처음부터 누가 왜 만들어서 문제를 야기하고 있는 것인가?

결국 규제개혁의 의미와 그 필요성을 정확하게 인식하기 위해서는 규제가 무엇인지, 어떻게 만들어졌고, 왜 길을 막는 전봇대로 인식되고 있는지

1) '규제 전봇대 이번엔 뿌리 뽑자'(문화일보, 2008.4.7), '전봇대 50건당 공무원 1% 감원'(동아일보, 2008.1.25), '뽑아야 할 전봇대 한두 개가 아니다'(헤럴드경제, 2008.3.6), '규제 전봇대 아직도 많다'(한국일보, 2009.7.8), '손톱 밑 가시, 신발 속 돌멩이 꺼낼 수 있도록'(서울경제, 2013.1.28), '전정부적 손톱 밑 가시뽑기'(문화일보, 2013.4.19), '암 덩어리 규제 혁파'(문화일보, 2015.6.26) 등 규제를 전봇대, 돌멩이, 손톱 밑 가시, 암 덩어리 등에 비유하고 있다.

등의 의문에 대해 진지한 논의가 필요하다.

규제는 지켜야 하는 법령이다

규제의 정의는 다양하다. 여러 가지 관점, 규제를 좁게 보느냐 아니면 넓게 보느냐, 정부의 개입행위 자체에 초점을 두느냐 아니면 개입하려는 목적에 더 초점을 두느냐, 또는 외부의 인식 형태에 중점을 두느냐 등에 따라 조금은 다르게 정의하고 있다.

몇 개의 정의를 살펴보면, 규제란 "바람직한 경제사회 질서를 구현하기 위해 정부가 시장에 개입하여 기업과 개인의 행위를 제약하는 것"(최병선, 1992: 18), "행정 주체가 사적 활동에 대해 공익이라는 목적 달성을 위해 개입하는 것"(김재광, 2012: 10), "공익 목적에 따라 제정된 규칙에 따라 민간의 행위(private activity)를 행정적으로 감시(public administrative policing)하는 것"(Mitnick, 1980: 4-7), "민간의 행위를 통제하려는 정부의 노력"(Meier, 1985: 1) 등으로 정의하고 있다. 이러한 정의들을 종합해 보면 규제란 "공익(public interests)이나 바람직한 경제사회 질서(desirable socio-economic environment)를 위해 정부가 개인과 기업의 권리를 제한하거나 의무를 부과하는 것"으로 이해할 수 있다.

그런데 자유민주주의 국가에서는 공익이나 경제사회 질서를 위한다고 하더라도 정부가 마음대로 개인의 자유와 권리를 제한하거나 의무를 부과할 수 없고 감시할 수도 없다. 개인의 자유를 침해하거나 권리를 제한하는 것은 헌법에서 허용한 제한된 범위 안에서 국회가 제정한 법률을 통해서만 가능하기 때문이다. 따라서 규제는 국민의 대표기관인 국회에서 제정한 법률에 의하거나 법률이 위임하는 범위 내에서 제정된 행정입법, 조례 등 법령에 의해 제한적으로 이뤄지게 된다. 이런 점에서 규제란 입법 절차에 따라 제정된 법령 그 자체로 인식할 수 있다. 이런 이유로 규제를 위의 문단에서 여러 학자의 정의와 다르게 "공공 목적을 추구하는 독립기관이 만들어낸 법적 규정"(Martelli, 2014: 54)인 법령 그 자체로 정의하기도 한다.

우리나라 「행정규제기본법」에서도 법률에 근거하지 않고서는 국민의 권리를 제한하거나 의무를 부과할 수 없도록 함으로써, 모든 규제를 세부 내용을 제외하고는 원칙적으로 법률에 직접 규정하도록 하는 규제법정주의를 채택하고 있다.[2] 이러한 규제법정주의의 원칙에 입각해 「행정규제기본법」에서는 행정규제를 "국가 또는 지방자치단체가 특정한 행정 목적을 실현하기 위하여 국민(국내법을 적용받는 외국인을 포함한다)의 권리를 제한하거나 의무를 부과하는 것으로서 법령등[3] 또는 조례, 규칙에 규정되는 사항"으로 정의하고 있다. 이때 기본법의 정의는 규제의 주체, 규제의 객체, 규제의 내용과 함께 규제의 형식(법령 형태)까지를 갖추는 것이 된다. 결국 규제는 개인이나 기업의 권리를 제한하거나 의무를 부과하는 조항을 가지고 있는 법률(act), 법률의 위임을 받은 대통령령·총리령·부령(decree law) 및 조례(city ordinance) 등 법령 그 자체인 것이 된다.[4]

따라서 규제는 처음부터 우리 주변에서 별개로 존재하는 나쁜 것이 아니다. 규제는 우리 사회에서 항시 접하고 지켜야 하는 규칙이며, 정당한 권한을 가진 기관에서 합법적인 절차에 의해 만들어진 법령으로서 공익을 위해

---

2) 「행정규제기본법」 제4조(규제법정주의)에서 "행정기관은 법률에 근거하지 아니한 규제로 규제는 국민의 권리를 제한하거나 의무를 부과할 수 없다"(제4조 제3항)고 하며, "규제는 법률에 직접 규정하되, 규제의 세부 내용에 있어서는 법률 또는 상위 법령에서 구체적인 범위를 정하여 위임한 바에 따라 대통령령, 총리령 부령 또는 조례, 규칙 등으로 정할 수 있다."고 규정하고 있다.

3) '법령등'이라 함은 법률, 대통령령, 총리령, 부령과 그 위임을 받은 고시 등(훈령, 예규, 고시 및 공고)를 의미한다(행정규제기본법 제2조 및 동법 시행령 제2조).

4) 따라서 '법령등, 조례, 규칙'에 규정되어 있지 않은 규제는 법령의 형식이 아니므로 「행정규제기본법」상의 행정규제는 아니게 된다. 그러나 한국의 「행정규제기본법」에서는 규제법정주의를 채택하고 있어 형식상 법령으로 규정되지 않은 규제는 비록 행정규제는 아니나 법령 미근거 또는 사실상의 규제이기 때문에 결국 규제법정주의에 반하는 규제가 되어 정비 대상이 된다. 따라서 규제개혁 측면에서는 행정규제와 별반 다르지 않게 된다.

개인에게 의무를 주거나 권리를 제한하는 것이다.

규제는 우리 사회의 약으로 처방된 것이다

대부분의 규제는 기본적으로 정부가 개입해야 할 당위성을 가지고 제도화된다. 대표적인 사례가 각종 사고 및 재해에 대한 국민의 안전 보장, 환경오염의 방지, 사회 질서의 유지 등을 위한 사회적 규제이다. 예를 들어 어린이가 탑승하는 학원버스의 사고를 막기 위해 학원버스를 신고하도록 하면서 학원교사가 버스에 동행하도록 의무화하거나, 화재 예방을 위해 건물에 사용하는 재료의 종류를 제한하거나 소방장비의 설치를 의무화하는 규제 등이다.

길을 막는 전봇대에 비유될 가능성이 비교적 높은 경제적 규제도 큰 틀에서는 마찬가지라 할 수 있다. 원칙적으로 시장에서 기업의 자율 경쟁에 의해 창의적인 활동이 이뤄지도록 공정한 심판에 필요한 규제로 그쳐야 함이 바람직할 것이다. 그러나 자유 시장 경쟁에서 해결하기 어려운 문제들, 즉 독과점, 소비자의 보호, 공정거래 및 중소기업의 보호, 정보의 비대칭성, 외부효과(externality) 등도 분명히 존재하게 되어 이로 인해 여러 가지 규제가 필요하게 된다. 물론 직접적인 공공의 안전과 질서 유지와 더 관련된 사회적 규제에 비해 경제적 규제가 어디를 더 보호하고 육성할 것인가에 대해 정책적 논란은 있을 수 있지만 그렇다고 해서 규제의 필요성 자체가 부정되지는 않는다.

건설업 등록규제를 예로 들어 보자. 「건설산업기본법」에서는 건설업을 하려면 일정 수 이상의 기술 면허자 고용, 자본금, 사무실 등의 등록 요건을 갖추도록 하고 있어 건설업 진입을 일정 정도 제한하고 있다. 만약 지금과 같은 등록 요건을 없애고 규제 없이 자유롭게 건설업체를 설립하도록 하면 어떻게 될까? 전문성이 없는 업체에 의해 잘못된 건설 서비스가 제공됨으로써 경미한 건물 하자(瑕疵)뿐만 아니라 건물 붕괴 등의 대형사고도 우려되어 소비자나 관련 이해관계인에게 손실을 입힐 가능성이 높아지게 된다. 아울러 어떤 업체가 우량 업체이며 부실 업체인지를 소비자가 판단할 기준이 없어 정보의 불완전성도 우려된다. 이러한 부정적인 외부효과(negative externality)나 정보의 불완전성 때문에 등록 요건을 갖춘 업체만 진입을 허용하는 정부규제의 개입이 일부 논란을 가능하나 타당성 자체가 부정되지는 않게 된다.[5] 결국 규제는 기본적으로 경제사회의 질서를 위해 필요한 약으로 처방된 것이라 할 수 있다.

규제는 우리 사회 다수의 의사(意思)이다

앞의 정의와 같이 규제는 공익과 바람직한 경제사회적인 질서를 위해 필요한 사항을 규정하는 우리 사회의 약속인 법령이다. 법령은 국민의 대표기관인 국회, 법률에 따라 권한을 위임받은 중앙정부 및 지방정부 등에 의해 국민의 여론 수렴 과정을 거쳐서 만들어지는 것이다.

정책 목적의 설정이나 이를 성문화하는 법률의 제정에는 우리 사회 다수 의견과 보편적인 가치가 반영될 수밖에 없다. 법령을 제정하는 과정에서 국민의 위임을 받거나 정당한 권한을 가진 기관은 규제의 내용 – 누구에게 얼마만큼 권리를 제한하고 의무를 부과할 것인가 – 에 대해 국민의 여론 수렴

5) 이때 논란은 규제 자체의 정당성보다 그 등록 기준이 과다한 기준인지 최소한의 기준인지에 따른 논란이 가능하게 된다. 외부효과와 정보의 불완전성을 고려해도 기술 면허자, 자본금의 기준을 최소한으로 해도 가능할 것인지 등 진입 요건의 정도에 대한 논란과 업체의 우수성을 인식하게 하는 방법으로 실적평가 공시 등 다른 방안으로 대체할 수 없느냐는 방법상의 논란이 된다. 그러나 이러한 논란에도 불구하고 외부효과 및 정보의 불완전성이라는 시장실패의 요인에 의한 규제의 정당성을 완전히 부정하기 어렵다.

절차를 거치게 된다. 이러한 여론 수렴 과정을 거쳐 규제가 도입되는 과정에서 규제의 정도-예를 들어 대기업의 활동을 보장할 것인지, 중소기업을 더 보호할 것인지, 기업활동을 보장할 것인지, 환경과 소비자를 더 보호할 것인지, 기업의 자율을 더 허용할 것인지, 시민의 안전을 더 우선할 것인지 등의 문제-는 사회의 다수 의견과 보편적인 가치관에 의해 결정될 가능성이 더 높다. 따라서 규제는 사회 다수의 일반적인 의사의 산물이라고 할 수 있다.

결국 규제는 국민의 대표기관인 국회에서 논의 과정을 거쳐 정당한 절차에 따라 제정된 법률 및 법률이 위임하는 범위 내에서 적법하게 만들어진 하위 법령들이다. 이러한 법령은 국민 다수의 의견과 사회의 보편적 가치가 반영되어 만들어진다. 따라서 규제는 국민이 준수해야 할 정당하고 당연한 우리 사회의 약속이다. 그럼에도 불구하고 왜 규제는 나쁜 것, '길을 막는 전봇대', '신발 안 돌멩이' 심지어 '암 덩어리'로까지 비유되고 있는 것일까?

왜 길을 막는 전봇대가 되었나?

앞서 말한 것처럼 규제는 우리 사회의 바람직한 경제사회 질서를 위한 처방약으로 제정된 정당한 법령이다. 그럼에도 불구하고 기업의 발목을 잡는 걸림돌 또는 나쁜 것으로 비난을 받고 있고, 또 그러한 비난이 사회적으로 더 많은 설득력을 얻고 있다.

이와 같은 규제에 대한 인식은 규제를 바라보는 입장의 차이에서 기인된 것이라는 주장을 펼 수도 있다. 사회 전체의 입장에서 보면 불가피한 규제라 하더라도, 자유가 제한되거나 희생되어야 하는 기업과 개인의 관점에서 보면 규제가 자신에게 걸림돌이라는 인식을 낳을 수 있다. 공익 또는 사회 질서를 위한 것이라도 피규제자의 입장에서는 원하는 것을 하지 못하게 하는 것이므로 길을 막는 전봇대로 먼저 인식할 것이기 때문이다. 이런 점에서 규제가 걸림돌이라는 인식은 규제자(정부)나 공익의 수혜자(국민)나 제3자가 아닌 직접 적으로 규제를 받는 피규제자(기업 또는 개인)의 입장에서 바라본 관점 차이일 것이라는 이해도 가능하다.

이해관계자의 입장 차이인가?

과연 규제가 걸림돌이라는 인식이 이해관계자의 입장 차이에 기인한 것일까? 몇 개의 규제를 사례로 들어 규제가 길을 막는 전봇대 또는 걸림돌이라는 인식이 이해관계자의 입장 차이에서 그러한지 살펴보자.[6)]

[사례 1] 상수원 보호를 위한 주변 지역 입지 제한

상수원보호구역의 경계로부터 상류 방향으로 유하거리(流下距離)[7)] 20km 이내인 지역(취수시설의 용량이 1일 20만㎥ 미만인 경우에는 10km), 상수원 취수시설(상수원 보호구역 지정·공고 여부와 관계없이)로부터 상류 방향으로 유하거리 15km 이내, 하류 방향으로 유하거리 1km 이내인 지역에는 공장 등 시설물의 입지를 원칙적으로 제한하고 있다(수도법 제14조의2, 산업입지의 개발에 관한 통합지침).

[사례 2] 농업진흥지역에서의 토지 이용 제한

농업진흥구역에서의 토지 이용은 원칙적으로 농업 생산 또는 농지 개량과 직접 관련된 시설로 한정하면서, 일부 농수산물의 가공·처리시설(이 경우에도 규모를 제한) 또는 공공의 필요에 의해 불가피한 마을회관 등에 한해 제한적으로 열거해 입지를 제한하고 있다(농지법 제32조 등).

위 [사례 1]과 [사례 2]의 규제는 전형적인 입지 제한 규제이다. [사례 1]은 대다수 국민이 이용하는 수돗물의 안전 확보를 위해, [사례 2]는 필요한 농지의 무분별한 훼손 방지를 통한 안정적인 식량 확보를 위해 각각 관

6) 제시하는 [사례 1]에서 [사례 5]까지는 류충렬의 블로그(http://blog.naver.com/crryu4)의 '규제란 약인가 독인가'(2013.5.2)를 참조.
7) 물이 흘러내리는 거리를 말한다.

련 지역에 입지를 강하게 제한하는 규제이다.

이들 입지 제한 지역에서는 토지를 소유한 개인이나 기업이 공장, 건물 등을 짓지 못하거나 일부 제한된 용도로만 활용해야 한다. 이처럼 자신의 재산권을 행사하지 못하고 직접적으로 규제를 받는 피규제자는 해당 토지의 이용 제한과 이에 따른 가격 하락 등으로 규제에 불만을 토로할 가능성이 높다. 반면 직접 규제를 받지 않는 많은 국민은 해당 규제가 공익을 위해 불가피하며 피규제자도 억울하지만 순응(順應)해야 한다고 인식할 가능성이 높다. 이 사례에서처럼 이해관계에 따라 해당 규제에 대한 인식 차이가 있다.

그러면 규제가 걸림돌이나 뽑아야 하는 전봇대라는 인식은 이처럼 이해관계의 차이에 있는 것일까? 과연 규제에 대한 인식이 단순히 이해관계 여부에 의한 것인지 두 개의 사례를 규제개혁적인 관점에서 다시 살펴보자.

[사례 1]의 상수원보호구역 입지 제한 규제에 대해서는 대다수 국민이 불가피한 규제라고 쉽게 인식할 가능성이 높다. 그러나 공익을 위해 규제의 불가피성이 인정되는 것으로 보인다 하더라도 여전히 문제는 있다. 입지를 제한하는 범위로 20km가 적정한지 여부가 그것이다. 즉, 과학기술의 발전이나 새로운 산업의 등장으로 인해 현재의 입지 제한 범위가 합리적인가 하는 점이다.

입지 제한 범위인 20km는 상당한 거리이다. 배출 오염물질을 정화하거나 배출량을 저감하는 기술이 부족한 과거에는 원천적으로 수질에 영향을 미칠 가능성이 있는 지역에 사전적으로 입지를 제한하는 규제가 타당성을 지니고 있었다. 그러나 오염 정화 기술이 급속하게 발전하는 동시에 입지하려는 시설의 경우에도 오염 배출이 적거나 없는 시설(폐수 무배출 공정 등)이 등장하면서 기존의 입지 제한 규제가 시대적 여건 변화에 적합한지 논란이 발생할 수 있다. 기술 발전이나 산업 여건의 변화에 따라 규제가 달라져야 한다는 주장은 해당 지역의 토지 소유 여부 등 이해관계를 떠나 제기할 수 있는 합리적인 의견일 수 있다.

수돗물의 수질 안전을 위해 불가피하다고 인식되는 [사례 1]의 규제조차도 정화 기술의 발달 등 기술 진보에 따라가지 못할 경우 기업활동을 가로막는 전봇대, 손톱 밑 가시로 변질될 수 있게 된다는 것이다. 이 규제는 최근 많은 논란 끝에 제도가 일부 완화되기도 했다.[8] 현재에도 정도의 차이는 있으나 걸림돌이라는 인식이 계속되고 있으며, 앞으로 환경 저감 기술의 발달이나 새로운 공정의 다양한 산업이 등장하면서 걸림돌이라는 인식은 증가하게 될 것이다.

[사례 2] 농업진흥지역에서의 토지 이용 제한도 농지 보전을 위해 불가피한 규제라는 점에는 [사례 1]과 같이 인식될 수 있는 여지가 크다. 농업진흥지역에는 농수산물의 가공·처리 시설, 농수산업 시험·연구시설, 농어업인 주택, 농어업용 시설 등 농업 생산 또는 농지 개량과 직접적으로 관련된 시설에 한해 입지를 허용하고 관련이 없는 시설은 원칙적으로 토지 이용행위를 할 수 없도록 하고 있다.[9]

그런데 [사례 2]의 경우에도 입지 가능 시설의 범위와 관련해 논란이 제기되고 있다. 오늘날 농업은 종래의 농산물 생산 위주에서 가공, 유통, 관광 등 주변 산업과 융·복합을 통해 미래 산업으로 변화하고 있으며, 새로운 과학기술을 영농에 적용하는 기법도 하루가 다르게 발전하고 있다. 이에 따라 새로운 산업과의 융합, 새로운 영농 기법의 도입을 위해서는 기존의 농

---

8) 제기된 논란으로 인해 2008년에 국가경쟁력강화위원회가 개선을 추진했다. 하수처리구역에 설립되는 공장으로서 발생되는 오수를 공공하수처리시설로 유입·처리하는 경우, 오염총량관리시행계획 또는 수질개선사업계획을 수립·시행하는 지역에서 개인하수처리시설의 방류수 수질 기준 중 1일 처리용량이 50세제곱미터 이상의 기준을 충족하는 경우, 취수 방법이 강변 여과수인 지역, 1일 오수 발생량이 10세제곱미터 미만인 경우 등 일정한 조건을 충족하는 경우에는 유하거리 7~20km 이내에서 공장을 설립할 수 있도록 개선했다(규제개혁추진단, 2013a: 41).

9) 다만 농업과 직접적인 관련은 없어도 공공의 필요에 의해 불가피한 어린이놀이터, 마을회관, 농업인의 공동생활에 필요한 편의시설, 국방·군사 시설, 하천, 제방, 문화재의 보수·복원·이전, 매장문화재의 발굴, 비석이나 기념탑, 도로, 철도, 지하자원 개발을 위한 탐사·채광(採鑛)·적치(積置) 등은 제한적으로 입지가 가능하다(농지법 제32조).

지에 생산 이외 시설의 입지가 불가피해지는 것이다. 그렇지만 농업진흥지역에서는 기본적으로 가공, 판매시설의 입지를 제한함으로써 생산 이외에 다른 산업과의 융합이나 복합영농을 어렵게 하고 있다. 이런 점에서 농업생산 및 농지 개량과 직접적으로 관련된 시설에 한정하는 입지 제한 규제도 시대의 변화에 걸맞지 않은 '길을 막는 전봇대'로 인식될 수 있게 된다.

[사례 1] 및 [사례 2]의 경우에 기술 발달 및 여건 변화에 따른 규제 타당성 논란 이외에도 공익과 사익 간의 형평성 논란도 강하게 제기된다. 다시 말해 공익을 위해 개인의 재산권을 어느 정도까지 제한하는 것이 바람직한지에 대한 논란이다. [사례 1]과 [사례 2]의 입지 제한지역 내 직접적인 피규제자가 권리를 제한받는 것이 공익을 위해 불가피하다 하더라도, 침해받은 피규제자에게 보상 없는 피해를 감수하라는 강요가 정당한 것인지, 또는 권리의 제한이 필요 이상으로 과다하지 않는지 등에 대해 논란이 제기된다. 자유시장 경제에서 개인에 대한 침해는 비록 공익을 위한 것이라 하더라도 필요 최소한에 그쳐야 하기 때문이다.

한 가지 예를 들어보자. 농업진흥지역과 연접한 비농업진흥지역에 공장이 있고 공장의 증설이 시급한 경우이다. 그러나 기존 공장에 연접한 비농업진흥지역이 없거나 비농업진흥지역이 도로 등으로 단절되어 오직 연접한 농업진흥지역 이외에 활용할 수 있는 토지가 없다면 연접한 농업진흥지역을 이용하지 않고는 공장을 증설할 수 없게 된다. 이 경우 공익만을 앞세워 농업진흥지역을 일절 활용하지 못하게 한다면 4면이 막힌 해당 공장에 지나치게 가혹한 희생을 강요하게 된다. 이러한 논란으로 규제를 일부 완화했으나[10] 공익을 위한 사익의 과도한 침해 논란은 아직도 여기저기에서 제기되고 있다.

---

10) 기존의 공장이 도로, 하천, 건축물과 농업진흥지역으로 모두 둘러싸인 경우에는 3천m^2까지 농업진흥지역에도 증설을 할 수 있도록 2011년 4월에 「기업활동 규제 완화에 관한 특별조치법」 개정으로 완화되었다.

[사례 3] 위험물 운송자의 국가기술자격증 및 교육수료증 소지 의무

이동탱크 저장소에 의해 위험물을 운송하는 자는 당해 위험물을 취급할 수 있는 국가기술 자격자 또는 안전교육을 받은 자로 제한(위험물안전관리법 제21조 제1항)하고, 아울러 위험물 운송자가 이동탱크 저장소를 운송하는 때에는 해당 국가기술 자격증 또는 교육수료증을 소지하도록 의무화하고 소지 의무 위반자에 대해 과태료를 부과했다(위험험물안전관리법 제21조 제3항, 제39조 등).[11)]

[사례 3]은 위험물 운송과 관련된 안전규제이다. 국민의 안전을 위해 이동탱크 저장소에 의해 위험물을 운송하는 자는 당해 위험물을 취급할 수 있는 국가기술 자격자 또는 규정에 따른 안전교육을 받은 자로 제한하고 이를 위반한 경우 처벌하는 규제로 대다수 국민에게 불가피한 규제로 인식될 가능성이 높다.

안전규제라 하더라도 과연 규제가 타당한지에 의문이 제기될 수 있다. [사례 3]의 경우 위험물 운송자에 일정한 자격이나 교육을 요구하는 규제가 필요하다는 데에는 논란이 없다. 다만 운송 중 국가기술자격증 또는 교육수료증을 지녀야 한다는 규정과 관련해서는 의문이 제기되어 왔었다. 실제 자격이 있거나 교육을 받았다면 관련 증명서를 소지하지 않았다고 해서 그것이 안전과 무슨 관계가 있을까?

일반적인 자동차 운전의 경우에도 「도로교통법」에서 원칙적으로 운전자가 운전 중에 운전면허증 등을 지니도록 하고는 있다. 그런데 운전면허증을 소지하지 못한 경우에는 신원을 확인하거나 질문을 하여 면허증이 있는지를 단속경찰이 확인하는 제도를 2010년 7월에 법을 개정(법률 제10382호)함으로써 실제 면허가 있는데 단순히 운전 중 소지하지 않았다는 이유만으로

11) 위험물운송자의 국가기술자격증 또는 교육수료증 소지 및 의무 규제는 2014년 12월 31일에 「위험물안전관리법」을 개정(법률 제12941호)함으로써 폐지되었다.

바로 처벌하지 않도록 보완 규정을 마련했다.[12)]

그러나 [사례 3]의 경우 운송 시에 운송자가 실제 자격증이나 교육을 받았음에도 자격증이나 교육수료증을 소지하지 않았다는 이유만으로 오랜 기간 과태료를 부과했고, 결국 이러한 처벌규제는 안전보다 정부의 단속을 쉽도록 하는 행정편의주의적 규제라는 논란이 제기되어 2014년 12월 30일에 개선되었다.

운전면허 또는 자격증의 소지 의무는 과거처럼 자격 기록을 현장에서 확인이 어려운 시기에는 불가피하게 필요한 규제이다. 그러나 IT기술의 발달로 자격증 소지에 관계없이 다른 신분의 확인으로 자격 여부를 현장에서 바로 확인할 수 있다. 자격이나 교육 이행 여부의 정보도 정부가 가지고 있으며, 단속도 정부가 하게 되므로 전산 기술을 활용하면 충분히 단속이 가능한데도 그간 행정 편의적인 규제가 계속되고 있었다는 것이다. 이러한 소지 여부에 따른 처벌은 단속 과정에서 불필요한 마찰을 야기하게 되고 처벌을 무마하기 위한 시도로 부패의 요인이 될 수도 있다.

[사례 4] 축산물 위생 교육기관 지정 기준 규제

축산물 위생 교육기관 지정을 받으려면 아래와 같이 사전에 설정된 기준에 적합한 '인력 및 시설·장비 기준'을 구비하고 식약청장의 지정을 받아야 한다(식품의약품안전처 고시 제2013-156호, 2013. 4. 5).

〈인력 기준〉

- 교육의 종류별로 1인 이상 자격이 있는 자체 강사, 1인 이상의 교육관리자

12) "운전자 신원 및 운전면허 확인을 위한 질문을 하는 때에는 이에 응하여야 한다."는 「도로교통법」 제92조 제2항의 단서 조항을 신설했다. 이 단서 조항에 근거해 운전면허증을 소지하지 않은 경우에도 단속경찰이 신원 확인 및 질문을 통해 실제 면허 자격 여부를 확인할 수 있도록 하고 있다.

• 강사의 자격 기준

- 수의·축산·식품 관련 분야의 박사학위를 가진 자 또는 석사학위를 가진 자로서 축산물 위생에 관한 업무에 2년 이상 종사한 자
- 수의·축산·식품 관련 분야의 학사학위를 가진 자로서 축산물 위생에 관한 업무에 5년 이상 종사한 자
- 「고등교육법」 제2조에 따른 학교에서 수의·축산·식품 관련학을 강의하고 있는 자로서 전임강사 이상인 자
- 축산물 위생에 관한 업무를 직접 담당하고 있는 공무원
- 그 밖에 동등한 자격이 있다고 농림수산식품부 장관이 인정하는 자

〈시설 및 장비 기준〉

• 강의실, 휴게실, 화장실(남녀 구별) 및 주차장
• 강의실은 바닥 면적이 50m^2 이상인 것(30인을 초과하는 경우 초과 1인당 1.5m^2씩 추가 확보)으로서 1개 이상
• 교육 인원에 충분한 의자·탁자, 스크린·음향시설, 환기시설 및 조명시설, 휴대용 컴퓨터·빔 프로젝트 등

위 [사례 4]는 축산물 위생 교육기관으로 지정받기 위해 사전에 구비해야 하는 인력 및 시설 기준으로 진입규제(entry regulation)의 한 예이다. 대부분의 허가, 인가, 등록, 지정, 신고 등의 요건으로 규정하는 진입규제는 정도의 차이가 있으나 일정한 자본금, 시설 및 전문인력 등을 그 요건으로 정하고 있다. 교육기관 지정 신청자는 우선 규제 요건을 구비한 이후에 허가관청에 신청하게 된다. 이처럼 사전에 진입 요건을 제한하는 이유는 자격이 없거나 소규모 업체의 난립으로 수요자가 불이익을 받는 사례를 방지하는 데 있다.

만약 진입 요건을 구비해서 신청했다 하더라도 지정될 것인지는 별도의

문제이다. 신고, 등록의 경우에는 요건 충족 시 특별한 하자가 없는 한 신고 수리 및 등록이 될 것으로 기대할 수 있다. 그러나 해당 관청의 재량이 수반되는 허가, 특허 등의 경우에는 요건을 구비했다고 하더라도 허가가 이뤄지지 않을 수 있다. 진입규제가 어떤 형태를 띠든 소비자를 보호하기 위해 구비 요건을 미리 설정하는 사전규제의 필요성은 어느 정도 인정된다.

그런데 이러한 사전 요건의 규제(ex-ante regulation)는 몇 가지 문제를 수반하게 된다. 민원인은 허가 신청 이전에 허가 요건을 맞추기 위해 선투자가 불가피하다. 허가 요건인 사무실을 임대하거나 장비를 미리 구입하는 경우이다. 이 경우 민원인의 입장에서는 사전 요건을 구비하기 위해 투입한 비용(sunk cost) 때문에 허가를 받기를 원하게 된다. 허가를 받지 못하면 요건을 구비하기 위해 투입한 투자 손실이 예상되기 때문이다. 따라서 손실을 보지 않기 위해 허가를 받아야 하는 을의 입장인 허가 신청자(피규제자)와 규제를 해석하고 허가하는 갑의 입장인 공무원 사이에는 기본적으로 부패의 기회가 증가하게 된다. 또한 필요 이상의 과도한 사전규제는 참여자를 제한함으로써 경쟁을 저해하는 '손톱 밑 가시'로 변질될 가능성이 높아진다.

위 [사례 4]의 경우 지정 요건이 필요 이상으로 과도하다는 문제가 제기될 수 있다. 즉, 강사 자격 요건과 시설 면적 기준과 관련한 논란이다. 먼저 강사의 자격 요건은 대부분 학력(학사, 석·박사 등)으로 규정하고 있어, 학력은 높지 않으나 해당 분야에 실무 능력과 경험이 있는 자에게 자격이 주어지지 않는다는 주장이 가능하다. 특히 시설면적 규제와 관련해서는 최소 면적 기준인 50m^{2}가 바람직한지 논란이 예상된다. 교육기관에 따라 한 번에 적은 교육생으로 시차를 나눠 운영하고자 하는 기관은 작은 면적을, 많은 교육생을 한꺼번에 교육하고자 하는 기관은 처음부처 큰 면적을 갖추게 하는 등 기관이 교육장 면적을 자율적으로 선택하도록 하는 것이 진입을 제한하지 않는 규제 방식일 것이기 때문이다. 이처럼 소규모 난립을 우려해 과도한 기준을 사전에 설정함에 따라 사전규제는 피규제자에게 커다란 걸림돌이 될 수 있다.

[사례 5] 공인회계사의 직무 제한

공인회계사 본인 또는 해당 공인회계사의 배우자가 주식 또는 출자 지분을 소유하고 있거나 3천만 원 이상의 예금, 적금 등 채권(단 예금자보호법에 따라 보호되는 금액 한도 이내는 제외) 및 채무가 있는 경우 해당 기관의 재무제표를 감사하거나 증명하는 업무에 참여하지 못하도록 제한하고 있다(공인회계사법 제21조, 동법 시행령 제14조).

위 [사례 5]는 공공성을 지닌 자격증 소지자의 업무와 관련한 직무 제한 규제의 사례이다. 공인회계사는 공적인 기능을 가지고 법령에 따라 기업의 회계감사 기능을 수행한다는 점에서 직무와 관련한 각종 제한이 이뤄지고 있다. 투자자들은 기업의 결산회계 등을 참고해서 주식에 투자한다. 따라서 공인회계사의 경우 자신과 이해관계에 있는 기업의 회계감사 과정에서 분식회계 묵인 등 기업과 밀착할 우려를 사전에 예방할 필요가 있다. 즉, 투자자를 보호하기 위해 이해관계가 있는 기업 또는 금융기관에 해당 공인회계사를 참여하지 못하도록 제한하는 것이다.

하지만 위 [사례 5]의 경우에 어느 정도 직무를 제한할 것인지에 대해 이견이 제기될 수 있다. 회계사 본인과 배우자가 주식을 소유하거나 3천만 원 이상의 채무를 지닌 기관에 대해 재무제표 감사 등에 참여하지 못하게 하는 것이 과연 합리적인 수준일까? 금융기관으로부터 3천만 원의 융자를 받는 것은 현재 경제활동에서 매우 빈번하고 자연스러운 상황이다. 또한 상당수 사람들은 해당 은행으로부터 그 정도의 융자가 있다고 해서 관련 회계업무의 공정성에 영향을 미치리라고는 생각하지 않을 수도 있다. 즉, 과거처럼 금융 대출이 어려웠던 시절에는 3천만 원이 큰 금액이어서 업무에 영향을 미칠 수 있다고 볼 수도 있다. 그러나 여·수신 규모가 확대되고 금융기관의 수도 많은 시대에는 걸맞지 않은 손톱 밑 가시라는 주장도 가능하다.

[사례 6] 떡, 두부 등 즉석 판매 제조 생산제품의 배달 판매 제한

2014년 10월까지 떡, 두부 등 즉석 판매 제조 가공업소에서 생산된 제품은 영업장 이외의 장소에서 판매하지 못하도록 규제함으로써 소비자에게 배달영업이 불가능했다(식품위생법 시행규칙 제57조 관련 별표, '영업자 준칙 사항').13)

위 [사례 6]은 전통 먹거리인 떡, 두부 등 즉석 가공 제품을 영업장에서만 판매하고 배달영업을 원천적으로 제한하는 영업활동 규제였다. 이 규제는 2014년 말에서야 개선되어, 영업자(종업원)의 직접 또는 지정된 3자 택배 방식이라는 제한적인 형태로 배달영업을 허용했다. 그간 배달영업을 규제한 주된 이유는 즉석 가공식품의 배달 과정에서 발생할 수 있는 변질 우려였다. 즉, 국민 안전과 건강을 위해 원천적으로 배달영업의 기회를 막은 것으로 식품위생법령의 제정 이후 오랫동안 지속되어 왔던 규제이다.

하지만 급속하게 달라진 소비자의 식품에 대한 안전 의식, 배달용 포장 기술 및 택배 수단의 급속한 변화를 조금이라도 고려했다면 과연 2014년까지 개선 없이 존치되었을까? 그간 식품에 대한 국민들의 안전 의식이 높아지고 배달 기술이 발달함으로써 사실상 지켜지지도 않고 지킬 수도 없는 규제였다. 이 규제는 당초 배달 과정의 변질 우려를 막는다는 취지보다는

13) '떡의 배달영업 금지' 규제는 박근혜 행정부에 들어 대표적인 손톱 밑 가시의 하나로 지적되어 2014년 10월 13일에 관련 규정을 개정함으로써 제한된 배달 방법으로는 가능하도록 일부 완화되었다. 2014년의 개선에서 배달영업을 허용하되 "영업자나 그 종업원이 최종 소비자에게 직접 배달하는 경우, 식품의약품안전처장이 정해 고시하는 기준에 따라 우편 또는 택배 등의 방법으로 배달하는 경우"에 한해 제한적으로 허용되었다(식품위생법 시행규칙 별표17, 영업자 준칙 사항).

영업활동을 제한하는 규제로 변질된 대표적인 사례일지도 모른다. 규제는 한번 만들어지면 규제의 관성으로 외부의 강한 개선 요구가 있기까지 스스로 개선하기 어렵게 된다는 점을 보여준다.

[사례 7] 정부와의 계약과 계약 지연에 따른 지연 이자 등

국가와 각종 계약을 한 민간이 계약 이행을 지체하면 지체에 따른 지체상금(遲滯償金)으로, 계약액에 지체상금률*과 지연 일수를 곱한 금액을 현금으로 납부하도록 하고 있다.

* 지체상금률: 공사(0.1%), 물품의 구매(0.15%), 용역(0.25%), 운송(0.5%)

반면 국가는 계약 이행 후 계약에 따른 대금 지급을 지연하면, 민간에 금융기관 평균 대출금리(한국은행 통계월보상의 평균 금리)에 지연 일수를 곱한 금액만을 지급하도록 하고 있다(「국가를 당사자로 하는 계약에 관한 법률」 시행령 제59조·제74조 및 시행규칙 제75조).

위 [사례 7]은 계약의 당사자로서 계약 불이행에 대해 형평성이 어떠하냐의 문제이다. 「국가를 당사자로 하는 계약에 관한 법률」에는 "계약은 서로 대등한 입장에서 당사자의 합의에 따라 체결되어야 한다."고 규정(제5조)되어 있다. 그러나 동법에 의한 계약 지연에 따른 이자 부담에서는, 을의 입장인 민간은 계약 지연에 따라 연 32.5~182.5%의 높은 지연이자(지체상금률= 1일 지연이자)가 되는 반면, 또 다른 계약 당사자인 갑의 국가는 시중은행의 평균 대출금리(연 3% 내외)만 부담하고 있어 최고 60배의 차이가 있다.

이 규제는 그간 일부 업계의 불만은 있었으나, 비교적 정당성을 갖는 규제로 인식되어 왔다. 이는 혹 계약 지연에 따른 불이익을 국민이 받게 될 우려, 갑과 을의 차이를 크게 불공평하다고 인식하지 못한 관행이 우리 사회에 존재했기 때문이기도 하다. 그러나 최근 금리 인하와 낮은 금리 시대가 지속되면서 지나친 형평성의 부족은 계약 당사자만의 불만이 아닌 우리 사회의 손톱 밑 가시 규제로 인식되고 있다.

규제의 전봇대 현상, 점점 빨라지고 있다

위 7개 사례에서 해당 규제로 인해 직접 권리를 제한받는 일부 이해관계자만 규제를 전봇대 또는 손톱 밑 가시로 인식하하는 데 그치지 않고 제3자도 그렇게 인식할 가능성이 크다는 것을 알 수 있다. 규제는 위에서처럼 새로운 기술 발달과 산업 형태의 변화를 따라가지 못할 경우[사례 1, 사례 2], 행정편의주의 경향[사례 3], 과다한 진입 제한[사례 4], 경제 규모 등 여건의 변화[사례 5], 국민의 보건 의식과 상품 구매 방식의 변화[사례 6], 과다한 형평성의 결여[사례 7] 등의 경우에 언제든지 규제는 길을 막는 전봇대로 변하게 된다는 것이다.

결국 처음에는 바람직한 경제사회를 위한 취지에 맞게 만들어진 규제가 주변 여건의 변화를 능동적으로 수용하지 못하거나 기술 발달에 맞춰 개선되지 못하면, '지킬 수 없는 규제', '지켜지지도 않는 규제'라는 비현실적인 규제로 변질되어 길을 막는 전봇대로 인식될 가능성이 높아지게 된다. 특히 기술 발달과 개방경제로 인한 경제사회적인 여건 변화가 급속하게 이뤄지는 오늘날에는 규제의 변질, 규제로 인한 걸림돌 현상이 매우 빠르게 진행하게 된다.

말도 안 되는 규제들

규제는 공익이나 사회 질서를 유지하기 위해 필요한 약(법령)이다. 하지만 단순한 약이 아니라 언제 작용할지 모르는 독성을 내재하는 약이다. 당초 공익을 위해 만들어졌지만 공익에 도움이 되지 않고 오히려 개인 및 기업의 활동을 더욱 옥죄는 - 나쁜 독성이 더 강하게 작용하는 - 규제를 우리 생활 주변에서 흔히 보게 된다.

우리의 생활 주변에는 비현실적이어서 지켜지지도 않는 규제, 다 지키지 않아 사실상 처벌이 어려운 규제, 강제로 지킨다는 게 무의미한 규제, 우스꽝스러운 규제 등 소위 '말도 안 되는 규제'[14]가 생각보다 많이 존재한다. 말도 안 되는 규제가 많을수록 규제는 약성보다 독성이 더 자라게 된다. 공익과 사회 질서에 필요한 약성(藥性)보다 개인과 기업을 옥죄는 독성(毒性)

14) 류충렬(류충렬의 블로그 http://blog.naver.com/crryu4)은 "비현실적이어서 지킬 수도 없고 지켜지지도 않는 규제, 지키지 않아도 무방하거나 다 지키지 않아 사실상 처벌이 어려운 규제, 강제로 지킨다는 게 무의미한 규제, 너무나 당연해 법령으로 규제하는 것이 우스꽝스러운 규제"를 '말도 안 되는 규제'라고 하고 있다. 결국 '말도 안 되는 규제'는 결국 공익과 사회 질서를 위해 필요하다는 규제의 정당성과 거리가 먼, 규제의 내재된 독성이 더 강하게 작용하는 규제가 된다.

이 더 강하게 작용하는 '말도 안 되는 규제'는 과거에도 있었고 지금도 우리 주변에 여전히 존재한다. 당초 기대한 약효보다 이런저런 이유로 생겨난 독성이 더 강한 규제를 주변에서 많이 접할수록 규제가 '길을 막는 전봇대'라는 인식이 증가하게 된다.

지금은 폐지된 말도 안 되는 규제들

김대중 행정부가 출범한 1998년 한 해에 많은 규제가 폐지되었다. 1998년 '규제 50% 폐지'의 규제 삭감 목표를 설정하고 추진했기 때문이다. 1998년 '규제 50% 폐지'라는 사실상의 강제적인 규제개혁에 의해 소위 '말도 안 되는 규제'들이 많이 폐지되었다. 1998년 말까지 엄연히 존재했던 '말도 안 되는 규제'들 중 몇 가지를 예로 들어 보자. 규제개혁 작업 초기에는 관련 부처에서는 폐지할 경우 사회적 혼란을 우려해 폐지를 반대하거나 꺼려했던 사례이기도 하다.[15]

[사례 8] 대중목욕탕 욕조수의 수질 기준

1998년까지 공중위생법령에서는 공동목욕탕 욕조의 수질 기준을 '대장균 1㎖당 1 이하'로 준수하도록 규제했다.

'대장균 1㎖당 1 이하'의 당시 공중목욕탕의 욕조의 수질 기준이 어떠한 것인지 식품공전에서 정한 식용유의 허용 대장균 기준과 비교해 보자. 당시

15) [사례 8]에서 [사례 13]까지는 1998년 규제개혁 시에 관련 부처 당당 공직자가 폐지를 반대하거나 꺼려했던 사례들이다. 1998년 당시 필자는 국무조정실(규제개혁조정관실)에서 규제개혁 업무를 담당했다.

식품공전상 식용유의 허용 대장균 기준은 '1㎖당 2 이하'였다. 공중목욕탕의 수질 기준이 사람이 먹는 우유, 식용유 등 기준보다 더 엄격했다.

당시 대중목욕탕의 수질 기준에 대해 전문가들과 목욕장 업체들은 '대장균 1㎖당 1 이하' 기준은 현실적으로 지킬 수도 없는 불가능한 기준이라고 의견을 제시했다. 당시 대한민국 공중목욕탕 욕조의 수질을 검사한다면 모든 목욕업소가 기준 위반으로 걸릴 수밖에 없었다고 한다.

불필요한 과도한 기준을 설정하고 단속하려는 행정 낭비도 물론이거니와, 단속 시마다 기준 위반이 된다면 그 단속 현장에서 어떤 일이 발생할지 쉽게 상상할 수 있을 것이다. 지킬 수 없는 기준은 점검 시마다 위반을 무마하기 위해 부패라는 규제의 독이 발생할 가능성이 높다. 지킬 수도 없고 지켜지지도 않는 규제 준수율이 '0'인 말도 안 되는 규제가 된다.

[사례 9] 인장업자에 대한 고객의 인적 사항, 직업 확인 의무 규제

1972년에 제정된 「인장업단속법」에 따라 인장업자는 인장 제조를 의뢰받은 경우 의뢰자의 신분증을 확인해 주소 · 성명 · 생년월일 · 직업 · 주민등록번호 등을 먼저 확인하고 제조하도록 했고, 제조 후 의뢰자의 인적 사항과 제조된 인장의 인영을 장부에 기재해 3년간 보존(제5조)하도록 하고 보존하지 않은 경우 벌금, 구류 등에 처하도록(제5조, 제9조) 했다. 아울러 제조한 인장이 부정하게 사용될 혐의가 있을 때에는 경찰서에 신고하도록 하고 신고하지 않은 경우 벌금, 구류 또는 과료에 처하도록(제10조 등) 했다.[16]

지금은 대부분 사라졌지만 시내 곳곳에는 인장업자(고객의 요청으로 개인 또는 법인의 도장을 파는 곳)가 있었다. 당시 대부분의 행정서류에 민원인의

16) 1972년에 제정된 「인장업자단속법」은 1973년 3월에 시행되었고 인장업은 경찰서에 신고해야 했다. 이 법은 1998년 규제개혁 조치로 1999년 1월 21일 폐지되었다.

도장을 날인하도록 한 규제 때문이다. 그런데 인장업자에게 손님의 주소, 성명, 주민등록번호 등 인적 사항과 함께 직업이 무엇인지 혹 부정하게 사용될지 여부까지도 확인하도록 규제한 것이다.

도장을 파고자 하는 의뢰자의 입장에서는 자기 도장을 만들면서 본인의 신분증을 제시하고 인적 사항과 직업 등 모든 개인 정보를 인장업자에게 알려야 한다는 것이다. 이 규제의 취지는 아마 인장을 가지고 사기 등에 이용할 가능성에 대비한 것인지 모르지만 실효성이 없는 규제임에는 틀림이 없다. 왜냐하면 당시 인장은 개인이 스스로 파서 사용할 수도 있었고, 해외여행 도중 해외에서 기계로 파기도 했기 때문이다.

이 규제가 만약 문제가 된 도장의 출처를 사후에라도 확인하기 위해 만들어진 규제라면 모든 인장은 인장업자만이 만들 수 있고 해외에서 반입이 불가능한 폐쇄된 사회를 가정한다면 일부 실효성이 있을 수도 있다. 글로벌한 사회에서는 통제가 불가능한 말도 안 되는 규제이지만, 1972년부터 1999년 1월 21일 폐지되기 전까지 당당히 존재했다.

이 규제는 총량규제 50% 삭감이라는 김대중 행정부의 강력한 규제개혁 추진 과정에서 비로소 폐지되었다. 이 규제의 폐지를 추진할 당시 규제 소관 부처의 담당 공직자는 해당 규제가 없어지면 인장 사기 등 사회적인 큰 일이라도 생길 듯이 반대했던 규제이기도 하다.

[사례 10] 자전거의 2인 이상 탑승 제한 규제

1995년에 제정된 「자전거 이용 활성화법」에서는 자전거에 13세 이상 2명이 동시에 탑승을 하지 못하도록 규제했다.[17)]

---

17) "자전거는 13세 이하 어린이 1인을 동승하는 경우를 제외하고는 2인 이상이 동시에 탑승하고 통행하여서는 아니 된다."고 규정했다(「자전거 이용 활성화에 관한 법률」 제19조).

자전거의 13세 이상 2인 이상 탑승 제한 규제의 당초 목적은 국민의 안전 보호였다. 13세 이상의 사람 두 명 이상이 동시에 자전거를 타면 넘어질 우려가 높아 원천적으로 동시 탑승을 금지한 것이다. 하지만 이 규정은 사람들이 거의 준수하지 않는 규제였을 뿐 아니라, 규제의 의도와는 달리 다양한 형태의 자전거, 즉 여러 명이 동시에 이용할 수 있는 자전거의 국내 생산을 저해하는 부작용도 가져왔다. 당시 해외에서는 이미 여러 명이 동시에 이용하는 레저용 자전거가 만들어져 생산되어 왔다. 이에 한국에서도 규제 개선의 필요성이 제기되었으나 주관 부처는 스스로 개선하지 않아 상당 기간 동안 이 규제로 인해 다양한 자전거 생산이 현실적으로 불가능했다. 이 규제는 해당 부처의 노력이 아니라 김대중 행정부에서 추진된 50% 규제 폐지라는 강력한 개혁 드라이브에 밀려 1999년에서야 시정되었다.

[사례 11] 노래연습장 내 춤과 음료수 제한 규제

「풍속영업 규제에 관한 법률」 등에 의해 1998년까지 노래연습장에서 노래를 부르면서 춤을 추지 못하게 했다. 또한 노래연습장에서 음료수 판매도 금지했고 위반 시 최고 영업 정지까지 부과하도록 규제했다(노래연습장에서의 주류의 판매는 지금도 불법이다).

이 규제 하에서 노래연습장에서는 어떠한 몸동작 없이 그저 로봇처럼 노래만 불러야 했다. 또한 노래하는 도중 목이 말라도 음료수도 마시지 못하며, 필요하면 외부 상점에서 음료수를 구입해 반입해야 했다. 이때 노래연습장에서 판매했다는 오해를 받을까 우려해 업주와 고객 간의 마찰이 발생하기도 했다. 이 규제는 과연 지킬 수 있는 규제인가? 노래를 부르다 흥이 나면 춤을 추게 되는 인간의 본능을 금지하는 규제는 기본적으로 지켜질 수 없는 규제이다. 그러나 1998년 말까지 제도가 개선되기 이전에는 엄연히 존재한 규제였다. 이처럼 불가능하고 비현실적인 규제로 당시 노래연습장은 경찰의 단속이 있을 경우에는 대부분 적발될 수밖에 없었고, 이는 단속무마라는 부패로 연결되기도 했다. 이 규제는 노래연습장에서 춤을 추게 한다면 나아가 술을 마시게 되고, 술을 마시면 접대부를 고용해 함께 춤이라도 출까 우려했을 것이다. 그러나 모든 일탈을 미리 예상하고 억제하면 과잉 규제가 된다. 노래연습장에서의 술이나 접대부는 지금도 불법이고 이는 단속의 문제이다.

[사례 12] 공연장의 의자 고정 의무 규제

「공연법」에 근거한 하위 규정에서 공연장의 관람용 의자는 바닥에 반드시 고정하도록 규제했고, 음료수 판매를 금지했다.

이 규제는 물론 의자를 고정해 안전사고를 예방하자는 취지로 제정되었을 것이다. 이 규제가 1999년에 개선되지 않았다면 어떤 결과가 발생했을까? 공연장 내 의자의 이동을 통해 실감나는 공연예술이 가능했을까? 또한 공연 후에 의자를 이동해 공연장의 공간을 다른 용도로 다양하게 이용하는 방식은 가능했을까? 하나의 규제는 이처럼 새로운 창조를 막게 된다.

[사례 13] 어장 청소의 시간 제한 규제

1998년 당시 「어업면허 및 어장관리에 관한 규칙」에서 어장(漁場)을 청소할 때에는 신고하도록 하고, 신고된 어장 청소 시간 외에는 청소장비를 어선에 적재할 수도 없도록 규제했다.

위 [사례 13]의 규제는 무슨 목적으로 제정되었으며, 왜 필요한 규제였는지 정확한 이유를 모른다. 규제 폐지를 논의하던 1998년 당시 담당 부처도 이 규제의 정확한 목적이 무엇인지 제대로 알지 못했다. 아마 불필요한 청소장비를 가지고 다니면 흉기로도 사용될 것을 우려했는지 모를 일이고, 청소를 핑계로 다른 어장에 들어가는 것을 막고자 했는지도 모른다. 이유야 어쨌든 국가가 개인 어장의 청소 시간과 장비까지 개입하고 관리했다.

이상의 [사례 8]에서 [사례 13]까지 6개 사례는 1998년 말 또는 1999년 초까지 엄연히 존재했던 규제들이다. 왜 이런 말도 되지 않는 규제가 존재했을까? 대부분의 규제는 탄생 당시에는 필요성이 있어 제정되었을 것이다. 인장업자에게 가한 가혹한 규제는 혹 타인의 인장을 만들어 악용할까 우려했을 것이다. 그러나 당초 규제하고자 하는 문제가 사라졌거나, 지켜질 수 없거나 지킨다는 게 무의미한 규제들을 여건의 변화에도 불구하고 그대로 지키도록 강요하거나 방치하면 '말도 안 되는 규제'로 변질된다. 국민의 안전 의식이 높아졌거나 기술이 발달했음에도 과거의 명령·지시적 규제를 그대로 둔 경우에도 마찬가지이다. 말도 안 되는 규제는 준수할 필요가 없거나 준수할 수 없는 규제가 된다.

이런 말도 안 되는 규제가 존속하게 되면 위 '자전거의 2인 이상 탑승 금지', '공연장 의자의 고착' 규제에서 보듯이 새로운 제품의 개발이나 다양한 형태의 시설 이용 기법의 발전을 저해하게 된다. 아울러 지켜지지 않는 규제는 단속 과정에서 부정부패의 원인이 될 수 있다.

최근의 사례들

위 사례와 같은 이러한 말도 안 되는 규제는 10여년 전과 같이 과거에만 있는 것은 아니다. 지금 현재에도 여전히 기술의 발달, 시대의 변화를 따라 가지 못하는 말도 되지 않는 규제가 있다. 최근의 사례를 한번 찾아보자.

[사례 14] 송전선하(送電線下) 부지에 대한 매장문화재 지표조사 규제

「매장문화재 보호 및 조사에 관한 법률」과 해당 법령을 구체화하는 문화재청의 「지표조사의 방법 및 절차 등에 관한 규정」(문화재청 고시 제2011-51호)에 의해 송전선이 지나가는 송전선하 부지에 대해서도 매장문화재 지표조사의 대상 사업의 범위에 포함하도록 2011년까지 규제했다.[18]

통상 송전은 먼저 일정한 지표를 훼손해 전봇대 또는 철탑을 설치하고 전봇대 또는 철탑 사이에 송전선로를 연결하게 된다. 따라서 송전선로가 지나가는 아래의 선하 부지는 어떠한가? 공중에는 선로가 있으나 선하의 토지에는 아무런 시설이나 토지 훼손도 없으며 단지 선로의 그림자만 있을 뿐이다. 그런데도 송전선로의 선하 부지를 매장문화재 지표조사의 대상에 포함하도록 한 것이다.

송전설비 사업계획 면적의 대부분인 90%가 선하 부지(선하 부지는 송전선이 지나가는 지상 양쪽 3m)이고 10%가 철탑 부지인데도, 형질이 훼손되지 않는 90%를 사업계획에 포함해 문화재 매장 여부를 조사하는 지표조사 대상사업이 되도록 규제한 것이다. 이 규제로 대부분의 송전사업은 매장문화재 지표조사의 대상이 되었고, 이에 따라 지표조사를 위한 용역 수행 등 관련 규제를 받게 된 것이다.[19] 이로 인해 토지를 훼손도 하지 않는 선하 부

18) 「매장문화재 보호 및 조사에 관한 법률」 시행령에서는 '토지에서 시행하는 건설공사로서 사업면적이 3만 제곱미터 이상인 경우' 지표조사의 용역을 작성하고 조사하도록 했다. 그러나 문화재청은 동 법령의 하위 규정인 「지표조사의 방법 및 절차 등에 관한 규정」(문화재청 고시 제2011-51호)에서 송전선로 밑 선하 부지를 지표조사 대상 면적 3만 제곱미터 여부에 표함하도록 했고, 이에 따라 대부분의 송전사업이 문화재 지표조사 대상사업이 되었다.

19) 물론 선하 부지는 실제 토지 훼손이 이뤄지지 않으므로 지표조사는 불가능해 실제 조사는 하지 않았으나 조사 대상 사업에는 포함되므로 각종 용역을 해야 하고 이로 인해 사업이 지연되는 문제가

지까지 포함해 불필요하게 매장문화재 조사를 규제받아야 하는 것이다. 이 규제는 2012년에서야 당시 국가경쟁력강화위원회와 대한상공회의소가 공동으로 운영한 '민관합동규제개혁추진단'의 노력으로 개선이 이뤄졌다.[20]

[사례 15] 산업단지 집단에너지 사업자의 발전설비 용량 제한 규제

산업단지 등에서 열병합 발전설비를 통해 열(스팀)과 전기를 동시에 생산해 공급하는 집단에너지 사업자에게 주된 행위인 열의 생산 용량에는 제한을 두지 않았으나, 동시에 생산되는 전기에 대해서는 별도의 「전기사업법」에서 생산 용량을 30만kW로, 동법 시행령에서는 다시 25만kW로 제한했다.

'열병합 발전설비'는 열과 전기를 동시에 생산하는 시설로, 열(스팀)을 생산하면 동시에 전기도 자동으로 생산된다. 업계의 의견으로는 전기를 생산하지 않고 열(스팀)만 생산하는 시설이 불가능한 것은 아니나, 열과 전기를 동시에 생산하는 설비에 비해 오히려 효율이 떨어지기 때문에 열병합 발전이 불가피하다고 한다. 이러한 열병합 발전설비는 「집단에너지사업법」에 따라 허가받은 집단에너지 사업자가 지정된 공급 대상지역(산업단지, 신도시 등)에 설치해 단지 내의 수요자에게 열을 공급하게 된다. 이때 집단에너지 사업자로 허가받은 사업자는 발전사업자(구역전기 사업자)로 동시에 의제되어 부수적으로 생산되는 전기를 구역 내에 공급(직접 판매)할 수 있게 된다.[21] 즉, 열병합 발전 설비에서 생산되는 열과 전기를 동시에 구역 내에

발생하게 된다.

20) 2011년 민관합동규제개혁추진단에 불합리한 규제로 인한 애로가 접수되어 문화재청과 협의를 거쳐 2012년 문화재청이 선하 부지는 매장문화재 지표조사 대상에서 제외하는 방향으로 개선했다(민관합동규제개선추진단, 2013b: 532).

21) 「집단에너지사업법」 제9조에 따라 집단에너지 사업자로 허가받은 사업자는 동법 제48조에 의거해 「전기사업법」 제7조 1항의 발전사업자(구역전기사업자)로 의제되어 전력거래소를 거치지 않고 지정된 공급단지에 전기를 직접 공급할 수 있게 된다.

직접 공급하도록 하는 것이다.

그런데 이 경우 열과 전기 생산 용량을 각각 따로 제한하는 규제로 인해 우스꽝스러운 현상이 발생하게 된다. 즉, 「집단에너지사업법」에 의해 열(스팀) 생산 용량을 제한하는 규제는 없으나, 「전기사업법」과 동법 시행령에 따라 발전 용량을 25만kW로 제한받았기 때문이다. 열병합 발전을 통해 동시에 생산되는 열과 전기 중 하나의 생산 한도를 제한하는 규제로 열의 생산을 증가하려고 해도 부수적인 발전 제한으로 필요한 열(스팀)의 생산까지 불가능하게 되는 것이다.

이러한 현상은 실제 2011년 전남 여수산업단지에서 문제가 되었다. 여수산업단지 내 집단에너지 사업자인 K석유화학은 입주업체들의 공정용 열 수요가 증가함에 따라 설비를 확충하고자 했다. 그러나 발전 용량 규제로 인해 필요한 열의 생산설비까지도 늘리지 못하게 되는 상황이 발생한 것이다.

그러면 집단에너지 사업자(구역전기 사업자)에게 발전 용량을 규제할 이유가 있을까? 한국은 과거나 지금이나 전기 공급 부족으로 어려움을 겪고 있어, 발전사업자에게 발전 용량을 제한할 이유를 찾기 어렵다. 오히려 발전을 장려해야 할 것이다. 어쨌든 전기 공급 부족 상황 속에서 구역전기 사업자에게 발전 용량을 제한하는 규제가 있는 것은 사실이고, 이에 따라 집단에너지 사업자는 발전 용량 제한 규제에 묶여 본업인 열(스팀) 생산까지 확대하지 못하게 된 것이다. 집단에너지 사업자의 발전 용량 제한 규제는 2012년 '민관합동규제개혁추진단'의 노력 등으로 임시방편으로 당시 전기사업법시행령의 발전 용량 제한 25만kW를 상위 법률인 전기사업법의 제한 한도인 30만kW로 땜질식 개선이 이뤄진 상황이다.[22]

---

22) 2011년 한국열병합발전협회에서 민관합동규제개혁추진단에 애로를 건의했고 논의를 거쳐 2012년 1월 30일 제27차 국가경쟁력강화위원회에 보고되어 일부 개선되었다. 집단에너지 사업자(구역전기 사업자)에게 「전기사업법」에서 30만kW로 제한하고 동법 시행령에서 다시 25만kW로 제한하던 것을 우선 법률의 규제인 30만kW로 상향하도록 2012년 5월 23일 시행령을 개정해 여수산업단지의

[사례 16] 제주도 지정면세점의 19세 미만 내국인 출입 제한 규제

2002년 이후 제주도 공항, 항만 등에 설치된 지정면세점에는 「제주도 여행객에 대한 면세점특례규정」(제2조)에 의해 2014년 11월까지 19세 미만의 내국인과 외국인의 출입을 제한했다.

제주도에는 외국으로 출국하지 않고 이용이 가능한 지정면세점이 설치되어 있다. 비록 금액과 품목상의 제한은 있으나 외국이 아닌 제주도를 방문하고 떠나면서 이용할 수 있는 면세점이다. 그러나 2014년 11월 14일까지 19세 미만의 내국인은 제주도 내 지정면세점을 이용하지 못하도록 규제했다. 「제주도 여행객에 대한 면세점특례규정(대통령령)」 제2조(제주도 여행객의 범위)에 의해 19세 이상만 면세점에 출입할 수 있기 때문이다. 이 규제로 제주도에 수학여행 온 많은 학생은 면세점을 구경하지도 못하고 부모에게 면세된 선물조차 사지 못했다.

19세 미만의 출입을 규제한 이유가 무엇일까? 면세점에서 술, 담배를 면세로 팔고 있기 때문이라는 것이 제일 큰 이유로 들고 있다. 그런데 술, 담배의 면세 구매를 우려해 면세점 출입을 원천적으로 제한하는 규제가 설득력이 있을까? 술, 담배는 제주도의 지정면세점이 취급하는 여러 면세점 물품 중 일부에 불과하다(지정면세점의 취급 물품은 15종이 넘는다). 우려가 된다면 술과 담배만 구입하지 못하게 함으로써 족할 것이다. 국내의 마트 어디에도 술, 담배를 취급한다고 해서 마트 출입 자체를 막지는 않는다. 술, 담배를 살 때 의심되는 청소년에 대해 별도로 주민등록을 확인하는 등 규제가 있기 때문이다. 지정면세점을 운영하는 어느 나라에도 출입자를 연령으로 제한하고 있는 나라는 파악되지 않고 있다. 불필요한 과잉 규제는 우스꽝스러운 말도 안 되는 규제일 뿐이다.

애로를 임시적으로 해결했다(민관합동규제개선추진단, 2013b: 542).

[사례 17] 뷔페 음식업의 관할구역 5km 이내 제과점 빵 구입 제공 규제

뷔페로 영업을 하는 음식점에서 빵을 제과점에서 구입해 손님에게 제공하려면, 뷔페 음식점 영업신고를 한 행정관청과 같은 관할구역에 있으면서, 뷔페 음식점과 5km 이내에 있는 제과점에서 빵을 구입하도록 2014년 5월 9일까지 규제했다.

위 [사례 17]은 뷔페 음식점에서 빵류를 구입할 경우 동일한 행정관청 관할구역과 5km의 거리를 규제한 경우이다. 관할구역이 다르면 제과점에서 빵을 구입해 음식점까지 오기에 당연히 멀 것이고, 5km 이상 이동하는 과정에 부패할 가능성이 있다는 이유일 것이다. 과거 교통 수단이 매우 열악하고 위생포장 개념이 없는 시대에 혹 타당성이 있을 수도 있는 규제일 것이다. 교통이 발달하고 포장기술이 발달함에 따라 오래전에 폐지되었어야 할 규제임에도 2014년 5월에야 업계의 건의로 개선되었다. 관할구역의 제한으로 대도시의 경우 인근에 위치한 다른 구(區)에 가까운 제과점이 있어도 구매하지도 못했다. 말도 안 되는 규제임에 틀림이 없다.

위의 [사례 14] ~ [사례 17]에서 최근까지 존재했던 '말도 안 되는 규제'의 몇몇 사례를 살펴보았다. 우리의 생활 주변에서 이처럼 현실에 맞지 않는 우스꽝스러운 규제가 많다. 이런 규제가 많을수록 규제는 나쁜 것, 규제는 길을 막는 전봇대라는 잘못된 인식이 증가하게 된다. 위와 같이 말도 안 되는 규제는 기술 · 교통의 발달, 국민 의식의 변화 등 규제환경이 급속하게 변화하고 있는 오늘날에는 더 빠르게 생겨나게 된다. 결국 규제환경의 변화에 앞서 규제를 다듬거나 개혁하지 않으면 언제든지 '말도 안 되는 규제'로 변질된다.

규제는 파르마콘이다

앞서 살펴본 것처럼 규제는 당초 공익과 경제사회 질서를 위해 처방약으로 만들어졌으나, 기술의 발달이나 경제사회 여건의 변화를 능동적으로 수용하지 못할 경우 오히려 변화를 저해하거나 기술 발전을 막는 걸림돌이 되기도 한다. 다시 말해 우리 사회를 위한 약으로 만들어졌으나 '길을 막는 전봇대', '손톱 밑 가시' 등 '말도 안 되는 규제'가 되어 오히려 경제사회 발전에 독이 되기도 하는 것이다.

규제가 오히려 독이 되기도 하는 것은 기본적으로 규제는 약성과 독성을 함께 품고 있는 이중성(duplicity)을 갖고 있는 파르마콘(pharmacon)[23]의 속성을 내재하고 있기 때문이다. 규제가 품고 있는 독성은 규제의 기본적인 속성으로서, 다음과 같이 제시할 수 있다.

23) 파르마콘(pharmacon)은 그리스어에서 유래된 약학상의 용어로, 질병을 내재하고 있는 약, 독과 약을 동시에 갖고 있는 약물을 의미한다(http://en.wikipedia.org/wiki/pharmacon, 2014.10.3. 검색).

규제 포획 및 규제의 보수성

이미 만들어진 규제는 계속적으로 유지하려는 속성을 갖게 된다. 또한 규제를 관리하는 정부도 기존 법령(규제)을 그대로 유지하려는 우호적인 행태를 보이게 된다. 규제를 집행하는 공무원 역시 기존의 규제(법령)에 포획(regulatory capture)되어 규제를 정책 목표 달성을 위한 수단이 아니라 그 자체를 목적(placement of goals)으로 인식하는 경향도 갖게 된다.

이러한 규제 포획은 피규제자에게 기존 규제를 준수할 것을 강요하게 되어 새로운 방식의 제도가 신속히 나타날 가능성을 저하시킨다. 이러한 규제의 보수성으로 인해 여건 변화 또는 기술 발달을 즉시 수용하지 못하게 되면 새로운 업종, 새로운 기술의 등장이 그만큼 지연되어 규제가 '손톱 밑 가시', '길을 막는 전봇대'로 변질될 가능성이 높아지게 되는 것이다.

[사례 18] 우리나라에 탄산생수 생산을 못하게 한 규제

세계적으로 먹는 물인 생수에는 크게 탄산이 포함된 생수와 탄산이 포함되지 않은 생수라는 두 가지 종류가 있다. 그런데 우리나라에서는 2014년 말까지 탄산생수 생산이 규제로 인해 불가능했다.

먹는 샘물인 생수는 일반적으로 취수정에서 원수인 지하수를 취수해 일부 살균 후 용기에 주입하고 판매하는 과정을 거친다. 특히 탄산생수의 경우 생수 제조 과정의 마지막 단계에서 탄산을 주입하는 추가 공정이 필요하게 된다. 그러나 「먹는 물관리법」 시행규칙(환경부령) 등에서 "먹는 샘물 등의 제조업과 직접 관련이 있는 제조시설 외의 다른 제조시설을 설치하여서는 아니 된다."고 규제함으로써 탄산 주입 공정의 설치가 불가능했고 탄산생수의 생산이 어렵게 된 것이다.

탄산생수 수요 증가로 수입 생수가 증가하면서 국내에도 탄산생수를 생산할 수 있게 해달라는 업계의 건의가 이어졌으나, 먹는 샘물의 독립적 관리가 필요하다는 환경부와 식품의약품안전처와의 업무 영역 등 관련 부처의 소극적인 태도로 해당 규제가 오랜 기간 개선되지 못했다. 결국 이 규제는 2014년 박근혜 대통령의 '손톱 밑 가시' 규제개혁 과제로 선정되고나서야 일부 제한적인 조건하에 가능하도록 개선이 이뤄졌다.[24]

한국에서의 탄산생수는 오래전부터 내국인의 해외여행이 증가해 외국에서 탄산생수를 경험한 이후 국내 수요가 생겨났고, 해외여행객이 증가하면서 탄산생수를 찾기도 했다. 그러나 탄산생수의 생산을 막는 규제로 그간 전량 수입으로 공급되어 왔다. 국내에서도 생산하자는 많은 요구에도 규제를 그대로 유지하려는 관련 부처의 소극적 태도로 개선이 지연되었고,[25] 2014년 말에야 정부의 강력한 개선 요구에 의해 여러 가지 엄격한 조건으로 가능하게 되었다. 이 규제의 개선 지연으로 한국의 탄산생수 산업은 여타 나라에 비해 매우 늦어지게 되었다. 또한 2014년 개선 과정에서 별도 기관의 허가, 강한 허가 조건 등이 추가됨으로써 규제 개선에도 불구하고 관련 산업의 활성화가 기대한 만큼 가능할 것인지에 대한 우려가 벌써 제기되고 있다.[26]

24) 2014년 국무조정실의 3차 '손톱 밑 가시' 과제로 선정되어, 먹는 샘물 제조공장 내에 탄산수 제조시설의 설치를 허용(다만, 탄산수가 먹는 샘물에 혼입되지 않도록 하고, 생산 품목 변환 시 설비 및 배관 세척을 의무화하고 이를 작업일지에 기록하도록 함)하도록 「먹는물관리법」 시행규칙이 개정(2014.11.28)되었다(www.better.go.kr, 2014.12.15. 검색).

25) 그간 이 규제에 대한 규제개혁 시도의 일례로, 필자가 재직한 국가경쟁력강화위원회와 대한상공회의소가 공동으로 운영한 '민관합동규제개혁추진단'에서도 2012년 '먹는 샘물의 생산 공정에 탄산수 제조시설의 설치를 허용'하게 해달라는 관련 업계의 건의를 받아 관련 부처와 규제개혁 방안을 논의한 바 있다. 그러나 환경부의 소관 먹는 샘물 관련 규제를 유지하려는 소극적 대응으로 개선에까지 이르지 못했다.

26) 2014년 규제 개선에서 환경부의 규정 개선에 추가해, 탄산생수 생산을 위해서는 식품의약품안전처의 허가를 받도록 했고, 허가는 HACCP(식품안전관리 인증 기준) 인증을 받은 시설에만 한하도록 했다. 그런데 HACCP 인증에는 상당한 시설 투자가 필요해 결과적으로 기존의 중소기업은 허가를 받기 어렵게 되었고, 대기업에 의한 제한적인 생산에 그치게 될 것이라는 우려가 제기되고 있다.

이러한 사례는 모든 규제에서 나타날 수 있다. 특히 기술 발달이 빠른 산업 분야에서는 기존 규제의 보수성으로 인해 새로운 기술의 적용 및 새로운 산업의 탄생까지 방해받을 수 있다. 특히 사용 기술과 운영 방식까지 규제하는 경우에는 새로운 기술의 개발·적용을 심각하게 가로막을 수 있다. 예를 들어 환경 분야의 소각로 및 정화시설 규제에서는 설치하는 시설의 종류와 운영 방식, 절차까지 모두 규제하는 경우가 많다. 이 경우 새로운 기술이 개발되어도 제도적으로 허용하기 전까지 적용할 수 없어 기술 개발 자체를 저해하거나 방해하게 된다.

규제의 확대 재생산

규제는 기본적으로 개인과 기업의 권리를 제한하거나 의무를 부과해 피규제자에게 경제적인 손실을 가져오게 한다. 이때 피규제자는 자신의 이익을 위해 관련 규제를 일탈(逸脫)하려고 시도하게 되고, 규제자는 피규제자의 일탈을 막기 위해 기존 규제를 강화하거나 허점을 보완하는 새로운 규제를 도입하게 된다. 즉, 규제에는 기본적으로 규제를 지속적으로 유지하거나 피규제자의 일탈을 막기 위해 새로운 규제를 추가해 확대 재생산하는 규제의 '타르-베이비 효과(tar-baby effect)'[27] 또는 '규제 피라미드(regulatory pyramid)'의 속성을 갖게 된다. 이러한 규제의 확대 재생산은 피규제자에게 점진적으로 규제 준수 비용을 증가시킨다. 또한 규제를 집행하는 정부에게는 행정 집행과 규제 일탈 단속을 위한 행정비용을 증가시키게 될 것이다.

---

27) '타르 베이비'란 해리스(Joel Chandler Harris)의 소설 속에서 토끼를 유혹하기 위해 사용되는 타르 인형(tar doll)에서 유래된 말로, 토끼들이 검은 칠을 한 인형을 친구로 착각해 주변에 자꾸 모여들게 되듯이 잘못 이뤄진 정부규제가 다른 정부규제를 불러오는 현상을 지칭한다(이종수, 2009).

행정편의주의 경향

규제는 규제자인 정부 입장에서 보면 적은 비용으로 정책 목적을 달성하는 매우 효과적인 수단이다. 일반적으로 정부가 정책 목표를 추구하는 데에는 두 가지 방식이 있다. 하나는 정부가 국민으로부터 거둔 세금으로 직접적으로 정책 목적을 추구하는 것이고, 다른 하나는 정부가 필요하다고 생각하는 일에 민간이 직접 돈을 부담하도록 유도하거나 강제함으로써 정책 목적을 달성하는 것이다.[28] 정부의 입장에서는 직접적으로 정책 목적을 추구하기보다 민간에게 강요하는 규제 방식을 선호할 가능성이 높다. 규제라는 수단을 통해 피규제자에게 규제 준수 비용을 비교적 쉽게 전가할 수 있기 때문이다. 따라서 정부는 특정 문제를 해결하는 방안을 고려할 때 비규제 대안(non-regulatory alternatives)을 먼저 검토하기보다 규제 방식을 더 선호하는 행정편의주의(administrative expediency)적인 경향을 갖게 된다.

이러한 행정편의주의 속성은 규제의 행정절차를 마련하는 과정에서도 나타난다. 행정 목적을 위해 필요한 현황 파악이나 규제를 집행하고 단속하는 방법 등에서도 쉽게 규제적인 수단을 선택하게 만든다. 각종 생산 및 유통 실적을 파악할 때 정부가 스스로 파악하려는 노력보다 업체에 보고하거나 신고 의무를 지우는 규제를 만드는 경향이 있다. 단속의 경우에도 좀 더 쉽게 단속하기 위해 각종 증명서의 부착 등의 의무를 필요 이상으로 부과하기도 한다. 앞서 살펴본 것처럼 위험물 운송자에게 기술자격증 또는 교육수료증을 반드시 소지하고 운행하도록 의무화했던 것도 행정 단속을 좀 더 쉽게 하기 위한 행정편의주의 사례이다. 이러한 규제의 행정편의주의적인

28) 예를 들면, 대기오염을 방지하기 위해 정부예산으로 정화장치를 설치할 수도 있고 기업이 자기 부담으로 장치를 설치하도록 규제할 수도 있다. 이런 면에서 규제는 정부정책의 비용을 민간에 전가시키는 수단, 또는 정부가 정부지출 증가 없이 사회적 목적을 달성할 수 있는 수단이 된다(최병선, 1998: 146).

경향으로 인해 피규제자가 부담해야 할 규제 준수 비용은 증가하게 된다.

원칙 금지 · 예외 허용 방식의 선호

규제법령의 규정 방식에는 원칙적으로 허용하고 금지행위를 열거하는 네거티브 규제 방식(negative list system)과 원칙적으로 금지하고 허용행위를 열거하는 포지티브 규제 방식(positive list system)이 있다. 네거티브 방식은 피규제자에게 원칙적으로 자유롭게 허용하되 예외적으로 금지되는 행위를 열거하는 규제 방식이며, 포지티브 방식은 원칙적으로 금지하면서 예외적으로 허용되는 행위를 열거하는 규제 방식이다.

두 개의 규제 방식에서 피규제자의 입장에서는 원칙적으로 자유를 허용하는 네거티브 방식을 더 선호하게 된다. 그러나 규제자(정부)의 입장에서는 원칙적으로 금지하는 포지티브 방식을 더욱 선호하는 경향을 갖게 된다. 이는 규제자의 입장에서는 금지행위 열거 방식을 택하게 되면 혹 규제하려는 대상의 일부를 빠뜨릴 수 있는 우려 때문에 원칙적으로 금지하고 필요할 때 규정을 개정해 허용하려는 소극적인 경향을 갖기 때문이다. 또한 입법 기술상으로도 규제 범위를 미리 예측하기 어려워 포지티브 방식을 더 많이 택하게 된다. 포지티브 방식에서는 새로운 기술을 이용한 새로운 업종이나 행위가 허용행위 리스트에 없다는 이유로 일선 민원 현장에서 인 · 허가가 이뤄지지 않게 되어 새로운 기술의 적용이나 새로운 업종의 탄생이 제한받게 된다.

기득권의 유지 경향

진입규제(entry regulation)를 비롯한 대부분의 규제는 해당 규제로 인한 기득권자에게는 경제적 지대(economic rent) 및 이권이 발생하게 된다. 이로 인해 기득권자는 지속적으로 자신들의 기득권(vested interests)을 지키려고 시도하게 된다. 독점적 지위의 유지는 기본적으로 기존 규제를 유지해야 하므로 기득권자는 규제개혁에 반대하는 세력이 될 가능성이 그만큼 높다. 이처럼 기존 규제를 유지하고 규제개혁을 저지하려는 노력은 규제 자체의 보수성, 규제의 포획 현상 등과 맞물려 규제개혁을 더욱 어렵게 한다. 또한 기득권을 지키려는 기득권자들은 규제자와의 밀착으로 부패의 원인이 되기도 한다.

[사례 19] 대여사업 자동차의 종류에 대한 규제

자동차 대여사업에서 사용할 수 있는 자동차의 종류는 「여객자동차운수사업법」에 근거해 국토교통부령으로 제한하고 있다. 허용된 대여 자동차는 매우 제한적이다.

〈허용된 자동차의 종류〉[29]

- 승용자동차
- 경형 승합자동차, 소형 승합자동차
- 승차 정원 15인승 이하의 중형 승합자동차

소형 화물승용차, 대형 승합차 등은 제외되어 있다. 결국 이 규제로 한국의 소비자는 소형 화물승용차를 렌트해 자신의 간단한 이삿짐 또는 화물을 스스로 운송하지 못하게 되고, 16명 이상의 모임에서 승합차를 렌트해 동승 여행을 하지 못하게 된다.[30]

이러한 대여사업의 차종 제한 규제는 화물자동차나 중형 승합차의 렌트를 허용할 경우 기존의 여객자동차 또는 화물자동차 운송사업자의 영업이 타격받는다는 것이 가장 큰 이유가 된다. 결국 이러한 규제는 기존 사업자의 이익 유지를 위한 규제로, 소비자의 편의를 침해하거나 경쟁을 제한하는 규제가 된다.

사전규제 방식의 선호

인・허가 등 진입규제는 통상 일정한 조건을 사전에 정해 인허가 전에 조건을 구비하도록 하고 집행기관이 조건의 충족 여부를 판단해 행정처분을 하는 전형적인 사전규제(ex-ante regulation) 방식의 예이다. 규제자의 입장에서는 혹 소규모 업체의 난립에 따른 관리 소홀로 발생될 수 있는 혼란과 소비자 피해를 우려해 선택적으로 진입을 허용하는 사전적 규제 방식을 선호하게 된다.

하지만 이러한 사전규제 방식은 몇 가지 문제를 발생시킨다. 진입을 하기 위해서는 허가 신청 이전에 허가 요건을 미리 충족하기 위한 선투자가 불가피하다. 예를 들어 허가 요건인 사무실을 임대하거나 장비를 미리 구입하는 경우들이다. 이처럼 피규제자는 행정처분을 신청하기 이전에 이미 사전 요건 구비를 위해 상당한 비용을 투입하게 된다. 따라서 피규제자(민원인)의 입장에서는 투입한 비용(sunk cost)에 따른 손실을 막기 위해 허가를 무조건 받고자 하게 된다. 결국 허가를 꼭 받아야 하는 을의 입장인 피규제자와 규제를 해석하고 적용하는 갑의 규제집행기관의 공무원 사이에는 기본적으로 부패의 기회가 증가한다.

진입규제는 어느 정도의 진입 기준을 정하고 그 기준의 충족 여부를 확인하는 제도적 장치가 사회적으로 필요할 수 있다. 그러나 과도한 사전규제는 정당한 진입을 막아 기득권을 필요 이상으로 보호하고, 진입을 불확실하게 하여 신규 진입자에게 규제 준수 비용을 과도하게 증가시킴으로써 공정

29) 대여사업용 자동차의 종류는 「여객자동차운수사업법」 제30조에서 국토교통부령으로 정하도록 하고, 이에 따라 동법 시행규칙(국토교통부령) 제67조에서 허용되는 종류를 포지티브 규제 방식(positive list system)으로 열거하고 있다.

30) 반면 2014년 말 현재 일본은 29인승 이하 버스까지 대여가 가능하고, 미국의 경우에는 대여 차종에 대한 어떠한 제한도 없다.

한 경쟁력을 저해하게 된다.

규제의 파르마콘과 규제개혁

규제는 위에서처럼 공익과 바람직한 경제사회 질서를 위한 처방약이나 기본적으로 다양한 독성을 내재하고 있는 약이라는 것이다. 규제는 규제 환경의 변화 또는 규제자의 관리 소홀에 따라 약성보다 내재된 독성이 더 강하게 나타날 수도 있게 된다. 따라서 규제의 내재된 독성이 나타나는지를 항상 감시하고 확인해야 한다. 약성보다 독성이 더 강하게 나타나는 규제가 많아지면 규제는 '길을 막는 전봇대', '신발 속 돌멩이'로 인식되게 된다. 이 점이 끊임없는 규제개혁을 필요로 하는 이유이기도 하다.

규제의 외형 목적과 숨겨진 의도

규제는 공익(public interests)과 바람직한 경제사회 질서(desirable socio-economic environment)를 위해 불가피하게 개인의 권리를 제한하기 위해 탄생한 것으로, 공익과 경제 질서를 유지하려는 목적에 인해 존재의 정당성을 갖게 된다. 그러면 모든 규제가 그 존재 의미처럼 공익과 경제사회 질서 유지에 맞게 만들어져 있을까?

규제자(국민을 대표하는 국회의원, 법률의 위임 범위에서 규제를 만드는 정부와 지방자치단체 등)가 주장하는 외형상의 규제 제정 논리는 맞는 것일까? 주장하는 외형상의 탄생 배경 이외에 다른 숨은 의도는 없는 것일까? 처음부터 숨겨진 의도를 지니고 탄생한 규제는 없을까? 당초 의도와 다르게 변질된 규제를 묵인하고 있지 않을까? 이에 대한 의문이 제기될 수 있다.

규제는 외형적으로 제시된 제정 목적에 적합해야만 존재 이유가 있다. 만약 공익과 질서 유지라는 존재 이유와 달리, 특정 집단의 이익 등 숨겨진 의도를 가진 규제가 많을수록 '길을 막는 전봇대', 성가신 '신발 안 돌멩이'

로 인식될 것이다. 불행하게도 규제는 그 외형적인 목적과 숨겨진 의도가 다른 경우가 적지 않다. 몇 개의 사례를 통해 살펴보자.

[사례 20] 다수공급자계약(MAS) 교육제도

정부(조달청)는 수요기관의 구매 편의, 중소기업 제품의 공공 판매 지원 및 조달 물품의 품질 제고 등을 이유로 '다수공급자계약제도(Multiple Awards Schedule)'[31]를 운영하고 있다.

조달청과 다수공급자계약을 체결하고 나라장터를 통해 정부기관에 직접 물품을 공급하는 다수공급자계약업체는 일정한 기간마다 계약 이행 실적 평가에서 일정 점수 이상을 받아야 자격이 유지된다.

조달청은 자체 지침으로 다수공급자계약업체의 계약 이행 실적 평가 항목으로 납기, 품질, 수요기관 만족도, 서비스, 등 계약 이행 성실도와 함께 별도의 '교육 실적'(2점)도 포함했다. 즉, 수요기관에 공급한 물품의 만족도 등 이행 실적을 평가하면서, 계약 이행 실적과 직접 관계없는 교육 여부를 평가 항목에 포함했다.[32]

교육 이수 여부가 평가 항목에 포함됨에 따라 대다수 다수공급자계약업체는 교육을 주로 담당하는 한국MAS협회 등에 비용을 지불하고 교육을 받지 않을 수 없었다.

위 [사례 20]의 다수공급자계약업체의 교육 이수 여부를 계약 이행 실적

31) 다수공급자계약제도(Multiple Awards Schedule)는 "공공기관의 다양한 수요를 충족하기 위해 품질, 성능, 효율 등에서 동등하거나 유사한 종류의 물품을 수요기관이 선택할 수 있도록 2인 이상을 계약 상대자로 하는 계약제도로서 납품 실적, 경영 상태 등이 일정한 기준에 적합한 자를 대상으로 협상을 통해 계약을 체결하고 수요 고객이 직접 나라장터 종합쇼핑몰(http://shopping.g2b.go.kr/)에서 자유롭게 물품을 선택해 사용하는 제도"이다(http://www.g2b.go.kr:8092/sm/ma/guid/-SMMAMasGuid.do?shopGuidClCd=1.2015.5.15. 검색).

32) 조달청은 자체 지침인 「다수공급자계약업체의 계약이행 실적 평가 및 등급화 운영 기준」에서 교육 실적을 포함해 6개 평가 항목(납기, 품질, 수요기관 만족도, 서비스, 계약 이행 성실도, 교육 실적)을 선정해 평가했다.

평가 항목으로 포함한 규제는 관련 업계의 불합리한 규제라는 건의에 의해 2012년 일부 개선되었다.[33] 업체의 교육 이수는 이미 이뤄진 계약의 이행 실적을 평가하는 것과는 직접적인 관련이 없다. 혹 교육을 이수함으로써 간접적으로 계약을 성실히 이행하는 데 영향을 줄 수 있을지는 모른다. 이 경우에도 이미 이뤄진 계약 이행 실적에 교육의 효과가 반영된 것으로 이중적인 평가가 된다. 교육 이수를 계약 이행 평가 항목에 포함한 규제는 외형적인 목적과 달리 유료교육을 담당하는 MAS협회 등 교육기관에 고객 확보를 제공하기 위한 숨겨진 목적이 있다는 업계의 지적이 높았다.

[사례 21] 도급계약 시 하도급 업체 선정 및 명단 제출 규제

공공기관이 발주한 공사(300억 원 이상 최저가 공사)를 도급받으려는 경우 건설업자는 공사 도급 입찰 시에 전체 공사 내역에서 하도급할 주요 공종, 공사명 물량, 하도급업자 선정 방식을 제출해 응찰에 참여하고, 낙찰을 받은 경우 낙찰 후 곧 이어지는 정식 공사 도급계약 체결 시에 하도급 대상자(상호, 소재지, 선정 방식), 하도급 공사(공사명, 물량, 금액, 하도급률 등)를 구체화한 하도급 계약서를 제출해야 한다. 제출한 하도급 계획서대로 미이행 시에는 500만 원 이하 과태료 대상이 된다(건설산업기본법 제31조의2, 동법 시행규칙 별지 제24호의 2 서식 등).

위 [사례 21]은 공공기관이 공사를 발주하면서 상대적으로 대형 업체인 도급계약자로부터 하도급 계약서를 미리 제출받고 그 계획을 지키도록 하는 규제이다. 이는 하도급 공사를 미리 파악해 공사 품질을 관리하면서, 상대적으로 약자인 하도급받은 중소업체를 보호하기 위해서이다.

---

33) 2011년 업계의 건의에 따라 '민관합동규제개혁추진단'이 조달청과 협의해, 평가 항목에서 교육 실적을 제외하되 자율적으로 교육을 이수한 경우에 기존 평가점수 이외로 가점(2점)을 부과하는 것으로 지침을 개선했다(민관합동규제개혁추진단, 2013b: 577).

그러면 이 규제가 중소기업을 보호하고 공사 품질을 제고하고자 하는 외형적인 목적에 부합하게 작용하고 있을까? 공사 도급계약 시에 하도급 업체명을 미리 선정해서 명단을 제출하도록 하는 하도급계획서의 제출 시기의 부적정으로 외형적인 규제 목적과 부합하지 않게 된다는 지적이 제기되고 있다.

사실 공사를 낙찰받은 건설업체는 발주자(공공기관)와 정식 도급계약을 체결하기 전까지는 법적으로 공사를 도급받은 시공업체로 선정되었다고 하기는 어렵다. 계약 대상자를 선정하는 입찰 과정을 거쳐 계약 대상자(낙찰자)로 선정되어 도급계약서를 작성하기까지 통상 1개월 정도 걸린다고 한다. 그럼에도 불구하고 이 규제는 계약 대상자로 선정된 후 1개월 후에 이뤄지는 정식 도급계약 시에 하도급할 업체(상호, 주소, 하도급 금액 등)를 사전에 제출하도록 규제하고 있는 것이다.[34]

업계는 이 규제가 현실적으로 모순이라고 지적한다. 상위의 도급계약 체결 이후에 가능한 하도급 업체 선정을 도급계약 이전에 미리 마쳐야 한다는 시차적인 모순이 있다는 주장이다. 또한 아직 발주처와 도급계약도 하지 않은 공사에 미리 하도급 업체를 선정해야 하는 상황이 발생하기 때문에 여러 중소기업을 상대로 한 공개입찰 등 경쟁의 기회를 제공하기는 불가능하다고 주장한다. 이러한 시간적 모순으로 인해 공개적으로 하도급 업체 선정 경쟁이 어려워지므로 결국 평소에 밀착된 중소기업을 비공식적으로 미리 선정하게 된다는 것이다.

결국 중소기업인 하도급 업체를 보호하자는 하도급 계약서 제출 의무 규제는 외형적인 목적과 달리 대다수 중소기업의 하도급 참여 기회를 박탈할 뿐 아니라 오히려 대형 건설업체와 밀착된 소수의 하도급 업체만 보호하게 되는 다른 의도가 더 작용하게 된다.

---

34) 계약 시 하도급할 업체명, 업체의 주소 등의 제출은 「건설산업기본법」에 근거해 제정된 동법 시행규칙(국토교통부령)의 서식(별지 제24호의 2 서식) 규제에서 이뤄진다.

위 [사례 20]에서는 당초 목적과 달리 교육기관을 도우려는 다른 목적이, [사례 21]에서는 대형 건설업체와 평소 유대를 갖는 중소기업과 밀착하게 되는 현상이 나타나게 된다. 처음부터 규제자의 숨겨진 의도가 아닐 수도 있다. 결국 규제는 공익과 경제사회의 바람직한 질서 유지라는 존재 목적이 아니라 다른 의도가 더 강하거나 숨겨진 의도가 있다면, 규제는 길을 막는 전봇대, 성가신 신발 안 돌멩이가 된다. 외형적인 목적과 숨겨진 목적이 다른 규제를 찾아 바로잡는 것이 규제개혁의 또 다른 시작일 것이다.

지방자치단체의 '서랍 속 규제'

국민의 대표기관인 국회에서 제정된 법률, 그 법률에 근거해 만들어지는 시행령(대통령령), 시행규칙(부령) 등은 국회와 중앙행정기관에서 담당하는 상위 규제이다. 이러한 상위 법령의 규제는 주로 지방자치단체에 의해 상위 법령에서 위임하는 사항을 조례, 규칙 등에 구체적으로 규정하고 집행하게 된다. 결국 피규제자인 민원인이 주로 접하는 규제는 지방자치단체의 세부적인 규제가 된다.

이러한 지방자치단체의 규제는 국회에서 제정된 법률, 중앙행정기관에서 만든 시행령 등 상위 법령의 규제 못지않게 중요한 규제이며, 피규제자에게는 실제적인 규제이다. 또한 상위 법령이나 지방자치단체의 규제를 불문하고 모든 규제의 집행기관은 대부분 지방자치단체이기 때문에 피규제자인 민원인의 입장에서 규제를 집행하는 기관, 즉 지방자치단체에서 규제 접점이 이뤄지게 된다.

'서랍 속 규제'

피규제자인 민원인이 접하는 지방자치단체의 조례, 규칙도 규제법정주의에 의해 법률 등 상위 법령에 근거하거나 위임의 범위 내에서 제정되어야 한다. 그러나 법률, 시행령, 시행규칙이 조례, 규칙으로 이어지는 과정에서 지방자치단체의 규제는 당초의 취지에 반해 변질되기도 한다. 지방자치단체 규제의 문제점을 살펴보자.

첫째, 하위 규제에서 규제의 강화가 주로 이뤄진다는 것이다. 상위 규정에서 지역 특성을 고려할 수 있도록 일정한 범위를 정해 지방자치단체에서 관련 규제를 더 강화하거나 완화가 가능하도록 하는 경우가 많다. 특히 도시계획, 건축, 산림, 주유소 인·허가 등 지역 특성의 반영이 필요한 경우이다. 이 경우 상당수 지역자치단체에서는 대부분 규제를 상위 규제보다 강화하는 방향으로 규정하는 경향을 보이고 있다. 이는 혹 규제의 완화로 인해 잘못될 우려를 미리 예방하고자 하는 경향을 더 갖기 때문이다. 지방자치단체의 규제 강화는 비록 상위 규제의 위임 범위 내이기는 하나 규제개혁 및 지역 특성의 고려라는 취지에 반하게 된다.

둘째, 상위 규정의 위임 범위를 일탈하거나 근거 없는 규제를 제정해 규제하는 경우이다. 상위 규정의 위임 범위를 넘어 조례로 규제를 강화하거나, 심지어 인·허가 또는 사업계획 심의 지침 등 외부에 인식되지 않는 내부 지침 형태의 규제를 운영하는 경우도 있다.

셋째, 집행 과정에서 허가권을 통한 자의적인 규제가 추가적으로 부과되는 경우이다. 특히 도시계획 수립 및 각종 인·허가 과정에서 과다한 기부채납을 요구하는 것이 대표적인 사례이다. 지방자치단체의 집행 과정에서 인·허가권을 이용한 기부채납 등 의무 부담의 강요는 인·허가 등 행정처분이 시혜적이라는 공급자 우월주의의 논리가 강하다.

넷째, 집행 과정에서 법령의 소극적 또는 자의적인 해석으로 행정처분이 지연되거나 거부되는 경우이다. 불필요하거나 규정에 없는 자료의 제출 요구, 민원을 우려한 주민동의서 징구 등 여러 가지 형태의 소극적인 규제집행으로 규제의 비용 부담이 증가하게 된다.

규제는 위에서처럼 상위 법령의 규제에 더해 지방자치단체에서 상위 규제의 취지에 맞지 않게 강화되기도 하고, 상위 법령에 근거가 없거나 근거를 일탈해 추가 규제를 만들기도 하며, 집행 과정에서 집행권을 기회로 기부채납 등의 사실상 의무규제를 부과하기도 한다. 그리고 자의적이고 재량적인 규제의 소극적 집행으로 규제의 불확실성이 더욱 높아지기도 한다.

이러한 민원인이 접하게 되는 상위 규제의 취지에 부합하지 않는 강화된 규제, 근거 없는 추가 규제와 인・허가 과정의 의무 부담 규제가 증가할수록 규제는 '손톱 밑 가시' 또는 '길을 막는 전봇대'로 인식될 가능성이 높아진다. 자의적인 집행기관의 규제는 소위 '서랍 속 규제'[35]가 된다.

상위 규제에서 지방자치단체로 이어지면서 규제가 더욱 강화되거나 상위 규정에 근거 없는 규제의 사례를 살펴보자. 서울시의 건축과 관련해 중요 규제인 용적률(容積率)[36]에 대한 서울시 규제이다.

건물을 어느 정도 높이 및 면적까지 건축할 수 있도록 할 것인가의 기준인 용적률은 「국토의 계획 및 이용에 관한 법률」과 동법 시행령 제85조에서 용도 지역별로 최고 범위를 정하고 있다. 서울시의 용적률은 이 상위 규제에 근거해 서울시 조례로 정하게 된다.

---

35) '서랍 속 규제'는 법정 또는 행정용어가 아니다. 2014년 새누리당 서울시장 후보자 경선 과정에서 당시 김황식 새누리당 후보자가 '서랍 속 규제혁파'를 공약으로 제시하면서 서울시의 규제를 '서랍 속 규제'로 비유했다. 이는 서울시의 일부 규제가 자의적이고 임의적으로 강화되고 집행된다는 의미로 표현했다('서랍 속 규제 혁파', 2014.3.23. 김황식 후보 공약 보도자료; '김황식 후보, 성수대교는 박시장의 대표적인 서랍 속 규제라 비판' 2014.4.6, 경향신문). 필자는 '서랍 속 규제'를 서랍 속에서 임의적으로 꺼내거나 닫는 방식의 자의적 규제 또는 자의적인 집행이라는 의미로 사용했다.

36) 용적률은 대지 내 건축물의 바닥 면적을 모두 합친 면적(연면적)의 대지면적에 대한 백분율이다. 따라서 용적률이 높게 허용되면 동일 대지 내에서 건축물을 더 높은 층수로 건축할 수 있게 된다.

1차로 조례로 강화되는 규제

서울시는 조례를 통해 국토계획법령에서 허용하는 용적률에 비해 대폭 강화된 규제를 마련하고 있다. 국토계획법령상의 규제와 서울시 조례상의 규제를 주거지역과 상업지역을 예를 들어 비교해 나타내면 〈표 1-1〉과 같다.

〈표 1-1〉 국토계획법령과 서울시 조례의 주거 · 상업지역 용적률 비교

용도지역		국토계획 법령 용적률	서울시 조례 용적률
주거지역	제1종 전용주거지역	100% 이하	100% 이하
	제2종 전용주거지역	150% 이하	120% 이하
	제1종 일반주거지역	200% 이하	150% 이하
	제2종 일반주거지역	250% 이하	200% 이하
	제3종 일반주거지역	300% 이하	250% 이하
	준주거지역	500% 이하	400% 이하
상업지역	일반상업지역	1,300% 이하	800% 이하 (4대문 안은 600% 이하)

자료: 국토계획법령 및 서울시 조례를 발췌(2015.5.21. 기준)해 정리.

용적률은 관련 법령이 허용하는 용적률 범위 내에서 지방자치단체가 면적, 인구, 지역적 특성을 고려해 조례로 제정할 수 있도록 하고 있다.[37] 결국 서울시에서 건축물은 상위 규제에서 허용한 규제가 아니라 서울시의 조례에서 정한 규제를 우선적 · 직접적으로 적용받게 된다. 〈표 1-1〉에서처럼

---

37) 용적률은 「국토의 계획 및 이용에 관한 법률 시행령」에서 21개 용도지역별로 최대 허용률을 규정하고 있다. 지방자치단체는 법령이 정한 범위 내에서 관할 구역의 면적, 인구 규모 및 용도지역의 특성 등을 감안해 조례로 정하도록 하고 있다(국토의 이용에 관한 법률 시행령 제85조 제1항). 따라서 지방자치단체가 법령의 범위 내에서 낮은 비율로 정할 수는 있지만, 이 경우 획일적으로 낮게 정하는 것이 아니라 인구 규모, 면적 및 지역 특성을 고려해야 한다.

서울시는 상위 법령에서 정한 규제보다 더욱 강화해 규제하고 있다. 특히 일반 상업지역의 경우에는 상위 법령의 최대 허용 용적률보다 500~700%까지 더 강화되어 있다. 규제가 강화되면 개인의 재산권은 그만큼 더 제한을 받게 된다.

서울시 조례에 의한 규제는 과연 합리적이고 상위 법령의 취지에 맞는 것일까? 상위 법령의 취지는 지방자치단체가 면적, 인구 규모, 지역적 특성을 고려해 적절히 용적률을 정하라는 것이다. 서울시의 경우 강남·강북 등 지역에 따라 사정이 다르고, 저개발 지역과 이미 개발된 지역 간의 형평성 등을 고려해 규제하는 것이 상위 법령의 취지에 맞게 된다. 서울시는 모든 지역에 규제를 일반적으로 강화한 것이다. 상위 법령에서 면적, 규모 및 특성을 고려해 정하자는 취지와 일반적·획일적인 규제 강화와는 차이가 있게 되고, 법령의 취지에 부합하지 않는다는 지적이 가능하다. 또한 조례로 피규제자의 권리와 재산권을 과다하게 제한한다는 비판도 제기될 수 있다.

운영지침으로 추가되는 규제 강화

서울시는 법령의 허용 가능 범위보다 조례에서 1차로 규제를 강화했다. 이러한 조례에 더해 서울시는 내부적인 운용지침을 통해 한 번 더 규제를 강화하고 있다. 내부운영지침은 집행기관의 내부지침으로 행정규제로 분류되지 않는 사실상의 규제이다.

예를 들어 「서울시 공동주택 지구단위계획 운용지침」에서 3종 일반주거지역 공동주택 건립의 경우 용적률은 '기준 210%, 허용 230%, 상한 250%'으로 강화해 운영하고 있다. 서울시의 '3종 일반주거지역'의 용적률 규제를 비교하면 〈표 1-2〉와 같다.

〈표 1-2〉 서울시 제3종 일반 주거지역 용적률 규제

용도지역	국토계획 법령 용적률	서울시 조례 용적률	운용지침상 용적률
제3종 일반주거지역	300% 이하	250% 이하	기준 210% (허용 230%, 최대 250%)

자료: 국토계획법령, 서울시 조례 및 서울시 공동주택 지구단위계획 운용지침(2015년 5월 현재)을 발췌해 정리.

결국 서울시의 3종 일반주거지역의 용적률은 〈표 1-2〉와 같이 국토의 계획 및 이용에 관한 법령에서 정한 300%의 허용 규제가 조례에서 250%로 강화되고, 이어 운영지침을 통해 210%의 기준으로 더 강화된 것이다.38)

집행기관인 서울시의 '운영지침'은 단순히 규제를 강화했다는 점 외에 또 다른 심각한 문제점을 가지고 있다. 위에서 살펴본 3종 일반주거지역의 사례에서, 어떤 경우에 각각 210%, 230%, 250%를 적용하게 되는지에 대해 민원인, 즉 피규제자가 사전에 알지 못하기 때문이다. 운영지침은 법령이 아니라 공무원이나 집행기관이 관련 규제를 집행할 때 참조하는 내부지침이다. 서울시가 이처럼 내부 운영지침으로 규제를 달리 적용한다는 것은 서울시의 재량과 자의에 따라 재산권 행사의 제한 정도가 달라질 수 있게 되는 것이다.

규제는 투명하고 명확해야 한다. 특히 재산권을 심각하게 침해하는 규제는 그 규제의 내용이 명확하지 않으면 많은 문제를 야기할 수도 있다. 공무원이 재산권을 최대한 행사하려는 피규제자와 밀착해 부정부패를 야기할 수 있으며, 규제의 불확실성에 따른 피규제자의 규제 준수 비용도 증가하게 된다.

38) 따라서 서울시에서의 3종 일반주거지역의 공동주택은 최종적인 「서울시 지구단위계획 운용지침」에 따라 용적률은 실제 기준이 210%가 되고 상황에 따라 최고 250%까지만 가능하게 된다.

허가권에 의한 기부채납의 의무 부담

지방자치단체의 규제는 이게 끝이 아니다. 위에서 내부 운용지침에서 근거 없이 강화된 규제에 더해 사업 허가 과정에서 또다시 추가적인 규제를 받게 된다. 도시계획 또는 건축 허가권을 가진 집행기관에서는 허가 조건으로 토지를 공공용지로 무상 제공하도록 하거나, 각종 도로, 녹지 조성 등을 부담하게 하고 이를 무상으로 지방자치단체의 재산으로 기부하도록 하고 있다. 기부채납(寄附採納)의 부담은 법령에 규정되지 않은 준조세로서 사실상의 규제이다. 서울의 경우 기반시설이 열악한 강북권에는 부족한 도로와 녹지 등의 조성을 이유로 사업부지 면적의 35~40%까지 과다한 기부채납이 요구되고 있다는 지적도 있다(행정자치부, 2015: 35). 과도한 기부채납의 요구는 도로와 녹지 등 정부의 투자를 특정한 개인에게 전가하는 것이다.

이처럼 허가권 또는 도시계획 수립권에 의해 강요되는 의무 부담의 규제는 피규제자의 재산권 침해뿐만 아니라 투명성이 결여된 자의적인 규제 집행이라는 문제점을 가지게 된다. 규제의 예측성과 투명성이 결여되고 자의적인 규제의 집행은 '서랍 속 규제'의 전형이다. 규제의 투명성과 예측성이 낮으면 규제로 인한 부정부패의 증가, 규제의 우회비용의 증가 등 각종 사회적 문제를 야기하고, 규제가 '길을 막는 전봇대', '손톱 밑 가시'라는 인식을 가져오게 된다.

집행 과정에서 독이 되는 규제

규제는 바람직한 경제사회 질서를 위해 개인의 권리를 제한하거나 의무를 부과하는 것이다. 개인의 권리를 제한하거나 의무를 부과하는 것은 공익을 위해 불가피한 경우에 한해 최소한으로 그쳐야 한다. 위에서 살펴본 것처럼 법령에서 정한 상위 규제보다 조례, 규칙 등으로 갈수록 강화되거나 집행 과정에서 내부지침 등으로 규제를 강화하는 것은 규제법정주의나 규제의 원칙에 반하는 것이 된다. 결국 국회나 중앙정부에서 제정하는 법령도 중요하나 규제를 집행하는 지방자치단체의 집행 과정상 규제가 더 중요하게 된다.

특히 각종 개발행위 등에서 법령에 근거 없이 이뤄지는 과도한 기부채납 등 사실상의 규제는 좀 더 투명하고 객관적으로 법령에 근거하는 규제로 개선되어야 한다. 이는 기본법이 규정하는 '규제법정주의'와 '규제의 원칙'이기도 하며, 자유민주주의에서 개인의 권리 제한은 필요한 최소한에 그쳐야 하기 때문이다.

규제, 집행 행태에 따라 독성이 나타난다

위(지방자치단체의 '서랍 속 규제')에서 살펴본 바와 같이 규제는 상위 규제에서 출발해 집행기관에서 추가되거나 확장되기도 하는 최종적인 집행기관의 규제가 중요하다. 하지만 집행기관의 규제에 못지않게 중요한 것은 그 규제를 해석하고 집행하는 집행기관의 집행 행태이다. 규제는 개인의 권리를 제한하고 의무를 부과하는 법령(지방자치단체의 조례와 규칙을 포함한다)이다. 그러나 규제의 집행－개인 권리의 제한과 의무의 부과－은 이러한 규정을 근거로 집행기관의 공무원이 집행하게 된다. 규제 법령 내용 그 자체와 별개로, 집행기관이 규제 법령을 어떻게 해석하고 어떠한 절차로 집행하느냐 하는 것은 또 다른 중요한 규제가 된다.

모든 규제는 비록 규제가 공익과 경제사회 질서를 위한 것이라고는 하지만, 개인의 권리를 제한하거나 의무를 부과하는 것은 일반적으로 피규제자의 희생을 전제로 하게 된다. 규제 집행 현장에서 개인의 권리 제한과 의무 부과를 어떻게 필요한 최소한의 수준으로 할 것인지를 결정하는 행정처분 자체가 또 다른 재량적 규제행위이기 때문이다.

국민들이 실제 접하게 되는 규제 집행기관에는 시청, 구청, 군청, 세관, 정부의 권한을 위탁받은 공공기관 등 다양한 기관이 있다. 그동안 규제 집행 과정에서 규제가 제대로 집행되지 않는다는 목소리가 많았다. 민원 처리에 적극성이 부족하고, 특히 법령 내용이 불명확할 경우 문제 해결에 소극적이라는 불만이 제기되고 있다. 또한 자의적인 법령의 해석으로 집행기관과 담당자에 따라 규제가 달리 집행된다거나 필요 이상으로 규제를 확대 해석하거나 과도하게 집행함으로써 개인의 희생을 강요하고 있다는 불만이 제기되기도 한다.

민원인의 입장에서 이러한 집행 과정의 행정 행태 문제가 규제 자체보다 더 심각하고 어려운 문제로 인식될 수도 있다. 최근 기업들의 규제 애로에 대한 조사에서도 법령상의 과도한 규제와 함께 공무원의 소극적 업무 태도를 지적하고 있으며, 특히 '민원 사안 해결에 소극성', '법령 불투명 시 소극적 해석', '자의적 법령 해석' 등 행정 행태에 많은 어려움을 호소하고 있다.[39] 규제 집행 과정의 행정 행태와 관련된 몇 가지 사례를 살펴보자.

[사례 22] 지구단위계획 수립 과정의 규제 집행[40]

어느 지방 도시 외곽에 상당한 토지를 소유한 토지 소유자의 토지 개발과 관련된 사연이다. 개발자의 소유 토지는 토지의 양쪽 옆과 뒤쪽이 산으로 둘러싸여 있고 앞쪽만이 도로와 연결된 지형으로 3면이 막힌 막다른 토지이다. 해당 지역의 토지는 지구단위계획을 수립해야 개발이 가능했고, 규제 집행 과정의 문제는 까다롭

39) 대한상공회의소 외 2개 기관의 조사에서 기업은 지자체 등 일선행정기관의 규제 집행 절차, 집행 행태, 후속 조치에 대한 불만이 높은 것으로 조사되고 있으며, 기업들은 규제 애로의 주요 원인으로 법령상의 과도한 규제(48.3%)와 함께 공무원의 소극적 업무 태도(26.1%)를 지적하고 있다(대한상공회의소 외, 2013). 또 다른 대한상공회의소의 행정 행태에 대한 기업 인식 조사에서 '민원사안 문제 해결 소극적(29.2%), 법령 불투명 시 문제 해결 소극적(25.8%), 자의적 법령 해석(17.3%), 과도한 자료 요구(16.2%), 과도한 행정지도(7.2%), 기부채납 요구(3.2%), 기부 · 후원 요구(3.3%)의 순으로 문제를 지적하고 있다(행정자치부, 2015: 23에서 재인용).

다는 지구단위계획을 검토하는 과정에서 발생했다.

관련 지자체에서는 지구단위계획을 수립하기 위해서는 전체 면적의 15% 이상을 도로로 계획을 수립해야 한다고 했다. 그러나 3면이 산으로 막혀 차가 들어가도 계속 갈 곳이 없어 다시 돌아 나와야 하는 막다른 토지에 도로 면적이 전체의 15% 이상이라는 규정에 당황했고, 토지의 주변 상황에 비춰 그렇게 많은 도로가 불필요하지만 일단 여기저기 도로를 설계해 보기로 했다고 한다. 개발 예정지의 중앙과 토지의 둘레를 8m 이상 폭의 시원한 도로를 설계하고도 15% 면적에 미달했다. 굳이 15%를 채워야 한다면 막다른 뒤편 산으로 상당한 길이의 산책로까지 크고 시원하게 설계해야 겨우 15%를 채울 수는 있었다.

그러나 3면이 막혀 있고, 다른 지역으로 연결될 곳도 아니며 오직 산으로 둘러싸인 토지의 이용 방식으로는 아니라고 판단하고, 다른 대안을 해당 기관과 논의해 보고자 했다. 불필요하게 크고 넓은 둘레길, 산책로가 만들어지면 관련 법에 따라 도로로부터 일정 거리 이내에는 또다시 건축물이 들어설 수 없는 규제까지 받게 되어 토지 이용이 어렵게 되기 때문이다.

3면이 막힌 토지의 특성을 감안해 필요한 도로를 줄이는 대신 거주자 복지시설이나 공공용 시설을 넓히는 것으로 대신할 것을 제시했으나 '안 된다면 안 되는 것입니다'는 지자체의 답변을 뒤로하고는 해당 토지의 개발을 접었다.

위의 [사례 22]에서처럼 3면이 산으로 막혀 차량은 돌아서 나올 수밖에 없는 막다른 토지의 개발에 사업 면적 내에 전체의 15% 이상을 반드시 도로로 설치하라는 규제가 있을까? 확인 결과 정말 존재하는 규제였다.[41] 물론 이것은 지구단위계획을 수립할 경우 '원칙적'으로 15% 이상이어야 한다는 규제이다. 따라서 특수한 사정이 있는 경우에는 다르게 집행해도 되도록

---

40) [사례 22]에서 [사례 24]까지는 류충렬의 블로그(www.blog.naver.com/crryu4). '규제, 집행 과정이 중요하다(2013.5.5)'를 검색해 재정리.

41) 국토교통부의 「지구단위계획수립지침」에서 지구단위계획 수립 시 구역 내 도로율은 최소 15% 이상을 원칙으로 하고 있다.

해석이 가능한 규제이기도 했다. 그러나 해당 지자체는 지역의 특성과 현실을 고려하지 않고 소극적이고 일반적인 원칙만 고수한 것이다.

도로율 15% 이상의 규제는 원칙적으로 4면이 다른 지역 또는 도로와 연접한 지역에 일반적으로 적용하는 규제일 것이다. 4면이 다른 곳과 연접하는 토지와 1면만 도로에 접한 막다른 토지의 경우는 도로율을 다르게 규제해야 합리적일 것이다. 이 경우 불필요한 도로를 축소하는 대신 민원인이 제시한 복지시설, 놀이터 등 공공시설을 더 넓히는 계획이 더 합리적이다. 규제를 만들 때에는 현지 사정에 맞춰 융통성 있게 집행할 수 있도록 해야 하며 집행 과정에서 특수한 사정을 제대로 고려해야 한다. 지자체 담당 공무원들이 특혜 시비 또는 감사를 의식한 소극적 법령 해석은 규제 집행 과정의 또 다른 규제이다.

[사례 23] 호수로부터 300m 이내 거리의 골프장 입지 제한 규제

일정한 규모 이상의 호수, 강으로부터 300m 이내의 거리에는 시설의 입지가 제한된다. 특히 골프장은 환경영향평가, 도시시설계획 수립 등에서 더 엄격하게 평가하고 있다.

어느 기존 골프장에서 인근에 소유하고 있던 여유 부지를 개발해 골프장을 확장하기로 계획했다. 그런데 골프장의 복잡한 코스 설계 등으로 소유한 토지 중 인근 농업용 호수의 300m 이내 지역 일부를 불가피하게 사업계획 면적에 포함시킬 수밖에 없는 상황이 되었다. 골프장 측은 관련 기관에 해당 지역의 특성을 고려해 줄 것과 보완 대책을 제시했다. 호수로부터 300m 이내의 일부 토지를 골프장 사업계획 면적에만 포함하도록 하고, 포함하더라도 해당 토지는 훼손하지 않고 원형을 보존하며, 더 나아가 저류지를 조성하는 등 보완시설도 마련하는 방안을 제시했다. 그러나 지형의 특성, 원형 보존 및 보완 조치 등은 고려되지 않았고 호수와의 거리가 300m 이내가 포함되므로 거절되었다.

위 [사례 23]은 저수량 30만m^3 이상의 호수 또는 국가·지방 1급 하천 등으로부터 300m 이내 지역의 토지 이용 규제와 관련된 것이다. 호수 만수위선으로부터 300m 이내에 있는 토지는 골프장과 같은 도시계획을 수립하기 어렵도록 환경부와 국토교통부의 지침으로 규제하고 있다. 그러나 이 지침에서는 원칙적으로 어렵지만 지역의 특성, 보전대책 강구 등을 고려해 허가권자가 판단해 허용할 수도 있게 하고 있다.[42]

결국 이 사례는 토지 이용 및 환경평가 관련 지침에 따라 지역 특성과 보전 대책을 고려할 것인가, 아니면 원칙을 더 고수할 것인가이다. 2014년 현재까지 호수 300m 이내의 토지에 대해 도시계획을 통해 토지 이용이 가능하도록 처리한 사례는 아직 없다고 한다. 원칙적으로 허용되지 않으나 현장 여건에 따라 가능하게 되어 있는 규제는 집행기관에서는 먼저 불허하는 것으로 집행되는 경향이 강하다. 이는 감사를 의식하거나 불필요한 특혜 제공이라는 오해를 받지 않으려는 집행기관 공무원의 보신적인 민원 처리 행태이기도 하다.

해외의 호수나 강을 끼고 도는 명품 골프장은 어떻게 가능했을까? 사실 우리나라의 환경 기술은 상당한 수준이다. 해외에서 가능한데도 우리는 우리 기술력을 믿지 않는지도 모른다. 오히려 기술력보다는 특혜 의혹이나 감사를 의식하는 규제의 경직적인 집행이 더욱 문제라는 지적이 많다. 특히 골프장은 환경 훼손이 심하다는 일부 여론에 민감할 수밖에 없어, 집행기관 또한 적극적인 규제 운영에 자신감을 갖지 못할지도 모른다.

위 300m의 규제는 작은 호수보다 큰 규모의 호수와 강에만 적용되고 있

---

42) 유효 저수량 30만m^3 이상인 호소·농업용 저수지의 만수위선, 국가·지방1급 하천 양안 등으로부터 300m 이내 지역은 「토지적성평가지침(국토부 훈령)」, 「골프장의 사전환경성 검토 항목 및 검토 방법 등에 관한 규정(환경부 훈령)」에서 원칙적으로 도시관리계획을 입안할 수 없거나, 환경영향평가에서 환경문제를 중점적으로 검토하도록 하고 있지만, 동시에 지형적 특성 등을 고려해서 도시관리계획 입안이 불가피하다고 입안권자가 판단한 경우에는 이에 대한 별도의 보전대책을 강구하도록 하고 있다.

어 규제의 목표와의 부합성에 대한 이견이 제기되기도 한다. 규제의 목적은 호소의 수질 보전이다. 수질 보전을 위한 규제의 정당성은 자정(自淨) 능력이 상대적으로 떨어지는 작은 강이나 호수에서 더 문제가 된다.

[사례 24] 지하철 역사 내 약국 개설의 거부

2012년까지 지하철 역사에 약국의 개설이 불가능했다. 허가기관인 지방자치단체에서 도시철도시설의 사업 범위에 약국이 포함되는지 여부가 불명확하다는 이유로 약국 개설 허가 신청을 반려해 왔기 때문이다.

우리나라에 지하철이 들어선 것은 1974년이다. 그러나 많은 시민이 이용하는 지하철 역사에 생활 필수시설인 약국을 설치할 수 있게 된 것은 2012년부터이다. 그 전에도 지하철 역사에 약국 설치가 추진되었으나, 집행기관인 지방자치단체에서 약국 개설 신청을 반려해 왔다.

지방자치단체가 약국 개설 신청을 반려해 온 것은 약국 개설을 불허하는 명시적인 규제가 있었다기보다는 개설 기준 자체가 명확하지 않았기 때문이다. 다시 말해, 지하철 역사는 도시철도법에 의한 시설·부지인데, 이 시설의 부대사업 범위에 약국 등 근린생활시설이 포함되는지 여부가 명확하지 않았기 때문이다. 이러한 이유로 그동안 인·허가 업무를 담당하는 지방자치단체는 지하철 약국 개설 허가에 앞서 첨부서류로 건축물대장을 요구했다. 지하철 역사 시설의 부대사업 범위가 불명확했기 때문에, 그 대신 건축물 대장을 보고 그 건물 위치에 약국이 입지할 수 있는지를 판단하는 행정절차를 밟았던 것이다. 그런데 지하철 역사는 도시철도의 부대시설로서 개별적인 용도(근린생활시설)의 건축물대장이 존재하기 어려웠던 것이 문제였다. 결국 지방자치단체는 건축물대장이 없거나 명확하지 않다는 이유로 약국 설치 신청을 반려한 것이다.

약국과 같은 생활필수시설의 경우 규제가 불명확할 경우에는 설치가 가능한 것으로 적극적인 해석이 이뤄져야 한다. 이렇게 하는 것이 민원인 편의주의적인 규제 집행일 것이다. 명확하지 않으니 반려하는 것은 민원인이 아니라 규제자 위주의 소극적인 규제 해석이나 규제 집행 행태이다.

위 지하철 역사의 약국 개설과 관련된 소극적인 행정 행태로 인한 사항은 2012년 민관합동규제개혁추진단에서 관련 부처 및 기관회의를 거쳤으며, 그 결과 일단 설치가 가능한 것으로 유권 해석하고 향후 「도시철도법」을 개정해 약국 설치가 명확하게 가능하도록 규정하기로 했다(민관합동규제개혁추진단, 2013b: 574). 관련된 기관의 한번 회의로 설치 허용이라는 유권해석이 가능한 사안을 오랜 기간 동안 공급자의 입장에서 불가능한 것으로 처리해 온 전형적인 공급자 입장만 고려한 잘못된 행정 행태인 것이다.

이러한 규제집행에서의 소극적이거나 자의적인 행정 행태는 각종 집행기

[사례 25] 도시계획위원회의 처리 기한 지연 및 반복 심의[43)]

「국토의 계획 및 이용에 관한 법률」(제113조) 및 동법 시행령(제114조)에서, 지방자치단체의 조례로 '도시계획위원회'를 설치하되 도시계획 심의에 따른 민원인의 불편을 우려해, 위원회의 '안건 처리 기한', '반복 심의 제한 횟수'를 조례에 정해 운영하도록 위임하고 있다.

☞최근 조사(행정자치부)에서 상당수의 지방자치단체에서 '안건 처리 기한'과 '반복 처리 제한 횟수'를 조례에 미설정하고 있으며, 이로 인해 일부 지방자치단체에서는 도시계획위원회의 반복적인 심의로 공장 설립이 지연되는 사례가 발생

- 처리 기한을 미설정한 지방자치단체의 수: 178개
- 반복 심의 제한 횟수를 미설정한 지방자치단체의 수: 150개

43) 행정자치부(2015: 35)를 참조해 정리.

관의 의사결정의 하나인 위원회에서도 나타난다. 집행기관 공무원의 개인적인 자의적 행정 집행을 방지하고 여러 분야 관련자의 의견을 모아 처리하자는 취지에서 만들어진 위원회의 경우에도 적극적이지 못한 행정 행태를 보이고 있기 때문이다. 위원회의 심의와 관련된 잘못된 행정 행태로는 위원회 정족수 미달을 우려한 심의 일정 지연, 부적절한 보완 요구, 현장을 고려하지 않은 탁상 심의, 반복적인 심의와 결정 지연 등이 제기되고 있다.[44)]

위 4개의 사례([사례 22]~[사례 25])를 통해 규제는 만드는 것도 중요하지만 집행기관의 집행 과정에서 어떻게 집행하느냐에 따라 달라지며, 소극적이고 방어적인 규제의 집행은 또 다른 현장규제가 된다는 점을 알게 된다. 규제는 집행 과정에서 다음과 같은 문제점들이 제기된다.

- 지역 특성을 고려하지 않는 획일적 집행
- 감사 또는 특혜 제공 오해를 우려한 소극적 해석 및 집행
- 민원인 편의주의보다 공급자 위주의 규제 해석 및 집행
- 재량 규제의 자의적 해석 및 소극적 집행
- 규제 기준의 불명확성 및 집행기관의 주관적 해석에 일임

신축적 집행과 자의적인 집행

규제를 만들거나 집행할 때 어느 지역이나 어느 집행기관을 불문하고

---

44) 2015년 '경제단체와 함께 푸는 규제개혁 대토론회'에서 대한상공회의소는 위원회의 처리 기한 및 반복 심의 제한 규정 미비로 위원회 심의 과정의 무한 반복으로 인한 적기 사업 추진이 지연되거나 위원회 정족수 미충족 우려로 회의 개최가 지연되거나 탁상심의 등의 문제를 제기하고 있다(행정자치부, 2015: 23).

통일된 기준으로 집행하는 것은 중요하다. 집행기관에 따라 다르게 집행된다면 고무줄 규제가 된다. 그러나 동시에 지역의 특성과 각기 다른 사정이 고려되어야 하는 것 또한 중요하다. 이러 이유로 최근 상위 규제에 대한 규제개혁에서 최소 또는 최대의 범위만 정하고, 지방자치단체가 상위 규제의 범위 안에서 지역별 특성을 고려해 세부 사항(조례)을 정할 수 있도록 하는 방법이 사용되고 있다. 규제개혁 추세도 그러한 방향으로 점차 나아가는 추세이며, 지방자치제도의 취지에 부합하는 방향이기도 하다.

규제는 지역 특성 또는 특수한 사정을 고려할 수 있도록 집행기관에 현장에 필요한 적절할 재량을 갖도록 하는 것은 당연히 필요하다. 하지만 자칫 해당 규제를 집행하는 기준과 절차가 모호해서 집행권자에게 자의적인 재량권을 행사하게 한다면 또 다른 문제를 야기하게 된다. 규제가 모호해서 자의적 재량이 가능한 경우에는 규제 집행기관에서 부정과 비리가 발생할 가능성이 더 높아질 수 있다. 이 경우 피규제자에게는 규제 준수의 불확실성과 위험을 가져오고, 이로 인한 규제 우회의 유혹과 규제비용의 증가를 야기하게 된다.[45] 규제는 집행 과정에서 재량을 가지되 자의적 판단에 의존하지 않도록 투명하고 객관적인 방식으로 마련되어야 한다.

그러나 무엇보다 중요한 것은 규제를 해석하고 집행하는 일선 집행 공무원의 열린 마음일 것이다. 개인의 권리를 제한하거나 의무를 가하는 규제는 가급적 피규제자인 민원인의 입장을 배려하는 집행 자세가 더 중요하기 때문이다. 현 규제 하에서도 사업이 가능할 것으로 판단하고 사업을 추진한 사람들의 불만을 들어보면, 일선기관의 융통성 없는 대응에 대해 갑갑함을 호소하는 사례가 많다. 집행기관이 민원을 불허하면서 제시하는 핑계는 대

45) 우리나라 행정규제의 문제점으로 지적되는 것 중 하나는 규제 기준과 절차가 모호하고 규제 집행권자에게 자의적인 재량권을 부여하고 있는 것이다. "이것은 규제 집행 과정에서 부정과 비리의 가능성을 높일 뿐 아니라, 기업이나 피규제자의 입장에서는 규제를 준수해 나가는 과정에서 많은 불확실성과 위험을 겪게 되기 때문에 경제활동 자체가 위축되거나 이를 우회 회피하고자 노력하는 노력을 기울이도록 함으로써 소위 비생산적인 자원의 사용을 초래"하게 된다(김종석, 1998: 116).

부분 '아직 선례가 없다, 특혜라는 오해를 받는다, 감사 지적을 받을 수도 있다, 유권 해석이 필요하다' 등이다.

집행기관 공무원 입장에서는 민원인 위주의 적극적인 규제의 해석과 집행에 어려움도 있게 된다. 위 [사례 22], [사례 23]에서 불필요한 도로율을 낮춰 주면 당연히 특혜를 주었다고 의심을 받게 될지도 모른다. 나아가 감사원 등에서 감사 시에 민원인과 밀착 의혹이 있는지, 왜 특혜를 주었는지 등 많은 질문을 받게 될 가능성이 높은 것도 사실이다. 이 때문에 규제개혁과 아울러 감사제도의 개혁도 동시에 이뤄져야 한다는 주장이 제기된다. [사례 24]의 경우는 전형적인 소극적 업무 처리의 행태의 사례이다. [사례 25]에서처럼 개인의 재산권의 행사에 대한 문제는 지방자치단체의 건축심의위원회, 도시계획위원회 등의 심의 기준을 투명화하고 객관화해서 심의 과정의 불확실성을 줄여야 진정한 집행 현장의 규제개혁의 완성이라고 할 수 있다.[46]

이렇게 규제는 만들어지고 집행되고 감사로 이어지는 행정 과정의 흐름 속에서 바라보는 것도 필요하다. 모든 규제는 피규제자와의 접점이 집행기관이 된다. 집행기관의 규제 집행의 중요성은 더욱 높아지고 있다.[47] 규제는 집행기관의 소극적이거나 잘못된 집행 행태로 인해 길을 막는 전봇대, 손톱 밑 가시라는 인식이 증가하게 된다.

---

46) 대한상공회의소가 2014년 6월에 실시한 '민선6기 지방자치단체에 바라는 기업 의견 조사'(6.9~6.13, 전국 700개 기업)에서 기업은 지역경제 활성화와 관련해 지방자치단체에 희망하는 최우선 과제로 '규제 완화·행정절차 간소화'(35.1%)를 들고 있다. 규제 완화는 '세제 감면·금융 지원 확대'(29.5%), '용지·도로·항만 등 인프라 확충'(8.7) 등 다른 과제보다 매우 높게 나타나고 있다(대한상공회의소, 2014).

47) 대한상공회의소가 2010년 6월 기업을 대상으로 실시한 '민선 5기 지방자치단체에 바라는 기업 의견 조사'(6.21~6.23, 전국 700개 기업)에서 지난 4년간' 기업경영과 지역경제'에 가장 큰 영향을 준 정책당국으로 '지방정부'을 꼽은 응답(42.9%)이 '중앙정부'(27.4%), '국회' 12.7%, '지방의회' 10.0%라는 답변을 큰 폭으로 앞서고 있다. 이는 2006년 동일한 문항을 조사했을 때 응답 기업 중 51.2%가 중앙정부를 들고 지방정부라는 지적은 38.4%에 그친 것과 대비된다(대한상공회의소, 2010).

규제, 끊임없는 탄생과 끊임없는 개혁

앞에서 규제란 공익과 바람직한 경제사회를 위한 우리 사회의 필수불가피한 규칙이고, 사회문제를 해소하기 위한 처방약이라고 정의했다. 그러나 약성보다 강하게 작용할 수 있는 독성을 내재하고 있는 파르마콘(pharmacon)의 약으로 언제든지 독성이 지배 가능하게 된다.

규제는 끊임없이 탄생하는 것이 원칙이다

우리 사회의 필수불가피한 규칙으로서의 규제는 사회가 복잡 다기화됨에 따라 줄어들기보다 늘어날 가능성이 더 높게 된다. 오늘날 산업의 형태는 융·복합화, IT기술과의 결합 등으로 매우 다양해지고 있다. 종래 전통산업으로 인식되었던 농림산업마저도 변화가 급속하게 진행되고 있어 앞으로 농림업, 제조업, 유통업, 서비스업 및 관광업 등의 경계가 모호하게 진행될 가능성도 있다. 새로운 산업이 나타나면 이에 걸맞은 새로운 규칙과 제도를 필요로 하게 된다.

결국 규제는 끊임없이 탄생하는 게 원칙이고 불가피하다. 특히 안전과 관련된 대형 사건사고 이후에 재발 방지를 이유로 많은 규제가 신설되거나 강화된다. 2015년 3월 강화도 캠핑장 텐트 화재사고 이후 그간 정부의 개입이 없었던 소형 캠핑장에 대한 점검 규제가 탄생하게 되고, 2013년 청주 어린이집 통학버스와 관련된 안전사고 이후 일명 '세림이법'으로 여러 가지 안전과 관련 규제가 만들어졌다.[48] 또한 2014년 세월호 참사 이후에는 2009년 선박 사용 연령을 30년으로 규제를 완화해[49] 일본의 중고 선박(세월호로 변경)이 국내에 들어올 수 있었다는 비난이 제기되었고, 이로 인해 완화된 선박의 사용 연령이 일부 종류에서 다시 강화되었다. 이처럼 사건과 사고 이후에는 재발을 막아야 한다는 이유로 많은 규제가 탄생하게 된다. 경제규제도 크게 다르지 않다. 2013년 모 유업이 우유대리점에 대한 밀어내기식 강제 판매로 대리점 사장이 자살하는 사고가 있었고 이후 본사와 대리점 간의 불공정 거래에 대한 규제의 필요성이 제기되기도 한다.

이처럼 규제의 필요성은 사회의 분화와 발전, 국민 안전 등 많은 이유로 불가피하게 나타난다. 물론 필요성이 있다고 모두 행정규제의 탄생으로 바로 이어지지는 않는다. 규제를 신설하거나 강화하려면 규제 영향을 분석하고 사전에 심사절차를 거쳐야 하며, 행정규제 이외의 다른 대안으로 해결하

48) 2013년 3월 청주에서 어린이집 통학차량에서 내린 어린이를 보지 못한 운전기사의 부주의로 어린이(세림이) 사망사고가 발생했다. 이 사고를 계기로' 동일한 사고의 예방을 위해 탑승 어린이 좌석 안전띠 미착용 시 운전사 과태료 부과, 통학차량에 요건을 갖춘 신고 의무화, 동승 보호자 탑승 의무, 운영자와 운전자에 대한 안전교육 의무화 및 어린이 승하차 시 안전 확인 의무화 등의 규제 신설 또는 강화를 내용으로 하는 「도로교통법」 개정(일명 세림이법,)이 2014년 두 차례에 걸쳐 이뤄졌다(법률 제12343호, 2014.1.28. 개정; 법률 제12917호, 2014.12.30. 개정).

49) 2009년의 선박 사용 연령 규제 완화는 당시 국가권익위원회 및 법제처가 국민 불편 및 기업 부담 해소를 위한 규제개혁의 일환으로 추진했다. 2008년 8월 5일, 법제처와 권익위의 공동명의로 선박 연령 완화 방안을 국무회의에 보고(94건 보고, 이 중 선령 완화 포함)했고, 국토부는 이 결정에 따라 2009년 1월에 「해운법」 시행규칙을 개정해 최대 30년까지 가능하게 하되 매년 안전검사를 합격하는 조건으로 완화했다.

지 못한다는 입증이 있어야 한다.[50] 그러나 어떠한 방법으로도 사회의 변화에 따른 새로운 규칙인 규제의 탄생을 막기 어렵다. 규제는 끊임없이 탄생하는 것이 원칙이고 불가피하다. 다만 만들어지고 강화되기를 원하는 규제에 대해 적정한 제도의 틀에 입각해서 논의하고 심사함으로써 규제 탄생을 줄이는 노력은 필요하다.

규제환경은 끊임없이 변한다

탄생한 규제는 끊임없이 변질된다. 이는 규제 자체가 변화하지 않아도 규제를 탄생하게 만든 규제환경이 먼저 변화해 탄생 당시의 목적에 부합하지 않게 만들어 가게 된다. 앞에서 사례(말도 안 되는 규제)로 든 '인장업자의 규제', '자전거 2인 이상 탑승제한 규제' 등에서처럼 탄생 시점의 규제 정당성은 기술 발달, 국민 사고의 성숙, 산업 변화 등 많은 이유로 타당성이 부족한 규제로 변질된다.

규제환경의 변화가 빠르면 규제의 변질도 빠르게 되고 규제개혁의 필요성도 그만큼 빠르게 제기된다. 규제개혁의 필요성이 자주 제기된다는 것은 어떤 의미에서 사회의 변화가 그만큼 빠르게 변화하고 있다는 반증이기도 하다. 이런 점에서 규제개혁의 필요성이 제기되고 규제가 걸림돌이라는 인식이 증가한다는 것은 우리 사회가 빠르게 변화하고 있다는 것으로 오히려 바람직한 청신호이기도 할 것이다.

---

50) 이 경우는 행정부에서 법률안을 제출하거나 행정입법(시행령 · 시행규칙) 제정 시에만 적용되고, 의원입법은 규제영향분석 등 사전심의 절차는 없다.

규제는 끊임없이 개혁되어야 한다

규제는 끊임없이 탄생하고 끊임없이 변질되고 있다. 따라서 끊임없이 다듬고 개혁해야 한다. 끊임없이 변화하는 규제환경에 뒤처지는 규제는 탄생의 정당성, 즉 공익과 바람직한 경제사회 질서 유지와는 거리가 멀어지고, 목적에 기여하지 못하면서 개인의 자유와 권리만 제한하게 된다.

약성보다 독성이 강하게 나타나는 규제, 비현실적인 규제의 증가는 규제의 일탈자가 상대적으로 이익을 보게 되고 양심적인 규제 순응자만 어려움을 겪게 되는 규제의 역진 현상이 나타나게 된다. 결국 규제의 독성이 더 나타나게 되어 경제사회의 발전을 막는 '길을 막는 전봇대', '손톱 밑 가시'가 된다. 이것이 규제는 태어나는 순간부터 여건의 변화에 맞춰 되풀이해서 검토되고 개혁되어야 하는 이유이다.

그간 많은 규제개혁에도 불구하고 규제개혁의 필요성이 더 강하게 제기된다는 것은 그간 규제환경의 변화에 대응한 규제관리를 제대로 하지 못했다는 반증이기도 하다. 규제개혁은 끊임없이 이뤄져야 하지만, 규제환경의 변화보다 한 발 더 앞서도록 다듬어 가는 규제현실화와 차별화되는 규제개혁이 필요하게 된다.

제2장

규제개혁의 전략과 기법

규제개혁과 규제현실화

전략적 규제개혁

규제개혁의 기본 기법, 규제영향분석

한시적 규제유예

규제총량관리제도

한국의 규제비용총량제

규제일몰제

성과기준 설정 규제개혁

원칙 허용 · 금지행위 열거 방식

규제특구제도

규제형평제도

비규제적 대안으로 전환

규제개혁 기법의 적용

규제개혁 주체의 중요성

규제개혁과 규제현실화

규제는 공익과 바람직한 경제사회 질서 유지를 위해 우리 사회의 필요성에 의해 만들어진 법령이다. 그러나 기술 발달, 국민 의식의 성숙 등 규제환경의 변화에 따라 쉽게 '길을 막는 전봇대'로 변질될 수 있는 파르마콘(pharmacon)의 특성을 가진 법령이라는 데 문제가 있다. 따라서 만들어진 순간부터 항상 다듬고 개혁되어야 하는 대상이라고 했다.

규제개혁은 그 당위성에도 불구하고 성공적으로 이루기 매우 어렵다. 규제는 기본적으로 내재된 속성, 즉 규제 포획(regulatory capture), 원칙 금지·예외 허용(positive system)·사전규제 방식(ex-ante regulation)의 선호, 기득권 및 독점적 지위(vested interests)의 유지 등의 독성으로 변화를 거부하고 현상을 계속 유지하려는 관성을 갖게 되기 때문이다. 또한 규제자, 규제집행자이면서 아울러 규제개혁의 주체인 정부와 공무원도 규제에 동조과잉(over conformity)하기 쉬워 규제개혁을 더욱 어렵게 만든다.

한국의 규제개혁 역사에서 체계적인 규제개혁의 시작은 「행정규제기본법(Basic Act on Administration Regulations)」이 시행된 1998년 이후가 된다.

1997년 김영삼 행정부에서 마련되고, 1998년 김대중 행정부에서 시행된 기본법으로 선진국 못지않게 지속적이고 체계적인 규제개혁이 가능하게 되었다. 기본법에 근거해서 규제개혁 총괄기구로서 '규제개혁위원회'와 정부의 규제개혁 조직으로 국무총리실(규제조정실)이 설치되었으며, 강력한 규제개혁을 가능하게 하는 '규제등록 및 공표(Registration & Promulgation of Regulations)', '규제영향분석(Regulatory Impact Analysis)'과 사전심사, '규제정비계획 수립' 등의 수단을 갖추고 있다.

기본법 시행 이후 한국은 새로운 규제개혁 기법을 개발해 추진하거나 기존의 알려진 규제개혁 기법을 적용하는 등 상당한 규제개혁의 추진 경험을 가지게 되었다. 1998년 김대중 행정부에서 '아시아 외환위기'로 인한 경제위기의 조기 극복 과정에서 규제기관의 의무 할당 방식의 '기존 규제 50% 폐지'라는 규제 일제 정비 방식의 물량적 규제개혁 방식을 적용했고, 2009년 이명박 행정부에서는 '글로벌 금융위기' 과정에서 경제위기 조기 극복을 위한 '한시적 규제유예(temporary regulatory relief)'[1]라는 새로운 규제개혁 기법을 개발해 사용했으며, 재검토형 규제일몰제(sun-set)의 도입과 적용, 금지행위 열거 방식(negative list system)의 광범위한 적용 등 다양한 기법의 규제개혁을 경험하기도 했다.

그러나 규제개혁을 시작한 1980년 이후 35여년, 기본법이 시행된 지 17년이 지난 시점에서, 그간의 역대 행정부의 많은 규제개혁의 노력에도 불구하고 규제개혁의 성과에 대한 평가나 기업의 규제개혁에 대한 만족도는 높지 못하다. 규제는 '길을 막는 전봇대', '신발 속의 돌멩이'라는 인식도 여전하고 규제개혁의 필요성은 기업 등으로부터 오히려 강하게 제기되고 있기도

1) '한시적 규제유예'는 일정한 유예 기간을 설정하고 유예 기간 동안 일정한 기준에 따라 규제의 집행을 중단하거나 완화해 집행하고 유예 기간이 종료하면 원칙적으로 규제집행이 회복하는 새로운 규제개혁의 방법이다. 2009년 이명박 행정부에서 경제위기 극복을 위해 경제 활성화에 부담을 주는 규제 280건을 선정해 2년 내외의 한시적 기간 동안 규제를 유예했다(국무총리실, 2009). '한시적 규제유예'에 대해서는 이어지는 '전략적 규제개혁'과 '한시적 규제유예'의 장을 참고하기 바란다.

하다. 규제개혁에서 한국은 여전히 규제품질 관리 단계 이하에 머물고 있다고 할 수도 있다.[2]

규제개혁의 요구는 규제환경 변화의 신호

사실 규제는 본질적으로 나쁜 것은 아니다. 우리 사회를 유지하기 위해서는 규제가 불가피하다. 캠핑장 화재, 대리점에 밀어내기 강제 판매 등 사회문제에 따라 새롭게 정부가 개입해야 할 규제의 필요성은 지속적으로 제기된다.[3] 어쨌든 규제는 필요에 의해 만들어지고, 만들어진 규제는 규제환경의 변화에 따라 끊임없이 폐지되거나 수정된다.

규제에 대해 불만이 증가하고 개혁의 필요성이 강하게 제기된다는 것은 규제환경에 변화가 있어 폐지나 수정이 필요하다는 신호이다. 이런 점에서 규제개혁의 필요성이 강하고 높게 제기된다는 것은 우리 사회가 빠르게 변화하고 있다는 바람직한 청신호일 수도 있다. 결국 규제는 필요성에 따라 끊임없이 탄생하고, 탄생된 규제는 끊임없는 개선이 불가피하다.

그간 역대 행정부도 규제개혁의 신호에 맞춰 규제개혁을 강조했고, 국정 핵심 과제의 하나로 규제개혁을 강조했다. 역대 행정부에서 국정의 핵심 과제로 노력했음에도 피규제자로부터 규제개혁의 성과에 대한 평가가 미흡한

2) 김종석 외(1999: 4-5)는 규제개혁을 세 단계로 구분하고 있다. 첫 번째 '규제 완화 단계'에서는 주로 규제 완화(deregulation)와 행정절차의 간소화가 중심 과제가 된다. 두 번째 '규제품질 단계'는 정책 목표 달성을 위한 비규제적 수단과 좀 더 유연한 규제 수단의 모색과 도입이 본격화되는 단계로 이 단계에서는 규제영향분석과 규제기획제도가 규제품질을 관리하는 중요한 수단이며, 규제등록제와 규제준수율 확보 등도 효과적인 수단으로 도입된다. 규제개혁의 최종적인 단계는 '규제관리 단계'로서 규제개혁이 일과성의 개혁 과제가 아니라 하나의 정부 기능으로서 규제개혁을 담당하는 조직뿐만 아니라 규제를 입안하고 집행하는 조직들도 규제의 품질관리에 참여하는 단계라고 한다.

3) 물론 정부의 개입이 필요하다고 하여 행정규제가 탄생해야 하는 것은 아니다. 정부 개입의 필요성이 제기되어도 행정규제를 신설·강화할 것인가 아니면 비규제적인 대안으로 해결할 것인가에 따라 달라지기 때문이다.

이유는 무엇 때문일까? 그 원인으로 규제개혁의 주체, 규제개혁의 방법, 규제의 사후관리 시스템 등 여러 측면에서 다양한 원인의 지적이 제기될 수 있다. 다양한 원인 중에서 규제개혁의 추진 방식과 전략에 대해 살펴보자.

규제개혁과 규제현실화

그간 한국의 규제개혁은 국민, 기업 등 어려움을 겪고 있는 피규제로부터 애로를 건의받아(정부가 일부 과제를 직접 발굴해) 제기된 애로를 해결하는 방식으로 주로 추진했다. 즉, 시장이 제기하는 규제환경이 변화되었다는 신호에 피동적으로 답하는 방식으로 추진했다. 이러한 규제개혁은 기업이나 민원인이 호소하는 현재의 어려움을 해결하는 것으로 규제현실화에 불과하게 된다. 현재의 애로를 치유하는 규제현실화는 기술 발달과 경제사회의 여건이 급속하게 변화하는 오늘날에는 조그만 주변 여건의 변화에도 다시 길을 막는 전봇대가 되어 곧 추가적인 개선과 연관된 다른 규제의 개혁 필요성을 되풀이하게 된다.

결국 규제현실화는 피규제자에게 이미 걸림돌로 작용된 이후에 해결하는 것이며(개선 시점의 실기), 건의된 현재의 문제점을 해결하는 수준에 그치는 것이고(현재 애로의 해결), 건의되거나 정부가 발굴한 해당 규제의 개선(개별 규제에 한정)에 그치게 된다. 규제현실화는 진정한 의미에서 규제개혁이라고 평가하기 어렵게 된다. 규제현실화는 애로를 제기한 피규제자로부터 일시적인 만족에 그치게 되고, 전반적인 규제개혁에 대한 국민의 만족도는 높아지지 않게 된다. 규제개혁은 규제현실화와 차별화하고 규제현실화에서 벗어나야 한다. 이런 점에서 규제개혁은 규제현실화가 아닌 새로운 접근 전략이 필요하다.

전략적인 규제개혁의 필요성

규제는 정책 목표를 실현하는 강력한 수단이다. 이 점에서 현실 치유적인 규제현실화는 규제의 정책 목표를 유도하고 선도하는 기능의 작동을 어렵게 한다. 현재 애로의 해결에서 나아가 기업과 국민의 피규제자가 주어진 규제를 준수하면, 바람직한 정책 목표가 실현되고 피규제자도 정책 목표가 원하는 방향으로 자연스럽게 유도되어야 한다. 그러기 위해서는 규제를 현실화함으로써 좀 더 미래 지향적인 규제를 만들어야 하며, 이때 규제의 정책 실현 기능이 작동하게 된다. 규제의 정책 유도 기능이 작동하도록 만들어 가는 규제개혁이 '전략적 규제개혁'이라 할 수 있다.

전략적 규제개혁은 규제를 통해 실현하려는 정책 목표를 먼저 설정하고, 목표 달성을 위해 검토가 필요한 대상 규제들을 선정하고, 대상에 적합한 규제개혁의 수단을 적용해 규제개선안을 마련하고, 마련된 개선안을 담는(규정하는) 법제화의 방식, 나아가 집행 절차의 투명화하고 마지막으로 사후관리의 시스템에 이르기까지 일련의 과정을 좀 더 체계적으로 추진하는 것이다. 중요한 점은 어떻게 개혁을 추진할 것인가는 규제의 목표 설정 이후 선택하는 것이다. 그간의 규제개혁에서 주로 규제개혁의 목표, 관련 규제의 선정보다 규제개혁의 수단과 기법을 먼저 설정하고 개혁 대상 규제를 찾아 넣는 방식으로 추진하기도 했다.

규제개혁의 수단과 기법(tools) 또한 다양하다. 다양한 수단은 그 장단점과 쓰임새가 각기 다르다. 규제의 성격과 종류에 따라 하나의 규제개혁 수단을 적용할 수도 있고 또는 여러 가지 개혁 수단을 중복적으로 적용할 수도 있다. 규제개혁의 수단을 먼저 설정한 규제개혁은 규제에 하나의 규제개혁 수단만 적용하게 되어 규제개혁의 시너지 효과를 이루지 못하게 된다.

결국 규제개혁은 규제현실화에서 벗어나 책임 있는 규제개혁의 주체들이

(who), 어떠한 규제들을(what), 어떠한 정책 방향으로(why), 언제 어디까지 시점에 맞춰(when), 어떠한 방법과 기법(how)을 사용해 개혁할 것인가 등에 대한 체계적인 전략적 접근이 필요하다는 것이다.

전략적 규제개혁

앞에서 규제개혁을 규제현실화와 구분하고, 규제현실화에서 벗어나 좀 더 전략적인 규제개혁의 필요성을 제기했다. 즉, 피규제자의 현재의 애로만을 치유하는 현실화에서 나아가 규제의 정책 실현 기능이 작동할 수 있도록 현재 수준에서 좀 더 미래 지향적인 규제로 다듬어 가는 개혁을 추진하자는 것이 된다. 기업들이 개혁된 행정규제를 준수하면 의도된 정책 목표에 좀 더 가까이 유도되도록 선도적인 규제로 전환하는 개혁이다. 규제의 정책목표 유도 기능에 초점을 맞추는 규제개혁은 규제현실화가 아니라 좀 더 전략적인 규제개혁이 필요하게 된다. 규제현실화와 차별화되는 규제개혁의 전략에 대한 준비가 요구된다.

규제와 전략적 규제개혁

규제의 정의를 되돌아보자. 제1장에서 규제는 "공익 또는 바람직한 경제

사회의 질서 유지를 위해 개인의 권리를 제한하거나 의무를 부과하는" 법령으로 정의했다. 규제의 정의에서 '권리의 제한과 의무의 부과'라는 피규제자에 미치는 정부의 강제적인 행정행위에 초점을 맞추면 그에 대응하는 규제개혁은 피규제자가 제기하는 현재의 애로를 해소하는 데 집중하게 된다. 즉, 규제로 인해 개인의 권리를 제한하고 의무를 부과하는 정도가 과한지 아닌지에 더 중점을 두게 되고, 권리 제한·의무 부과의 정도에서 느끼는 현실의 애로를 해소하는 데 한정된 가능성이 높게 된다.

그러나 규제의 정의를 피규제자의 권리를 제한하거나 의무를 부과하게 하는 상위의 목적인 '공익', '바람직한 경제사회 질서', '특정한 행정 목적' 등에 더 초점을 두면, 그에 대응하는 규제개혁은 현재의 애로 해소에서 나아가 합목적성 측면을 추가적으로 분석할 수 있게 된다. 이때의 규제개혁은 규제현실화에 추가해 정책 목표 실현에 적합한 규제인지 아닌지 등 규제의 근본적인 필요성과 타당성에도 중점을 둘 수 있게 된다.

규제는 기본적으로 정책 목표를 실현하기 위한 여러 가지 수단의 하나이다. 규제자(정부)의 입장에서는 정책 목표를 추진하는 방안으로 규제를 더 선택하는 경향을 갖는다. 정책 목표 실현을 위한 여러 가지 방안, 즉 인센티브 방식, 교육 및 홍보, 자율적 협조 등 여러 대안 중에서 정부 재원의 부족, 다른 대안의 불확실 등으로 민간에 비용을 전가하는 강제적인 규제가 더 효과적이라고 인식하기 쉽기 때문이다.

전략적 규제개혁은 피규제자의 애로 해소에 더해 정책 목표의 수단으로서 기능에 적합한 것인지 여부 등 정책 목표와 연관해 좀 더 추가적이고 근본적인 검토를 병행해 추진하자는 것이 된다. 이런 점에서 전략적 규제개혁은 규제개혁의 목표, 즉 개혁 대상인 규제의 정책 목표를 명확히 하는 데서 출발하자는 것이다.

정책 목표를 의식한 규제개혁은 규제현실화와는 접근 순서와 방법이 다르게 된다. 규제개혁의 측면에서 살펴보면, 먼저 정책 수단인 규제를 개혁해 무슨 정책 목표를 어떻게 달성할 것인지 규제개혁의 목표를 설정해야 한다. 규제개혁의 목표가 설정되면 목표와 연관된 규제를 파악해 규제개혁 대상 범위를 선정하고, 이어 규제개혁 수단과 기법(tools)을 선정하고 수단을 적용한 개선안을 마련하게 된다. 마련된 개선안을 어떠한 규정 방식에 담고 어떻게 집행되도록 행정절차에 마련할 것인가를 결정하고, 마지막으로 사후관리를 어떻게 할 것인가의 순서로 접근하게 된다. 이런 점에서 전략적 규제개혁은 규제개혁의 목표 설정에서 사후관리에 이르는 일련의 규제 라이프 사이클의 과정에서 규제를 분석하고 개혁을 추진하자는 것과 같다.

개혁의 필요에 따라 하나의 과정 단계 또는 몇 개의 과정만을 목표로 선정해 추진하는 개혁도 가능하다. 그러나 가장 중요한 점은 규제개혁의 목표 설정에서 출발하자는 것이다. 전략적인 규제개혁의 추진 단계는 다음과 같이 정리해 볼 수 있다.

전략적 규제개혁의 고려 단계

① 규제개혁으로 이루고자 하는 목표의 설정 및 명확화: 규제개혁 목표 설정
② 규제개혁 목표와 관련된 개혁 대상 규제(법령)의 파악: 개혁 범위 설정
③ 규제개혁 대상의 규제에 적합한 규제개혁 수단과 기법의 선택
④ 대상 규제에 규제개혁 기법의 적용 및 개선안 마련: 규제 내용의 개혁
⑤ 개혁안에 적합한 규정 방법의 선택: 규제 방식의 개혁
⑥ 규제에 적합한 집행절차의 마련 및 정비: 행정절차 개혁
⑦ 규제에 적합한 사후관리 방안 마련: 사후관리 시스템 개혁

규제개혁 목표와 개혁 대상의 선정

전략적 규제개혁은 규제를 통해 달성하려는 정책 목표를 설정하고 추진 방향을 구체화하는 데에서 시작된다. 정책 수단인 규제를 통해 달성하고자 하는 정책 목표를 명확하게 설정하면 규제개혁의 대상과 개혁 방향이 가능하게 된다. 규제개혁에서 개혁의 대상과 방향이 제대로 설정되지 않으면 피규제자가 불만을 제기하거나 신고센터 등에 제안한 개별 규제의 개선에 그쳐 규제현실화에 머무를 가능성이 높아진다. 개별적인 애로 해소의 치유적인 규제개혁은 자칫 연관된 관련 규제의 개선에 소홀하게 되어 하나의 규제를 개선해도 관련된 규제로 인해 규제개혁의 효과를 상실하는 사례가 발생하게 된다. 설정된 정책 목표와 연관된 규제 모두를 동시에 의도하는 방향으로 개선해야 규제개혁의 시너지 효과를 얻게 된다.

또한 일정한 정책 목표를 달성하기 위한 규제개혁 목표가 명확하게 설정되지 않은 상태에서 추진하는 규제개혁은 개혁 과정에서 기득권의 저항이나 이해관계가 복잡한 규제의 경우 이해관계의 조정에 실패할 가능성이 높아진다. 규제개혁의 목표는 새로운 정책 패러다임의 변화를 구체화하는 것이기도 하고, 기존의 정책 목표를 구체화해서 규제를 통해 얻고자 하는 것을 명확히 하는 것일 수도 있다. 제시하는 목표가 이번의 규제개혁이 어떠한 정책 목표를 규제를 통해 얻고자 하는 것이라는 점을 규제개혁의 작업단 또는 규제개혁의 주체에게 구체적으로 명확히 하는 것이다.

규제개혁 목표 설정에서 또 하나 중요한 것은 규제를 개선하려 할 때 피규제자로 하여금 어느 정도의 시기에 정책 목표에 도달하도록 개선할 것인가이다. 규제는 정책 수단으로 피규제자로 하여금 정책 목표 달성에 필요한 행위를 하도록 유도하고 선도하는 기능이다. 따라서 규제개혁을 통해 설정된 정책 목표에 언제쯤 도달하도록 권리를 제한하고 의무를 부과할 것인가는 규제개혁 목표 설정에서 매우 중요하다. 이때 현재의 기업 및 산업체의 형편, 경쟁국의 상태, 규제를 통해 달성하려는 정책 목표의 달성 시점 등을 고려해서 규제개혁의 수준을 설정하게 된다. 규제의 개선을 통해 '정책 목표를 어느 시점에 어느 정도 달성하게(유도되도록) 설계할 것인가' 하는 규제개혁의 목표에서, 현재의 수준과 유사하면 규제개혁의 의미가 없게 되고, 현재보다 목표 수준이 과다하면 현실과의 괴리로 산업의 왜곡, 안전문제 등 부작용이 예상된다.

규제개혁의 목표 수준 설정을 위한 제시 기준으로는 규제의 성격과 유형에 따라 다르게 제시할 수 있다. 허용 행위의 비율, 시설의 범위와 종류, 시간적인 기준 등을 제시할 수 있다. 예를 들어 입지규제의 경우 이번 개혁에서는 지난 5년간 이뤄진 입지 허용의 추세를 감안해, 향후 2~3년에 당겨 이뤄지도록 허용 기준을 설정할 수도 있다. 규제개혁의 목표로서 정책 목표를 구체화하고 개선할 수준을 제시하면, 규제개혁을 추진하는 규제개혁작업단이 대상 규제를 발굴하고 해당 규제를 개선할 방향과 개선의 정도를 명확하게 할 수 있다. 이때 규제개혁은 현재의 애로를 해소하는 현실화에서 나아가 좀 더 강력한 개혁이 가능하게 한다.

[사례 1] 농림축산식품부 규제개혁 추진[4)]

농림축산식품부(이하 농림식품부)는 농정 패러다임을 종래 '영농의 생산성 향상'에서 가공·유통·관광 등 다른 산업과의 융·복합을 통한 6차 산업화' 등으로 전환해 궁극적으로 미래성장산업화를 달성하려고 하고 있다.

이에 농림식품부는 미래 성장산업화 달성의 큰 정책 목표를 위해 필요한 영농의 '규모화', '전문화', '과학화'를 통한 경쟁력 제고와 함께 '6차 산업화(융·복합화)'를 중간 단계의 전략 목표로 설정하고, 이를 위한 세부 목표를 세워 추진하고 있다.

농림부식품부는 규제개혁에서 중간 단계의 정책 목표에 맞춰 '규제를 통한 규모화, 전문·과학화, 융·복합화 촉진 및 저해 규제의 정비'를 개혁의 목표로 삼아 추진하고 있다.

농림식품부의 규제개혁의 목표는 중간 단계의 정책 목표에 맞춘 목표로 구체성은 낮으나 현재의 목표만으로도 어떤 법령·규제가 정비 대상이 되어야 하는지 개혁 대상의 선정과 개혁 방향이 비교적 명확하게 나타나게 된다. '융·복합화 촉진 및 저해 요인 제거'를 예를 들어보면 농지와 산지의 입지 관련 법령, 농업법인의 사업 제한 법령, 다른 산업의 농촌 투자 관련 법령, 농업 종사자의 범위에 관한 법령, 가공·유통·체험관광의 업역(業域) 관련 법령 등 어떠한 법령과 규제를 어느 방향으로 개혁해야 하는지 규제개혁 담당 공무원도 비교적 파악이 가능하게 된다. 예를 들어 농지에 가공·관광시설의 투자 및 입지 허용, 산림과 초지에 승마·산악 레포츠 등의 입지, 도시자본의 투자 개방 등의 제한 규제가 개혁 대상이 된다. 이때 하나의 애로 건의가 있어도 해당 규제의 개선에 그치지 않고 연관된 규제, 관련 법령 전체를 대상으로 개혁을 추진할 수 있게 된다.

다만 농림식품부는 규제개혁의 목표 설정에서 정책 목표에 따른 목적과 방향은 설정하고 있으나, 규제를 개선해 달성하고자 하는 규제의 개혁 수준에 대한 기준 설정은 명확하게 외부에서 인식이 어렵다.

농림식품부의 융·복합화의 경우에도 방향은 제시하고 있으나 규제개혁을 통해 이번에 어느 정도를 개혁할 것인지 수준에 대한 기준 제시가 명확하지 않다는 것이다. 농촌 현실 여건에서 농지나 임지에 다른 산업의 입지와 투자를 일시에 전면적으로 허용하기 어렵다. 이때 지난 5년간의 융·복합 추세를 향후 2년에 추가 도달한다는 가정 하에 다른 산업의 허용 정도(비율, 시설, 분야), 투자 규모 등을 좀 더 구체화해 제시하는 것도 가능해진다.

4) 농림축산식품부(2014a, 2014b, 2015)를 참고해 구성.

규제개혁 수단과 기법의 선택 · 적용

규제개혁의 목표가 설정되고 목표와 관련된 개혁 대상인 법령(규제)의 파악이 이뤄지면 다음은 어떻게 개혁할 것인가에 대한 접근 전략과 분석이 필요하게 된다. 전략적인 규제개혁은 정책 수단인 규제를 설정된 정책 목표에 맞춰 수단으로서 적정한지를 분석하고 개혁하는 데 중점을 두게 된다.

이때 정책 목표와 규제와의 관계에 대해 다양한 질문과 접근이 가능하게 된다. 현재의 규제가 정책 목표의 달성에 기여를 하는가? 정책 달성에 효과가 있다면 피규제자의 권리 제한과 의무 부담과 비교해 어떠한가? 비규제적인 대안으로 대체는 어려운가? 등이다. 정책 목표에 부합하지 못하면서 피규제자에게 애로와 부담을 더 하는 규제는 이러한 접근을 통해 폐지하거나 다른 대안으로 대체 가능하게 된다.

정책 목표와 규제, 목표-수단의 관계에 대한 규제개혁에서 다양한 규제개혁의 수단과 기법(tools)을 통해 전략적으로 접근하는 것은 매우 효과적인 규제개혁이 된다. 다만 전략적 규제개혁에서는 규제개혁의 기법을 먼저 제시하고 규제개혁을 하자는 것과는 거리가 있다. 규제개혁의 목표에 맞춰 선정된 개혁 대상에는 여러 종류의 규제가 있게 된다. 입지규제, 진입규제, 품질규제, 과정규제 등 규제의 유형에 따라 어떠한 기법을 적용할 것인지의 원칙과 기준을 미리 마련해 제시하는 것이다.

규제개혁의 기법은 그간 규제개혁에 대한 연구로 많은 기법이 개발되어 있다. 현재 규제개혁의 수단과 기법으로는 한시적 규제유예(temporary regulatory relief), 규제일몰제(sun-set review), 금지행위 열거 방식(negative list system), 성과기준 설정(performance standard setting), 규제영향분석(regulatory impact analysis review), 규제비용 총량제(cost-in, cost-out), 규제특구제도(free regulation zone system), 비규제적 대안의 전환(non-regulatory alternatives), 규제순응도 조사(regulatory compliance rate), 규제형평제도 등 다양하다. 이러한 규제개혁의 기법에는 규제의 개선안 마련에 적합한 기법도 있고, 마련된 개선안을 법제화하는 규제 방식 또는 행정절차 개혁에 적합한 기법이 있다.

개혁 대상인 규제의 성격과 유형에 적합한 규제개혁 기법의 적용 기준을 미리 선정하고 제시하면 좀 더 체계적이고 효율적인 규제개혁이 가능하게 된다. 하나의 규제에 하나의 기법을 적용할 수도 있고, 여러 개의 기법을 중복적으로 적용할 수도 있다. 진입규제에 적합한 기법, 안전에 관한 규제에 적합한 기법, 경제적 규제에 적합한 기법 등 유형에 따라 적용할 기법을 수립하고 규제개혁에 착수하면 규제개혁작업단의 개혁 활동을 효과적으로 지원하게 된다.

이때 정책 목표와 수단인 규제와의 연관성에 의한 개혁에는 규제영향분석 기법에 의한 규제개혁이 기본이 된다. 규제영향분석 기법은 규제하고자 하는 문제의 인식에서부터 정부 개입의 필요성, 규제의 필요성, 규제 대안의 선택, 규제로 인한 편익과 피규제자의 부담의 비교 등 가장 폭넓고 근본적인 개혁적 접근을 가능하게 하는 기법이기 때문이다. 전략적 규제개혁은 규제영향분석 기법을 기본으로 규제의 유형에 따른 다양한 기법의 중복적인 적용이 바람직하게 된다. 예를 들어 모든 규제에 대해 '규제영향분석 기법'의 적용을 원칙으로 하면서 이해관계자가 복잡한 규제의 경우 '한시적 규제유예' 제도를, 과정규제에 대해서는 '성과기준 방식'으로 전환을, 기술발달과 관련된 규제에 대해서는 규제일몰제의 적용 등을 추가적으로 적용을 검토할 수 있다. 중요한 것은 규제의 유형에 따라 어떤 기법을 원칙적으로 적용하도록 기준을 마련하고 개혁 과정에서 우선적으로 검토하도록 전략화하는 것이다.

규제의 규정 방식 및 행정절차 개혁

하나의 규제를 개혁하는 부분을 세 가지로 구분해 볼 수 있다. 먼저 규제의 내용을 개선하는 것, 규제를 법령에 담는 규정 방식의 개혁, 그리고 해당 규제의 집행 과정에 필요한 행정절차 개혁 등이다. 규제의 내용, 규정 방식, 행정절차의 개선 모두 각각의 중요한 규제개혁이 된다. 규제의 본질인 규제 내용이 아닌 규제의 규정 방식과 행정절차만을 투명하게 개선해도 좋은 규제개혁이 될 수도 있다. 그간 규제개혁의 역사에서 행정절차 개선, 규제 방식의 개선도 중요한 규제개혁의 하나로 추진되기도 했다.[5]

규제 방식이나 집행절차는 규제의 집행 과정에서 규제의 본질인 규제 내용 못지않게 중요하다. 비록 규제의 내용을 정책 목표 달성에 유리하게 개선해도 규제하는 방식에 따라 규제의 내용이 왜곡될 수도 있다. 또한 규제의 집행절차와 규제 방식이 부적절할 경우에는 규제의 집행 과정에서 그 효과는 줄어들거나 또 다른 문제를 가져오게 된다. 우리나라 행정규제의 문제점으로 지적되는 것 중 하나는 규제 기준과 집행절차가 모호하고 그에 따른 집행권자의 자의적인 집행이다. 규제 기준과 집행절차가 모호하면 피규제자는 많은 불확실성과 위험을 겪게 되기 때문에 경제활동 자체가 위축되거나, 이를 우회 회피하고자 노력하는 노력을 기울이도록 함으로써 비생산적인 자원의 사용을 초래하게 된다(김종석, 1998: 128). 반면에 규제를 획일적으로 지나치게 구체화하면 자칫 집행 과정에서 피규제자의 특수한 사정을 고려하기 어렵게 되고, 집행기관의 자율성과 규제의 탄력성이 줄어들게 된다. 결국 규제의 내용을 정책 방향에 맞춰 개혁해도 규제를 어떠한 규

---

5) 김종석 외(1999)는 규제개혁의 1단계인 규제 완화 단계에서는 행정절차의 간소화가 중심 과제가 되며, 이 단계에서의 규제개혁은 행정절차와 구비서류의 간소화, 규제 준수 비용의 감소 등이 그 특징이라고 한다.

제 방식으로 담을 것인지 행정절차를 어떻게 하느냐에 따라 규제개혁의 효과는 다르게 된다. 따라서 규제의 성격과 종류에 따라 어떠한 방식으로 규제를 규정하고 어떠한 행정절차를 도입할 것인가에 대한 사전적인 원칙을 정립해서 추진하는 전략 수립이 필요하다.

규제 규정 방식의 개혁

먼저 규제의 규정 방식에는 원칙 허용 및 금지행위를 열거하는 '네거티브 방식(negative list system)'과 원칙 금지 및 허용 행위를 열거하는 '포지티브 방식(positive list system)', '사전적 규제 방식(ex-ante regulation)'과 '사후적 규제 방식(ex-post regulation)'이 대표적이다. 전략적 규제개혁은 규제의 유형에 따라 어떤 규정 방식을 우선적으로 적용하도록 할 것인가의 원칙을 수립하고 추진하게 된다. 예를 들어 진입 · 입지 · 인허가 규제의 개혁에는 네거티브 방식과 사후적 규제 방식의 우선적 적용이 가능하며, 기술의 발달이나 규제환경의 변화에 민감한 규제에는 네거티브 방식이 무엇보다 필요하다. 규제개혁 추진에 앞서 규제 유형별로 규정 방식의 적용 기준을 수립해 우선적으로 적용하도록 하고, 원칙 적용이 어려운 사례에 대해서는 소명을 받아 대안을 허용하는 방식으로 강력한 규제개혁이 가능하게 된다.

행정절차의 개혁

행정절차의 개혁에서도 규제의 유형에 따라 적용 기준을 수립하는 전략이 필요하다. 행정절차의 개혁에서는 집행 과정에 재량이 필요한 규제와 불확실성을 배제하고 전국적인 통일성과 획일성이 우선하는 규제를 어떻게 대응할 것인가에 대한 원칙과 기준의 사전 제시가 필요하다. 전국적인 통일성이 우선인지, 지역의 특성에 맞게 지방자치단체의 조례 등에 위임할 것인지, 규제의 성격과 유형에 따른 개략적인 원칙의 정립이 가능해진다.

또한 행정절차 개혁에는 집행절차와 첨부서류에 대한 개혁이 필요하다.

'행정기관이 필요하다고 인정하는 경우' 등 모호한 허용 방식이나 행정기관이 보유해 확인이 가능한 서류는 원칙적으로 폐지가 필요하다. 규제의 내용 개혁에서 허용의 정도는 낮았으나 이어진 행정절차 개혁에서 투명성을 확보한 규제는 허용하되 절차 기준이 모호한 규제보다 집행 과정에서 더 현실적인 개혁이 되기도 한다.

그간 규제 방식과 행정절차의 개혁에서 '포지티브 방식에서 네거티브 방식으로', '사전적 규제 방식에서 사후적 규제' 방식으로, '자의적 재량적 규정에서 객관적 구체적인 규정'으로, 제출 서류와 및 절차에서는 '행정편의주의에서 민원인 편의적(citizen oriented)'으로 각각 개선하는 것을 바람직한 규제개혁의 방향으로 제시해 왔다. 그러나 첨부서류 및 집행절차에서 민원인 편의주의로의 개선 이외에는 항상 바람직한 규제개혁 방식이라고 단정하기 어렵다. 사전・사후 방식, 네거티브・포지티브 등은 각기 장・단점이 있고 규제의 유형에 따라 달리 적용하는 것이 더 효과적이기 때문이다. 전략적 규제개혁은 규제의 유형과 성격에 따라 그 적용 기준을 미리 마련해 제시하고 적용하도록 하자는 것이다.

규제의 사후관리 개혁

규제는 개혁이 이뤄진 이후 당초 의도한대로 작동하는지, 규제 부담의 변화는 없는지, 규제환경이 변화되어 추가적인 개혁이 필요한지를 확인하고 재검토하는 사후관리가 중요하다. 규제의 사후관리제도는 규제개혁의 끝이자 규제개혁을 시작하는 새로운 시발점이다. 사후관리제도는 규제가 제정되거나 개혁된 이후에 규제환경의 변화를 파악하고 대응하는 절차와 기준을 마련하고 그에 따라 활동하는 일련의 과정이 된다. 체계적인 사후관리제도를 마련해 규제를 지속적으로 관리하는 것은 또 다른 규제개혁이 된다.

오늘날 기술의 발달, 개방화 등 규제의 주변 여건은 빠르게 변화하고 있다. 규제가 주변 여건 변화에 앞서 미리미리 개선하지 못하면 시장의 발목을 잡게 된다. 규제환경 변화가 빠르면 그만큼 사후관리제도의 중요성은 높아진다. 사후관리를 위한 규제개혁의 전략은 어떻게 여건 변화를 인지하고 이를 해당 규제개혁에 연계되도록 설계하느냐 하는 것이다.

사후관리에 적용이 가능한 규제개혁의 기법으로는 규제일몰제(sun-set)의 설정, 규제순응도(順應度, compliance) 조사 및 대응, 규제신고센터의 활용 등의 방안이 가능하다.

첫째, 규제일몰제를 통한 규제 사후관리제도이다. 규제일몰제에서 규제가 규제환경의 변화에 민감한 정도를 고려해서 일몰 기한을 설정하고 대응하게 함으로써 사후관리가 가능하게 된다. 이때 규제의 성격·유형과 기술발달, 경제사회의 여건, 개방화 등 규제환경의 변수를 고려해서 규제가 규제환경의 변수에 민감한 정도를 그룹화하고, 민감도의 그룹에 따라 일몰 기한을 차등적으로 설정하는 기준을 마련하고 제시하는 전략이 된다. 예를 들어 규제환경 변화에 민감한 그룹의 규제는 짧은 일몰 기한(예: 1~2년)으로, 민감도가 없거나 낮은 규제는 좀 더 긴 일몰 기한(예: 4년) 등으로 일몰 기한의 설정 기준을 미리 제시하고 규제개혁을 추진하는 전략이 된다.

둘째, 기존 규제를 효과적으로 사후 통제하는 규제순응도 조사제도의 도입이다. 규제순응도가 높은 규제는 시장에서 정책 목표에 부합하고 피규제자도 스스로 잘 따르는 정도로써 합리적인 규제 여부를 판단하는 지표로 사용할 수 있게 된다. 규제의 순응도가 낮은 규제는 규제를 일탈하는 피규제자가 상대적인 이익을 얻는 반면 선의의 규제 준수자만 규제비용을 부담하는 문제가 발생하게 된다.

그런데 규제순응은 추상적인 개념으로 순응 자체를 측정하기 매우 어렵다.[6] 따라서 규제순응을 간접적으로 확인하는 다양한 조사를 통해 판단할 수 있게 된다. 규제순응도의 간접적인 확인 방법으로는 규제준수율(regulatory compliance rate), 대상집단 서베이(user survey),[7] 부담 측정(measurement) 등이 있다. 규제의 유형과 성격에 따라 규제순응도를 측정하는 방법과 정례적인 조사 기간을 설정하고, 아울러 조사 결과에 따라 대응하는 원칙과 기준을 수립하는 전략이다. 이때 조사된 규제의 순응도의 정도에 따라 '폐지를 원칙으로 재검토', '완화를 원칙으로 재검토', '재검토 후 판단', '존치' 등 사후관리 대응 원칙을 수립할 수 있게 된다.

셋째, 규제의 사후관리의 한 방법으로 기존의 제도인 규제신고센터를 활용하는 방안도 가능하다. 규제의 사후관리는 규제가 당초 의도한대로 작동하는지, 규제비용 부담에 왜곡은 없는지, 규제환경에 변화가 없는지 기본적으로 시장에서의 정보를 필요로 한다. 이때 피규제자의 애로 호소 또는 규제 개선 건의는 규제의 현재 정보를 파악하는 데 간접적으로 활용할 수 있게 된다. 다만 전략적인 사후관리제도에 활용하기 위해서는 신고제도의 활성화와 수집된 정보에 대응하는 기준을 마련하는 것이 필요하다. 건의된 애로를 개선하는 데 그치는 규제현실화에서, 나아가 전략적 규제개혁이 가능하도록 연관 규제를 파악하고 대처하는 대응 원칙을 수립함으로써 전략적 규제개혁으로 한 걸음 더 나아가게 된다.

---

6) 규제순응이 규제에 무조건적으로 따른다는 의미를 갖지는 않으며 규제의 필요성이나 목적 부합성, 벌칙의 적정성 등 다양한 차원의 인식을 통해 해당 규제의 준수를 스스로 결정하고 따른다는 의미로서 자발적인 성격을 갖는다고 할 수 있다. 따라서 규제순응은 규제준수율을 비롯해 각 변수들까지 고려하고 피규제자의 심리적 상태까지 고려한 종합적인 차원의 태도이다(정강정, 2006: 32).

7) 대상집단 서베이는 상대적인 적은 비용으로 부담 영역을 확인하는 방법으로 OECO 여러 국가에서 사용되고 있으며, 부담 측정은 기업에 부과되는 규제 부담을 SCM(Standard Cost Model)의 분석 방법을 사용하고 있다(국가경쟁력강화위원회 실무추진단, 2012: 76-77).

규제개혁의 기본 기법, 규제영향분석

규제영향분석(Regulatory Impact Analysis: RIA)은 규제로 인해 발생이 예상되는 영향을 사전에 체계적·일관된 방법으로 분석해 정책결정자에게 정보를 전달하는 일련의 분석과 의사소통의 과정이다(OECD, 1997: 14). 「행정규제기본법」(제2조)에서는 "규제로 인하여 국민의 일상생활과 사회·경제·행정 등에 미치는 여러 가지 영향을 객관적이고 과학적인 방법을 사용하여 예측·분석함으로써 규제의 타당성을 판단하는 기준을 제시하는 것"으로 정의하고 있다.

RIA는 1990년대 중반부터 OECD에서 양질의 규제를 만드는 본질적인 제도로 간주되면서, 현재 90% 이상의 OECD 국가들과 약 20여개의 개발도상국이 이미 도입했으며, 더 많은 개도국이 도입을 검토 중에 있는 글로벌 규제관리제도(global norm)이다(Martelli, 2014: 56).

RIA의 유용성

RIA는 도입과 확산 과정에서 나라마다 다양한 형태로 발전되었고, 논리적으로도 조금의 차이가 있으며, 그 활용에서도 나라마다 규제기관에 대한 정치적 통제 수단에서 스마트한 규제와 공공관리 개혁 수단까지 다양하다(Martelli, 2014: 55-58).

규제개혁에서 RIA는 규제의 근본적인 탄생의 필요성에서 집행 단계의 행정절차에 이르기까지 규제의 전체 라이프 사이클을 실증적이고 분석적으로 관리하는 과정이다. 이러한 RIA의 관리 과정에서 규제의 타당성을 체계적이고 객관적이며 과학적으로 평가하게 함으로써 규제의 합리성을 제고하고, 정책결정자에게 유용한 정보를 전달되도록 하여 규제정책 결정의 질(quality of regulatory decision-making)을 향상시킨다. 또한 규제 법령을 제정하고 시행하는 규제자에게 규제의 결과를 정확히 파악하기 위한 노력을 기울이도록 유도·강제함으로써 행정의 책임성과 전문성을 제고하는 유용성도 가지게 된다. 결과적으로 RIA는 ① 합리적인 의사결정(rational decision making)과 규제의 질 제고(better regulation), ② 관료적 책임성(bureaucratic accountability)과 전문성 제고, ③ 규제의 경감(regulatory relief) 모두에 유용한 제도이다.

현재 RIA를 규제의 신설 단계에 사용하는 수단으로 인식하는 경향이 높다. 그러나 RIA는 원래 좀 더 합리적인 규제(better regulation)를 만들어내기 위한 규제합리화의 수단으로서 규제의 경감이나 억제보다 규제의 질 개선에 있다. RIA를 통한 규제의 타당성을 분석해 합리적인 규제를 추구하는 과정에서 규제의 신설이나 강화를 억제하는 좀 더 적은 규제(less regulation)라는 실체적 목표를 증진시키는 방편으로도 부수적으로 유용하게 된다.[8)]

결국 RIA는 규제에서 새롭게 제안된 신설·강화 규제뿐만 아니라 현존하는 규제의 성과에 대해 체계적으로 평가하고 규제기관의 책임성과 전문성을 제고하는 모든 것을 포괄한다.

한국의 RIA제도 도입과 활용 분야

RIA는 불합리한 규제의 생산을 억제하고 규제의 품질관리를 위한 효과적인 장치로 인식되어, 1997년 5월 OECD 각료회의에서 회원국들에게 RIA 제도를 도입하도록 하는 권고안을 채택했다. 이에 한국도 OECD 각료회의 권고에 적극적으로 부응해 1997년 6월 10일 국무회의를 거쳐 확정한 정부의 「행정규제기본법」 제정안에 담았고, 1997년 8월 22일 기본법을 제정해 1998년 6월 1일부터 신설하거나 강화하는 규제에서부터 적용했다(류충렬, 2000: 1-2).

한국에서 RIA의 활용은 현재까지 다소 제한적이다. 제도를 도입한 1998년의 「행정규제기본법」 제7조 제1항에서는 규제를 신설하거나 강화(존속기한의 연장을 포함)하는 경우에 한해 규제를 입안하는 중앙행정기관이 분석하도록 의무화하고 있으며, 기존 규제(exiting regulation)의 개혁에 활용하는 규정을 갖고 있지 않다.

다만 1998년 RIA 시행에 즈음한 규제개혁위원회의 「행정규제 영향분석 및 심사업무 지침」에서 RIA의 도입 목적으로 ① 불필요하고 불합리한 규제의 신설 방지, ② 합리적인 규제의 수단과 대안의 탐색, ③ 기존 규제의 합리적 개선 유도 등으로 제시하면서(규제개혁위원회, 1998a: 59) 기존 규제의 개혁에도 활용이 가능함을 언급했다. 그러나 이어 1998년 11월에 시달된

---

8) 김종석 외(1996: 12)는 규제의 경감은 규제영향분석제도의 주된 목표라기보다는, "이 제도가 성공적으로 운영될 때 나타날 수 있는 부수적인 결과로 보는 것이 타당하며, 이 점을 분명히 해두는 것은 이 제도에 대한 일반화된 오해를 예방하거나 불식시키기 위해 대단히 중요하다"고 한다.

「1999년도 규제정비지침」에서, RIA를 불필요한 규제의 신설·강화를 초기 단계부터 억제하는 제도로서 적극 활용하도록 주문하고 기존 규제의 개혁에 활용을 장려하지 않았으며, 나아가 RIA가 불필요한 규제의 신설을 최대한 억제하기 위한 제도적 장치로 마련된 것임을 강조하는 데 그쳤다(규제개혁위원회, 1998c; 규제개혁위원회, 2000: 34).

이런 이유로 한국에서의 RIA는 규제를 신설 또는 강화하려는 규제 입안 부처가 규제 심사 과정에서 작성해야 하는 하나의 절차로만 인식하고 있으며, 기존 규제에 대한 규제개혁의 기법과 수단으로 제대로 활용하지 못하고 있다. 따라서 현재까지 신설 규제 이외의 기존 규제에 대해 RIA를 체계적으로 분석해서 규제개혁에 활용한 사례는 확인되지 않고 있다.

그러나 RIA 기법을 기존 규제에 대해서도 제로베이스(규제 신설) 차원에서 규제의 영향을 분석함으로써, 기존 규제의 품질을 제고할 수 있는 매우 유용한 규제개혁의 수단이 된다. 규제개혁을 주도하는 규제 총괄기관이 개혁이 필요한 규제의 영향을 먼저 분석하고, 그 분석 결과에 따라 개혁을 촉구할 수 있으며, 개혁이 필요하다고 판단되는 규제의 소관 부처로 하여금 RIA분석을 요구하고 대안을 제시하도록 할 수도 있다.

RIA와 기존 규제개혁

RIA의 분석 절차와 분석 항목은 사용하는 목적에 따라 다소 달라진다. 그러나 RIA는 '규제로서 다루려는 문제가 무엇인지?'에 대한 분석에서 출발해 여러 과정을 순차적이고 체계적으로 분석하는 기법이다. 즉, 정부가 다루려는 문제가 '정부가 개입할 사안인지', '정부의 개입이 필요하다면 문제를 해결할 때 규제로써 해결해야 할 필요성은 타당한지', '다른 대안은 없는지', '행정규제로서 해결할 경우 규제로 인한 비용·편익은 어떠한지' 등

정부가 해결하려는 문제에서 출발해 행정규제로 그 문제를 해결해야 하는 불가피성과 타당성의 입증을 먼저 요구하게 된다. 아울러 행정규제로 타당성이 인정되어도 '규제 내용의 객관성·명료성은 어떠한지', '구비서류 등 행정절차는 적절한지'에 이르기까지 행정규제의 품질을 다듬어 가게 된다. RIA의 이러한 순차적인 분석 과정을 기존 규제에 적용함으로써 효과적인 규제개혁을 추진할 수 있게 된다.

한국의 RIA분석 항목과 규제개혁

1998년에 시행된 RIA는 「행정규제기본법」과 동법 시행령에서 분석 요소와 항목을 구체화해 총 8개 요소 19개 항목을 분석하도록 규정했다. 그러나 1998년 규제개혁위원회가 시행한 「행정규제 영향분석 요령」에서 1개의 요소와 2개 분석 항목을 추가해 총 9요소 21개 항목에 대해 분석을 시작했다(규제개혁위원회, 1998b: 3 이하 참조). 1998년의 RIA 분석 요소와 항목은 〈표 2-1〉과 같다.

〈표 2-1〉 1998년 규제영향분석의 평가 요소 및 분석 항목

분석 요소	분석항목
① 규제의 신설 또는 강화의 필요성	1. 문제의 정의 내용 및 발생의 원인 2. 문제 해결을 위한 규제의 필요성 3. 규제의 목표 설정
② 규제 목적의 실현 가능성	4. 규제에 대한 반대 및 사회적 제약 요소 5. 기술 수준, 행정환경에 비춰본 실현 가능성
③ 규제 대체 수단의 존재 및 기존 규제 중복 여부	6. 기존 규제의 대체 여부 7. 규제 외 다른 방법으로 목적 달성 여부 8. 유사한 기존 규제와 중복 여부 9. 규제의 확대 재생산 가능성 여부*

④ 규제의 비용과 편익의 비교분석	10. 규제의 경제·사회적 비용분석 11. 규제의 경제·사회적 편익분석 12. 비용·편익의 비교 및 검토
⑤ 경쟁 제한적 요소의 포함 여부	13. 시장경쟁 제한 요소 포함 여부 14. 기업활동 저해 요소 포함 여부
⑥ 규제 내용의 객관성·명료성	15. 규제 기준·절차의 명확성 등 16. 규제의 법적 근거 및 존속 기한의 타당성 여부
⑦ 행정기구·인력 및 예산의 소요	17. 규제집행을 위한 조직·인력·예산 소요 판단 18. 기존 조직·인력·예산으로 대체 가능 여부
⑧ 민원사무의 구비서류·처리절차 등의 적정성	19. 구비서류와 처리 기간의 적정성 20. 처리 기관 및 처리절차의 적정성
⑨ 사후성과 평가를 위한 기준 제시*	21. 사후평가를 위한 기준*

주: *의 분석 요소 ⑨ 및 분석 항목 9, 21은 '행정규제 영향분석 요령'에서 추가된 평가 요소·항목임.
자료: 규제개혁위원회(1998b) 및 행정규제기본법시행령(대통령령 제15681호, 1998.2.24. 제정)을 참고해 구성.

1998년의 RIA는 위 〈표 2-1〉에서처럼 정부가 개입하려는 사회문제의 내용 항목에서 출발해 최종적인 사후관리의 기준 항목에 이르기까지 모든 과정을 순차적으로 분석하도록 하고 있다. 이러한 기본법과 시행령에 분석 항목을 구체적으로 열거하는 제도는 이후 변화를 가져왔다 시행령에 분석 항목을 열거한 제도는 2006년 3월 31일 행정규제기본법시행령을 개정(대통령령 제19439호)해 기본법상의 평가 요소인 8개 항목은 그대로 두면서 시행령상에 열거한 세부 항목은 삭제했다. 이에 따라 2006년 이후에는 기본법의 평가 요소 8개에 근거해 세부 분석 항목과 방법은 규제개혁위원회의 지침으로 정해 분석했다. 이어 2015년 5월 18일에는 기본법을 개정(법률 제13329호)해 1개의 평가 요소, 즉 '규제의 시행이 「중소기업기본법」 제2조에 따른 중소기업에 미치는 영향'을 추가해 2015년 현재에는 법률상 9개의 평가 요소에 대해 지침에 따라 세부 항목을 조정해 분석하고 있다. 그러나 이러한 일부 변화에도 불구하고 RIA의 분석은 〈표 2-1〉의 분석 요소 및 항목을 기본으로 하고 있으며. 어느 항목에 더 중점을 두느냐의 차이에 불과하다.

〈표 2-1〉의 평가 요소와 항목을 기준으로 RIA의 분석기법을 활용해 어떻게 기존 규제의 개혁에 활용 가능한지를 살펴보자. 편의상 RIA의 항목을 분석하는 시점을 기준으로 6개의 단계-'정부 개입의 필요성', '정부 개입의 실현 가능성', '정부 개입 대안 마련과 비교', '규제로 인한 비용과 편익', '규제 내용의 적정성', '행정절차의 분석'-로 구분해서 살펴보고자 한다.

1단계, '정부 개입의 필요성' 분석과 규제개혁

RIA분석은 정부가 행정규제를 통해 해결하고자 하거나 기존 규제에 대해 기본적으로 정부의 개입이 필요한지를 판단하는 데서 출발한다. 이 단계에서는 정부가 해결하고자 하는 문제 자체에 대해 진단하고 정부의 개입 여부가 필요한지를 검토하는 단계이다. 이는 정부 개입의 필요성 자체를 검토하는 단계로 행정규제의 필요성을 검토하기 이전에 이뤄지는 단계가 된다. 규제의 필요성은 먼저 정부 개입의 필요성이 인정된 이후에 정부가 어떠한 방법으로 개입할 것인가, 즉 규제로 개입할 것인지 또는 비규제적인 대안으로 개입할 것인가의 분석은 그 다음 단계가 된다.

정부 개입의 필요성을 검토하는 최초의 단계는 중요하다. 정부 개입의 필요성을 충실히 분석하는 것만으로도 유용한 규제개혁이 된다. 통상 RIA분석에서 정부 개입 필요성의 분석을 생략하거나 소홀히 하고, 정부가 어떻게 개입할 것인가의 규제 대안을 검토하는 단계로 바로 시작하는 경향도 많다. 이 단계에서는 정부가 개입하고자 하는 문제에 대해 다음에 대한 분석이 필요하다.

- 해결하고자 하는 문제의 내용이 무엇이며, 발생의 원인은 정확하고 상관관계가 있는가?

- 제시된 문제와 원인으로 보아 과연 정부가 문제 해결을 위해 개입할 필요가 있는가?
- 개입이 가능하면 정부가 어디까지 개입하는 것이 필요한가(정부 규제의 목표)?

이 단계에서는 정부가 해결하고자 하는 문제의 실태와 원인을 파악해 개입하고자 하는 문제가 정확하고 상관관계가 있는지 먼저 분석하게 된다. 정부가 개입하고자 하는 문제(정부가 개입하고 있는 기존 규제에서도 마찬가지이다)가 존재하지 않거나 과장되었거나 왜곡되었다면 정부의 개입 자체의 출발부터 달라져야 한다. 이 단계에서 정부 개입의 필요성이 없거나 문제의 원인과 개입이 관계가 없는 경우 신설 규제인 경우에는 규제의 도입을 억제하게 되고, 기존 규제의 경우에는 규제개혁(기존 규제의 폐지)을 통해 규제를 통한 시장 왜곡 현상을 예방하거나 바로잡을 수 있는 기초를 제공하게 된다. 기존의 행정규제에는 정부가 해결하고자 도입했거나 도입하려는 규제 중에서 문제의 해결에 도움이 되지 않거나 원인을 과장해 규제를 도입한 사례가 많다. 이 단계에서는 규제의 외형적인 목적과 숨겨진 의도가 다른 규제들을 발견할 수 있게 된다. 특히 각종 의무교육 규제에서 교육을 통해 해결하려는 문제와 상관관계가 없거나 낮음에도 도입한 규제에서 그 예를 찾아볼 수 있게 된다.

[사례 2] 공인중개사 등에 대한 연수교육 재도입 규제

공인중개사 등에 대한 교육은 1999년 이전에 중개업 개설 등록 전 실무교육과 개설 이후 중개업자에 대한 연수교육을 실시했으나, 1999년 규제 정비에서 교육의 과다와 효과를 고려해, 등록 전(前) 실무교육은 존치하고 등록 후(後) 연수교육은 폐지했다.

그러나 2013년 「공인중개사의 업무 및 부동산거래신고에 관한 법률」과 2014년 동법 시행령을 개정해, 소속 공인중개사를 교육 대상에 추가하면서 아울러 등록 전 교육에 추가해 1999년에 폐지된 연수교육을 매 2년마다 다시 받도록 규제를 강화(연수교육제도 재도입)했다.[9)]

2013년과 2014년 중개사에 대한 연수교육의 재도입과 관련해 정부 개입의 필요성으로 "중개업을 영위하는 과정에서의 교육 의무가 없어, 전문성과 서비스 질 제고에 한계가 있으며, 중개업자 등에 대한 의무 보수교육 폐지(1999년) 이후 공제금 청구 건수의 급증으로 공제기금 건전성을 위협해" 이를 방지하고자 규제 신설이 불가피하다고 하며, 1999년 연수교육 폐지로 인해 중개사고가 증가하게 되었다는 개입 필요성과 원인을 제시했다(국무조정실, 2014b: 6).

이때 중개사에 대한 연수교육이 폐지된 1999년 이후 중개사고(공제금 청구 건수)의 증가를 가져왔다는 문제 인식과 그러한 이유로 정부 개입(규제)이 필요하다는 주장의 상관관계의 분석이 중요하게 된다.

이 경우 중개사에 대한 연수교육이 부재해 중개사고 및 공제금 청구 건수가 증가했다는 문제의 인식부터 잘못되었다는 지적이 가능하게 된다. 규제 강화의 원인으로 제시된 중개사고(공제금의 청구 건수)는 부동산 거래량의 증가에 따라 증가하나 거래량에 비춰본 사고율은 연수교육이 시행된 1999년 이전과 연수교육이 부재한 1999년 이후에도 높아지지 않아 중개사에 대한 교육 부족과 중개사고의 증가와는 상관관계가 명확하지 않기 때문이다.[10)]

따라서 연수교육의 재도입 규제 마련 시에 공제사고율의 증가라는 문제의 원인이 과장되거나 잘못된 것으로 분석해 정부 개입(연수교육 강화)의 필요성이 부정되거나 개입의 정도인 목표가 달라질 수 있었다는 것이다. 이런 점에서 2014년에 도입된 연수교육 규제에 대해서는 그 원인 및 정부 개입과의 관계를 재검토해 규제개혁의 필요성을 다시 제기할 수 있게 된다.

9) 2013년 6월 4일 「공인중개사의 업무 및 부동산거래신고에 관한 법률」 개정(법률 제11866호)으로

2단계, '정부 개입의 실현가능성'과 규제개혁

1단계의 분석에서 정부가 개입할 필요성이 있다는 문제와 그 문제의 원인에 대한 검토 결과 정부가 개입할 필요성이 인정된 이후 2단계로 정부 개입이 실현 가능한 것인가의 검토 단계이다. 정부 개입이 필요하다고 인정되어도 실제 개입이 현실적으로 가능할 것인가의 여부는 별개이다. 정부 개입이 필요해도 사회적 반대, 기술적인 한계로 실제 개입이 어려운 경우 정부의 개입은 불가능하기 때문이다. 이 단계에서 고려할 분석할 사항은 다음과 같다.

- 정부 개입(규제)에 대한 반대의 정도 등 사회적 제약 요소는 없는가?
- 현재의 기술 수준이나 행정환경에 비춰 문제 해결에 정부가 개입해 해결하는 것이 실현가능성은 있는가?

이 단계에서의 규제개혁은 정부 개입이 가능해도 사회적 반대, 행정환경과 현재의 기술 수준으로 개입이 어려운 규제를 찾게 해 준다. 현재의 기술 수준이나 여건에 비춰 실현가능성이 낮은 규제는 무규제 대안보다 못하게

법 개정 후 1년 이후부터 2년마다 연수교육 제도를 시행하도록 했다. 2014년 6월 5일 동법 시행령을 개정(대통령령 제25372호)해 1회에 '12시간 이상 16시간 이하'로 소속 중개사를 포함해 연수교육을 실시하도록 했다.

10) 2014년 시행령 개정에 대한 국무조정실의 검토서에서도 부동산 사고건수는 거래량의 증가에 따라 사고 건수도 증가한 것으로 지적하면서 단순사고 건수가 아닌 사고율(거래 건수 대비 사고 건수)에서는 2007년 이후 2012년을 제외하고는 0.02%대로 차이를 보이고 있지 않다고 분석하고 있다. 다만 2012년도(0.048%)가 다른 해에 비해 사고율이 높은 것은 공제사고 보상 한도(1억 원)가 건별 한도로 해석한다는 대법원의 최종 판결이 있고난 후 그동안 지급이 미뤄진 보상사고가 몰리면서 나타난 일시적인 현상에 불과하며 또한, 중개 주체별로 볼 때, 중개업자에 비해 소속 중개인·중개보조원의 사고 비율이 훨씬 적은 것으로 나타난다"며 결과적으로, 중개업자 등에 의한 부동산 거래 사고 증가의 원인에 교육의 부재·부실이 직접적인 상관관계가 있는지 알 수는 없다고 적시하고 있다(국무조정실, 2014b: 7-8).

된다.

3단계, '정부 개입 대안 마련 및 비교'와 규제개혁

정부 개입의 필요성이 있고, 정부의 개입에 대한 사회적 제약이나 기술 수준에 문제가 없는 경우에는 정부가 어떻게 개입할 것인지 바람직한 대안을 분석하게 된다. 즉, 정부가 개입은 하되 어떠한 방법으로 개입할 것인가에 대한 다양한 대안을 통해 합리적인 방안을 검토하는 단계이다.

문제 해결을 위해 정부의 개입 방법에는 크게 전통적인 명령지시적인 행정규제, 규제적 대안, 비규제적 대안으로 구분할 수 있다. 명령지시적 행정규제에도 개입하는 규제 부담의 정도에 따라 다양한 대안이 검토될 수 있다. 이 단계에서 검토하는 중요한 점은 대안의 마련에서 가급적 규제적인 정책 수단을 피해야 하며, 규제 수단을 사용해야 한다 하더라도 가능한 민간의 창의성과 자율성이 높은 규제 수단을 대안으로 마련하고 검토해야 한다는 것이다.[11] 결국 이 단계에서는 정부가 개입(규제)하는 수준이 낮은 대안에서부터 순차적으로 강한 수단으로 해결 가능한지를 검토하는 것이 필요하며, 전통적인 명령지시적 행정규제 방식은 불가피한 경우에 최종적으

---

11) 김태윤 외(1999: 15 이하 참조)는 정부 개입을 전통적인 명령지시적 행정규제, 명령지시적 행정규제가 아닌 규제대안의 정책 수단으로서 규제적 대안(regulatory alternatives)과 비규제 대안(non regulatory alternatives)으로 구분하고 있다. 비록 그 속성은 규제이기는 하나 명령지시적 방식의 규제에 비해 좀 더 높은 수준의 대안을 '규제적 대안'으로 행정규제가 아닌 수단을 활용하는 정책대안을 '비규제 대안'이라고 하며 2개는 명령지시적 행정규제의 규제대안(non regulatory alternatives)으로 분류하고 있다. 이러한 '비규제적 대안'으로는 정보 제공 및 교육, 제품표시제, 협회 등의 자율협약(Voluntary Agreement), 거래 가능한 재산권적 권리, 보험제도, 경제적 유인(보조금, 인센티브), 자율규제 등으로, '규제적 대안'으로는 성과기준 규제(performance based regulation), 안전 조항 및 면제 조항, 과정규제, 자동조정 조항(automatic up dating), 사후적 통제(ex post controls), 보상(rewarding good behaviour) 등을 들고 있다. 규제대안이 절차적 투명성, 정적 효율성(static efficiency), 정책집행 및 감시의 용이성 등 대안평가의 차원에서 상대적으로 행정규제에 비해 우수하다고 분석하고 있다.

로 선택하도록 대안을 마련하고 검토해야 한다. 이 단계에서의 분석 사항은 다음과 같다.

- 비규제적 대안으로 해결할 수 없는가?
- 비규제적 대안이 어려울 경우 바람직한 규제적 대안은 어떠한가?
- 기존에 유사한 규제로 해결이 어려운가(중복 규제의 여부) 있다면 기존 규제를 보완하는 방안은 없는가?
- 명령지시적인 행정규제 도입 시 문제점은 어떤 것이 있는가?

이 단계에서의 RIA는 규제개혁의 매우 중요한 수단이 된다. 기존의 개인의 권리를 제한하거나 의무를 부과하는 전통적인 명령지시적 행정규제 방식에서 '규제적 대안'으로, '규제적 대안'에서 '비규제적 대안'으로 개선이 가능한지 검토 가능하게 된다. 국민의 안전, 건강과 관련된 문제는 규제 방안이 더 효율적일 수도 있다. 그러나 이 단계에서의 규제개혁은 정부의 개입을 필요로 하는 문제 해결의 대안 선택에서 민간의 자율성과 창의성을 더 배려하고, 피규제자의 규제비용 부담이 낮은 대안에서부터 높은 대안으로 순차적으로 선택하려는 노력이다.

4단계, '규제로 인한 비용과 편익'과 규제개혁

규제로 인해 부담하게 되는 비용과 규제로 인해 얻게 되는 편익을 분석하고 비교하는 단계이다. 정부 개입의 필요성과 실현가능성이 있고, 대안의 검토 결과 불가피하게 규제 대안이 선택되어도 규제로 인해 얻게 되는 편익보다 비용이 더 크다면 규제를 신설하거나 기존 규제를 존치할 필요성을 잃게 될 것이다.

이 단계에서는 비용과 편익을 분석할 때 '무엇을 대상으로 어떻게 분석' 할 것인가에 대한 문제가 중요하게 된다. 현행 「행정규제기본법」에서는 "규제의 시행에 따라 규제를 받는 집단과 국민이 부담하여야 할 비용과 편익의 비교 분석"으로 규정(제7조 제1항 4호)하고 있다. 규제를 받는 '집단과 국민'이 부담해야 하는 비용과 편익이라는 점에서 국가 전체적(사회적) 입장에서 이뤄지는 분석, 즉 직·간접적인 모든 비용과 편익을 분석하고 비교하는 '경제분석(economic analysis)'으로 이해된다.

이에 따라 1998년에 제정된 시행령(대통령령 제15681호)에서는 기본법의 취지를 반영해 '경제·사회적 비용', '경제·사회적 편익'을 분석 항목으로 하도록 위 〈표 2-1〉에서처럼 명확하게 규정했다. 그러나 시행령에서 규정해오던 세부 분석 항목 나열 규정은 2005년 시행령 개정으로 모두 삭제했다. 시행령에 규정된 세부 항목의 삭제에도 불구하고, 기본법에는 '규제를 받는 집단과 국민'으로 분석하고 비교하도록 최초 규정을 그대로 유지하고 있다. 따라서 법률에서 '집단과 국민'을 대상으로 분석하도록 하고 있는 점에서 국가 전체적(사회적) 입장에서 비용·편석을 하는 것이 기본법의 취지에 더 적합하다고 할 것이다.

그러나 2015년 규제개혁위원회의 「2015년 행정규제 업무 기준」에서는 '직접비용·직접편익'을 원칙적으로 수치화하도록 하고 '간접비용·간접편익'은 분석 가능한 경우에만 적시하도록 하고 있다. RIA에서 사회 전체적 입장의 경제분석을 통한 비용·편익을 비교하는 것과 피규제자의 1차적인 부담에 한정하는 직접비용·편익에 의한 비교분석은 규제의 타당성을 판단할 때 문제를 가져올 수도 있게 된다. 특히 기업이 직접 피규제자인 규제에는 규제의 타당성 심사에서 왜곡될 가능성이 높다.[12)]

국가 전체적(사회적) 입장에서의 비용·편익분석은 피규제자의 1차적인

12) 국가 전체적(사회적) 입장의 분석과 피규제자(기업)의 직접비용·편익분석과의 차이 및 규제 심사 과정에서의 문제점은 이 책 2장 '한국의 규제비용총량제'를 참고하기 바란다.

직접비용·편익에 비해 비용을 파악하고 분석하기에 어려움이 있다. 그러나 어렵다고 직접비용과 직접편익분석에 한정하고 사회적 입장의 분석 노력을 줄이는 것은 바람직하지 않다. 다양한 분석기법을 개발하고 적용해 공통적인 사회적 비용·편익 항목을 분석해 그 사례를 쌓아 나가야 한다. 이 단계에서의 고려 사항은 다음과 같다.

- 경제·사회적 비용은 어떠한가(이 중 직접비용은 얼마인가)?
- 경제·사회적 편익은 어떠한가(이 중 직접편익은 얼마인가)?
- 비용과 편익을 비교해 편익이 더 많은가(직접편익과 직접비용의 비교는 어떠한가)?

이 단계에서의 규제개혁은 기존 규제 또는 신설 규제의 비용과 편익을 분석하고, 분석 결과 편익에 비해 비용이 과다할 경우에 규제는 폐기되거나 규제 수준(비용 부담)이 더 낮은 대안으로 개혁하게 된다.

5단계, '규제 내용의 적정성 분석'과 규제개혁

위의 4단계에 걸친 검토 결과로 신설 요구된 규제는 규제안이 확정되고 기존 규제는 계속 존치의 정당성을 사실상 갖게 된다. 다음은 정당성이 인정되어 여러 대안 중 선택된 신설 규제와 존치가 인정된 기존 규제의 내용을 분석해 규제의 품질을 좀 더 높이는 단계이다. 이 단계에서는 규제의 품질을 높이기 위해 규제 기준의 객관성과 명료성, 경쟁 제한적인 요소의 여부, 규제의 존속 또는 재검토 주기의 설정 등 다양한 사항을 분석하게 된다. 이 단계에서 RIA의 분석 사항은 다음과 같다.

- 규제의 기준이 객관적이고 명료한가?
- 시장경제 또는 중소기업의 경쟁을 저해하는 요소는 없는가?
- 규제의 규정 방식은 적절한 방법인가?
- 규제의 존속 기한 또는 재검토 기한을 설정되어 있는가?
- 설정된 기한은 규제의 규제환경 변화의 민감도에 비춰 적절한가?
- 하위 규정에 위임하는 사항이 규제법정주의에 맞게 설정되었는가?

이 단계의 분석만으로도 많은 규제개혁을 가능하게 한다. 먼저 규제의 기준에서 재량적·자의적·주관적 규정은 객관적·투명한 규정으로, 모호한 과정적인 기준은 객관적인 성과기준으로 전환을 검토할 수 있다. '행정기관이 필요하다고 인정하는 경우' 모호한 기준이 있는지 검토해 투명하고 객관화하는 작업은 최종적인 규제의 집행 과정에서 매우 중요하다. 이 단계에서는 규제로 인해 시장 또는 중소기업의 경쟁의 제한 여부를 분석하게 된다. 또한 규제의 규정 방식에서 규제의 유형과 성격에 맞춰 사전적 규제(ex-ante regulation) 방식은 사후적 규제 방식(ex-post regulation)으로, 허용행위 열거(positive system) 방식은 규제행위 열거 방식(negative system) 등으로의 전환 가능성도 검토하게 된다. 아울러 규제의 존속 기한 또는 재검토 기한을 규제의 유형과 성격에 따라 적합한 기한을 설정하게 하고, 하위 규정에 과다한 위임이 없는지 규제법정주의와 규제의 원칙에 입각해 검토하고 개혁하게 된다.

6단계, '행정절차의 분석'과 규제개혁

RIA의 마지막 단계는 규제 집행을 담당할 행정기관, 규제 집행에 필요한 서류, 처리 기간, 처리 절차 등에 대한 분석이다. 규제의 행정절차는 규제의 본질인 규제 내용에 못지않게 중요하다. 투명하지 못하거나 행정편의주의에 입각해서 마련된 행정절차는 피규제자에게 불필요한 규제 준수 비용을 증가시키고 집행 과정에서 불확실성을 가져오게 된다. 이 단계에서는 규제의 집행 과정에서 민원인 편의적인가를 기준으로 검토하게 된다. 집행절차가 불투명한 규제는 집행 현장에서 당초 의도와 다르게 운용되어 규제 목적을 달성하기 어렵게 한다. 이 단계에서의 주요한 검토 사항은 다음과 같다.

- 규제의 처리기관이 적절하고 행정처리 비용은 고려하고 있는가?
- '행정기관이 필요하다고 인정하는 경우' 등 모호한 허용 방식이 아닌가?
- 행정기관이 보유하거나 확인이 가능함에도 요구하는 과다한 첨부서류 등 행정편의주의적인 절차는 없는가?
- 처리 기간이나 집행절차는 민원인에게 불편을 가중하지 않는가?

RIA의 마지막 단계인 행정절차의 분석 단계에서 규제를 투명하고 객관적으로 개선해도 규제의 품질을 제고하는 훌륭한 규제개혁이 된다. 위 검토 사항에서 '처리기관이 적절한가'에 대한 분석은 행정기관의 입장에서 분석하자는 것이 아니다. 민원인의 입장에서 규제로 인해 필요한 행정처분을 신청하기에 적합한 행정기관이지 아닌지에 중점을 두어 분석해야 한다. 처리기관이 적절하지 못하면 피규제자의 민원 해결이 제한되기도 한다. 예를 들어 검증, 인증, 시험 등 규제의 처리를 제한적인 특정 기관에만 처리하도록 할 경우 민원인은 접근이 제한되고, 대기 행렬로 인해 처리 기간이 늘어나게 되고 수수료 인상으로 이어지게 된다. 또한 과다한 첨부 서류, 민원 처리 기한의 적정성 분석은 규제의 집행에서 민원인에게 중요한 영향을 미치게 된다. 행정절차의 개혁만으로도 훌륭한 규제개혁이 된다. 특히 시행규칙 이하의 하위 법령의 규제개혁에 매우 유용한 수단이 된다.

RIA, 기본적인 규제개혁의 기법

위에서 RIA를 6단계로 구분해 개략적으로 살펴보았다. RIA는 '정부 개입의 필요성'에서 마지막 '행정절차의 분석'에 이르기까지를 망라해서 분석하게 된다. 매 단계의 분석을 통해 순차적으로 규제개혁을 추진할 수 있게 한다. 1·2단계에서 필요성이 부인되면 신설 규제는 도입이 어렵게 되고 기존 규제의 경우에는 폐지를 추진할 수 있게 된다. 3·4단계의 분석에서도 규제의 폐지 또는 신설이 불인정될 수도 있게 되나 이 단계에서는 주로 더 낮은 비용 부담의 규제를 선택하게 한다. 분석하는 단계가 진행될수록 규제의 품질과 절차를 다듬는 개혁이 된다. 이런 점에서 RIA는 규제의 감축과 품질 제고를 동시에 가능하게 하는 광범한 규제개혁의 수단인 것이다.

규제의 유형이나 성격에 따라 1단계부터 마지막 단계까지 모든 분석을 필요로 하지 않을 수도 있다. 각 단계의 분석 사항 하나하나가 중요한 규제개혁의 기법(예: 규제일몰제, 금지행위 열거 방식, 성과 기준 방식, 비규제적 대안으로 전환 등)이 되며 개별적인 분석도 가능하다.[13] 결국 RIA는 가장 기본적이고 포괄적인 규제개혁의 기법이며, 전략적 규제개혁에 가장 적합한 기법이 된다.

---

13) 규제일몰제, 금지행위 열거 방식, 성과 기준 방식 등의 규제개혁 기법에 대해서는 이 책 제2장에서 별도로 살펴보고 있다.

한시적 규제유예

한시적 규제유예[14]

한시적 규제유예(Temporary Regulatory Relief: TRR)는 기존에 유효한 규제(법령)를 일정한 기간 동안에 한시적으로 집행을 중단하거나 완화해 적용하는 규제개혁 기법이다. TRR은 한시적인 유예 기간이 종료하면 완화 또는 집행을 중단한 규제의 법적 권능(집행력)은 원칙적으로 원상으로 회복하게 된다. 다만 유예 결과 부작용이 없는 규제의 경우 추가적인 논의를 거쳐 항구적으로 폐지 또는 완화하는 규제개혁을 별도로 추진할 수 있다. 한시적 규제유예 기법은 2009년 한국에서 최초로 개발되어 사용된 규제개혁의 기법으로 세계에 처음으로 적용된 새로운 규제개혁 방식이다.

한시적 규제유예 vs 규제일몰제

한시적 규제유예(TRR)와 규제일몰제(sun-set)는 기존의 규제를 대상으

14) The Republic of Korea(2009)를 주로 참고해서 정리했다.

로 일정한 시간적인 기한을 사전에 설정한다는 데 공통점이 있다. 그러나 TRR은 설정된 유예 기간 동안 기존 규제의 집행을 중단하거나 완화해 집행하고 유예 기간이 완료되면 규제의 법적 권능이 다시 회복되는 제도인 반면 규제일몰제는 미리 설정된 일몰 기한 동안은 규제의 집행력이 그대로 유지되고 설정된 일몰 기한이 도래하면 규제의 효력이 상실(또는 재검토)된다. 이런 점에서 TRR과 규제일몰제는 효력의 발생 시기와 조건에서 상반된다. TRR은 규제일몰제의 역발상에 의해 탄생된 규제개혁 기법이다.

TRR vs 미국 규제유예 프로그램

1981년 미국 레이건 행정부에서 만들어진 규제를 유예 조치한 사례가 있었다. 레이건 행정부에서 이뤄진 규제유예 조치는 법령이 제정은 되었으나 아직 공표되지 않은 법령을 대상으로 이뤄진 반면[15] TRR은 기존의 유효하게 집행력을 가진 규제를 대상으로 이뤄진다는 점에서 기본적인 차이가 있다. 미국의 규제유예 프로그램(Regulatory Relief Programs)은 엄격한 의미에서 아직 존재하지 않는 대기 중인 규제를 대상으로 재검토한 것으로, 법령으로 공표되어 유효한 기존의 규제를 대상으로 이뤄지는 규제개혁은 아니다.

'한시적 규제유예'의 배경

한국의 TRR제도는 2008년 '글로벌 금융위기'로 인한 경제위기 조기 극복 과정에서 탄생했다. 2008년 미국의 투자은행인 리먼브러더스(Lehman-Brothers)

---

15) 레이건 대통령의 행정명령 12291에 의거, 부통령인 부시를 중심으로 TFRR(Task Force on Regulatory Relief)을 구성해, 떠나는 카터 행정부에서 마련된 규제(midnight regulations) 119건을 검토해 79건의 규제를 폐지하거나 수정했다.

의 서브프라임 모기지로 인한 파산에서 시발된 '글로벌 금융위기'로 인해 OECD 국가를 비롯한 대다수의 국가가 경제적인 어려움을 겪게 되었다. 한국도 대다수 OECD 국가와 마찬가지로 회사채 등 신용채권의 발행이 어려운 신용 경색이 심화되었고, 2009년 상반기에는 마이너스 경제 성장으로 떨어지는 등 경제위기를 겪었다.

당시 이명박 행정부는 경제위기의 조기 극복을 위한 조치로 2009년 상반기에 28조 원의 추가경정예산을 투입하는 등 정부의 재정지출을 늘렸다. 그러나 정부의 재정지출 프로그램만으로는 경제위기 극복에 한계를 가져왔다. 이에 정부는 지출 확대 이외에 외국인 또는 민간 분야의 투자 활성화와 소비 촉진을 위한 조치가 필요했고, 투자 촉진을 위한 방안으로 규제개혁을 추진하기로 했다.

그러나 규제개혁에 의한 투자와 소비 촉진에도 기존의 규제개혁 수단(tools)으로는 빠른 투자 촉진을 유인하기에 부적합하다는 것을 인식하게 된다. 이는 기존의 규제개혁 방법으로 이뤄지는 규제개혁으로는 이익단체의 저항, 시간의 지연 등으로 신속한 조치가 필요한 경제위기 상황에 적합하지 못했기 때문이다.[16] 이러한 어려움을 해결하고 조속한 규제개혁을 위한 방안으로 고안된 것이 TRR이다. TRR은 기존의 이해관계를 떠나 규제를 한시적으로 먼저 유예하도록 하고, 항구적인 개혁은 비상 시기 이후에 다시 논의해 추진하도록 하는 비상 시기에 적합한 규제개혁 기법의 하나로 탄생하게 되었다.

---

16) 통상적인 규제(법령)의 개선은 이해관계 집단의 의견 수렴과 관련 부처의 협의 등을 거쳐 항구적으로 개선하는 개선안을 마련하게 된다. 마련된 개선안은 규제개혁위원회의 심사, 법제처의 법령심사 등의 절차를 거쳐 이뤄진다. 특히 이해관계 집단과의 개선안 마련 과정에서 이해관계자의 저항이나 의견의 차이로 개선안 마련이 지연되거나 실패하는 경우가 많다. '한시적 규제유예'는 항구적인 변경이 아니라 경제위기 극복 등 필요한 한시적인 기간만 유예하자는 것으로 반대하는 이해관계자를 좀 더 빠르게 설득할 수 있게 된다.

TRR의 대상 기준

TRR은 모든 규제를 대상으로 일반적으로 항시 적용할 수 있는 규제개혁 기법은 아니다. TRR은 기본적으로 기존 규제의 집행력을 일정 기간 중지하거나 완화해 집행하는 것으로, 이로 인한 법적 안정성, 형평성 등 다른 부작용을 심각하게 가져올 가능성이 높기 때문이다. 규제의 집행력이 중단될 경우 해당 규제가 당초 규제하려는 목적이 이뤄지지 못하게 된다. 만약 유예한 규제가 환경 보호, 국민 건강 및 안전과 관련된 규제라면 해당 규제의 한시적인 집행의 유예로 투자 유치 및 경제적 활성화는 이뤄지게 되겠지만 유예 기간 및 유예 기간 이후의 환경 훼손, 안전문제 등 부작용도 우려되기 때문이다. 또한 TRR 이전의 피규제자, 집행력이 회복된 이후의 피규제자들과 규제유예 기간에 투자한 피규제자 간에는 상대적인 형평성의 문제도 야기된다. 따라서 TRR은 TRR 조치를 하고자 하는 목적에 얼마나 적합한 규제를 어떠한 기준에 따라 선정하고 그 부작용을 줄이느냐는 매우 중요하다.

TRR의 선정 기준은 TRR의 기법을 사용하고자 하는 목적에 얼마나 적합하냐를 판단하는 규제의 성격 기준(1차적 기준)과 어떠한 정책 효과를 유도하기 위한 규제를 선정하느냐는 정책적 기준(2차적 기준)으로 구분할 수 있다.

규제의 성격 기준(1차적 기준)

TRR의 대상 규제는 TRR의 도입 목적에 적합한 효과를 낼 수 있는 성격의 규제여야 한다. 일정한 규제를 유예했을 때 당초 의도한 TRR의 목적에 효과를 낼 수 없는 규제는 법적 안정성을 훼손하면서까지 유예할 이유가 없기 때문이다. 이러한 TRR의 성격 기준(Criteria by Characteristics)으로는 세 가지가 제시된다. 해당 규제가 TRR이 의도하려는 효과를 가져올 것인가를 판단하는 '효과성(effectiveness)' 기준, 그 효과가 유예하고자 하는 한정된 기간 내에 충분하고도 필요한 만큼 효과를 나타낼 것인가를 판단하는 효과의 '즉시성(immediacy of effect)' 기준, 해당 규제의 집행력 유예로 인한 부작용과 비교해 부작용이 더 작아야 하는 '최소한의 부작용(minimization of adverse effect)' 기준이다.

2009년 한국에서 시행된 TRR은 글로벌 경제위기의 조기 극복과 관련해 민간의 투자 유치와 소비 촉진의 목적과 함께 경제위기 과정에서 어려워진 서민과 중소기업에 대한 일시적인 규제 부담 완화라는 두 가지 목적이었다. 투자 유치와 소비 촉진은 주로 성격적 기준과 관련이 있고, 서민과 중소기업의 추가적인 배려는 주로 정책적 기준과 관련이 된다. 2009년에 적용된 민간의 투자 활성화와 소비 촉진을 위한 기준은 대상 규제가 '현재의 경제에 활력을 가져올 것인가', '투자 및 소비 촉진 효과가 한시적 유예 기간 이내에 즉시 나타날 것인가', '유예로 인해 안전, 환경, 건강에 부작용은 없는가'의 세 가지 기준을 적용했다. 2009년 TRR의 세 가지 성격 기준을 정리하면 〈표 2-2〉와 같다.

〈표 2-2〉 한시적 규제유예(TRR) 대상 규제 선정의 성격 기준

기준(criteria)	체크리스트(checklist)
효과성(effectiveness)	대상 규제가 현재 약화된 경제에 활력을 가져올 수 있는가?
즉시성(immediacy of effect)	대상 규제가 투자, 소비 촉진 등 경제 활력의 효과를 즉시 낼 수 있는가?
최소 부작용(minimization of adverse effect)	대상 규제의 유예로 환경, 국민 건강 및 안전에 부작용을 가져올 가능성은 어떠한가?

자료: The Republic of Korea(2009: 9)를 참고해 정리.

정책적 기준(2차적 기준)

TRR은 기존의 집행력이 있는 규제를 특정한 목적을 위해 일시적으로 집행력을 중단하는 비상적인 조치이다. 따라서 기존의 유효한 규제를 법적 안정성과 형평성을 훼손하면서까지 유예하고자 하는 TRR의 목적과 그에 따른 대상 규제 선정에는 강력한 정치적인 지지가 필요하다. 결국 TRR로 규제 부담을 덜어주려는 대상 선정에는 정책적이고 정치적인 고려가 수반될 수밖에 없다. 따라서 일반적인 성격 기준을 충족한다고 모두 선정하기 어렵게 되며, 법적 안정성의 훼손과 입법 목적의 잠정 중단을 감수하려는 정책적인 목적이라는 별개의 선정 기준이 필요하게 된다.

TRR은 위에서 설명한 성격 기준을 충족하는 규제 중에서 어떤 분야에, 누구에게 더 배려할 것인가 하는 정책적 선정을 하게 된다. 이때 법적 안정성의 훼손 정도, 당초 입법의 잠정 중단에 따른 정치적 부담의 정도를 비교하는 것이 된다. 정책적 기준(criteria by objectives)은 1차 성격적 기준을 충족한 규제를 대상으로 이뤄지는 2차 기준이 된다. 1차 기준은 경제적인 효과성에 2차 기준은 1차 기준에 더하는 정치적인 정책적 의도와 관련해 이뤄진다.

한시적 유예 기간의 설정

TRR에서는 유예 기간을 어느 정도의 기간으로 정할 것인가 하는 것은 매우 중요하다. 유예 기간을 설정할 때에는 TRR의 도입 목적에 필요한 효과의 발생 기간, 법적 안정성, 형평성 등 크게 세 가지를 고려해 결정하게 된다.

먼저 효과성 측면에서는 TRR을 도입하려는 목적에 따라 필요한 기간은 달라질 것이다. 만약 집중적인 투자 유치가 목적이라면 유예하는 기간이 길면 투자가 집중되지 못하고 분산 투자가 되어 TRR의 효과가 적게 된다. 반면에 TRR의 기간이 지나치게 짧으면 기업의 투자를 위한 의사결정 기간을 고려하지 못하게 되어 실제 투자에까지 이르지 못하게 된다.

법적 안정성 측면에서 유예 기간은 가급적 최소의 기간으로 설정해야 한다. TRR은 유효한 규제(법령)의 집행을 강제적으로 일시 집행을 중단하는 비상적인 조치로 법의 제정 목적에 반하기 때문이다. 기존의 유효한 규제(법령)의 집행력을 장기간 집행을 중단하면 법적 안정성은 심각하게 훼손된다.

규제의 형평성 문제도 중요한 변수가 된다. TRR은 기본적으로 유예 조치 이전에 불가능한 투자를 유예 기간에 한해 가능하게 하고, 유예 기간 만료 후에 다시 규제하게 된다. 따라서 유예 조치 전·후의 피규제자와 유예 기간 동안의 피규제자 사이에 상대적인 형평성 문제를 가져오게 된다. 유예 기간이 길면 형평성의 정도가 커지고 유예 기간이 짧으면 형평성의 문제는 덜하게 된다.

결국 TRR의 유예 기간은 당초 도입하고자 하는 효과가 나타나는 기간을 예측해서 정하되 가급적 짧게 해야 한다. 2009년 이명박 행정부에서 추진한 한시적 규제유예에서는 글로벌 금융위기에 따른 경제 회복의 예측 기간, 집중적인 투자의 유치, 장기간 유예에 따른 법적 안정성과 형평성의 문제 등을 종합적으로 감안해 2년의 기간을 기본으로 했고, 규제의 성격에 따라 2년을 기준으로 조정해 설정했다.

TRR의 유용성과 부작용

TRR의 유용성은 크게 세 가지로 요약된다.

첫째, TRR은 설정된 유예 기간 동안 정책 목표를 집중적이고 효과적으로 달성 가능하게 한다. 특히 투자 유치에 적합하고 효과적이다. 기업의 입장에서 유예 기간이 지나면 규제로 인한 투자비용이 다시 증가할 것이 예상되므로 규제 부담이 없는 유예 기간 동안 집중적으로 투자하게 된다.

둘째, TRR은 이해관계가 복잡하고 첨예한 규제의 개혁에 효과적이다. 규제개혁은 이해관계의 변화를 가져오게 되므로 이해 당사자 간의 갈등은 필연적이다. 진입규제, 경제규제의 경우 기존 규제에 따른 기득권자의 반대로 규제개혁이 어렵게 된다. 특히 이해관계가 복잡하거나 이해집단의 대립과 반대가 심한 규제는 규제개혁을 논의하는 것조차 어려울 수밖에 없다. 이때 TRR을 통해 한시적인 기간에 한해 우선 적용할 경우 처음부터 항구적인 개혁에 비해 이해관계자의 설득이 비교적 용이하게 된다.

셋째, 규제개혁안의 부작용을 우려하거나 그 성과를 알 수 없어 반대하는 규제의 개혁에서도 유용하다. 먼저 개선안을 한시적인 기간 동안 적용하고 그 결과를 분석해 항구적으로 개선할 것인지를 별도로 논의할 기회를 갖게 됨으로써 반대 논리를 설득하게 한다.

한시적 규제유예 제도의 단점과 부작용은 법적 안정성의 훼손과 규제형평성의 문제이다. 앞에서 설명한 바로 한시적 규제유예는 유효한 규제(법령)의 집행을 강제적으로 중단하는 제도로서, 기존의 유효한 규제(법령)의 집행력을 장기간 중단하면 법적 안정성이 훼손된다. 또한 유예 기간 만료 이후 집행력을 회복해도 유예된 규제에 대한 관성으로 회복된 규제에 대해 피규제자의 저항이 높아질 가능성이 있다.

TRR은 유예 기간 전·후의 규제 부담을 유예 기간에 한해 완화하거나 제거하는 제도로 상대적인 형평성을 미리 예상하고 추진하게 된다. 따라서 TRR은 유예 기간이 만료되어 집행력을 다시 회복해도 유예 기간에 이뤄진 행정처분은 그대로 유효하게 되고, 규제집행력이 회복되어도 소급해 취소하지 못하게 된다. 유예 기간 동안 완화된 허가 요건으로 허가받은 경우, 유예 기간 이후에 강화된 허가 요건을 소급해 갖춰야 하는 것이 아니고 그대로 허가는 유효하게 된다. 따라서 상대적인 형평성의 문제는 불가피하다. 그러나 상대적인 형평성이 크게 결여되면 유예 기간 이후의 피규제자는 상대적인 불이익을 의식해서 집행력이 회복된 규제에 저항하게 되고, 따라서 규제준수율이 낮아질 가능성이 있다. 특히 일시적인 부담 경감이 아닌 인·허가, 입지규제의 경우 형평성 문제는 더욱 커진다.17)

2009년 '한시적 규제유예'의 추진 사례

2009년 이명박 행정부는 280건의 한시적 규제유예의 개혁을 단행했다. 당시 TRR 개혁의 대상 규제는 위에서 살펴본 한시적 규제 유예 대상 기준인 '규제의 성격적 기준'과 '정책적 기준'에 입각해 선정되었다. 글로벌 금융위기에 따른 경제위기 극복을 위해 경제 활성화에 즉각적인 효과(효과성 및 즉시성)가 있으면서 부작용이 적게(최소 부작용) 예상되는 규제를 대상으로 하되, 경제위기로 인한 어려운 서민과 중소기업에 배려하는 정책적인 배려도 고려하고 있다. 이러한 기준에 입각한 2009년 TRR 개혁의 규제는 ① 창업 및 기업의 투자 촉진(장애 요인 제거), ② 기업활동의 규제 부담 및 비용 경감, ③ 중소기업 및 저소득층에 대한 추가 지원 등 세 가지로 분류해 제시했다. 그러나 당시 발표된 280건 모두 한시적으로 규제를 유예한 것은 아니다. 2009년 TRR 규제개혁 기법을 통한 개혁과제 선정 과정에서 처음 한시적으로 추진하려다 항구적으로 개선하기로 한 규제를 포함하고 있다.18)

---

17) 예를 들어 공장의 증축이 제한되는 지역에 한시적으로 공장 증축을 허용하면 유예 기간 전과 후에 증축을 하지 못한 공장과는 상대적인 형평성 문제가 커지게 된다.

18) 2009년 추진된 한시적 규제유예의 280개 규제 중 한시적으로 유예된 규제는 145건(52%), 한시적으로 유예하려다 항구적으로 개선한 규제는 135건(48%)이다. 유예 기간별로는 2년이 111건(77%), 1년이 22건(15%), 기타 12건(48%)으로 2년의 유예 기간이 과반수 이상이다. 분야별로는 '창업·투자 애로 요인 해소'(91건, 33%), '영업활동상 부담 경감'(159건, 57%), '중소기업·서민 등의 어려움 해소'(30건, 10%)였으며, 소관 부처별로 국토부(110건), 환경부(29건), 복지부(26건) 등 3개 부처

2009년에 이뤄진 주요한 '한시적 규제유예'의 사례는 다음과 같다.

[사례 3] 창업 및 투자 유인 관련 사례

- 보전지역 내 기존 공장 증설 허용: 보전·생산관리, 농림, 녹지, 자연환경 보전지역 내에서 건축 가능한 건폐율을 20%로 제한→기존 공장에 한해 2년간 한시적으로 40%로 상향 조정
- 연접 개발 제한 규제의 완화: 용도지역 내 연접해 개발할 경우 기존 면적과 개발 면적을 합산해 일정 규모 이하로 개발 제한 → 연접 제한 제도 도입(2003.1.1) 이전의 기존 공장의 경우 2년간 연접 면적 합산에서 제외해 공장 증설을 허용
- 산업단지 개발 민간 시행자의 산업단지 개발 허용: 민간 시행자의 산업단지 개발 시 공공기관의 20% 출자 조건 규제→ 2년간 한시적으로 민간 독자적 개발 허용
- 산업단지 내 아파트형 공장 개발 시 부담: 아파트형 공장 개발 시 의무 임대 비율(지방 5%, 수도권 10%) 규제→ 2년간 한시적으로 적용을 유예
- 외국인 투자기업의 도시개발 토지 공급: 외국인 투자기업의 경우 도시개발사업 조성 토지에 대한 수의계약 공급 제한 → 2년간 수의계약에 의한 공급을 허용
- 창업투자회사의 창업·벤처기업에 대한 투자 의무 비율 완화: 창투회사의 경우 자본금의 50% 이상을 창업·벤처기업에 투자할 의무 규제→ 3년간 한시적으로 40%로 완화해 적용
- 용달화물 운송사업자 최저자본금(5천만 원), 여행업의 창업자본금, 부동산 개발업 및 중소기업 상담회사 창업 전문인력 요건→ 2년간 유예 및 완화
- 항만재개발사업 시행자 요건: 사업 토지 50% 이상 소유 요건 → 2년간 사업 토지의 1/ 3 이상 소유로 완화

소관 규제가 166건에 달했다(국무총리실, 2009: 2).

위 '창업과 투자 유인 분야'의 TRR 사례에서 대규모 공장의 신축이나 새로운 투자는 규제유예의 대상에 포함하지 않고 있는 것을 알 수 있게 된다. 공장에 대한 규제유예는 기존 공장을 증축할 수 있게 건폐율을 40%로 상향 조정하거나 연접 개발 제한을 2년간 유예하고 있을 뿐이다. 이는 대규모 공장의 신축은 짧은 기간에 이뤄지지 못하고 상당한 기간을 필요로 하는 투자행위로 TRR 규제 선정의 '즉시성', '효과성'에 적합하지 않기 때문이다. 대신 기존 공장의 증축은 비교적 짧은 기간에 투자 결정이 가능하고, 유예기간 만료 후에 다시 증축이 어렵게 될 것이 예상되어 기업의 집중적인 투자 유치에 효과적이기 때문이다.

[사례 4] 영업 활동 부담 경감

- 관광특구(전국 23개, 3,582km^2) 내 일반음식점의 옥외영업: 금지 → 2년간 한시적으로 허용
- 각종 사업자 부담을 주는 규제 한시적으로 유예 또는 면제
  - 대기오염물질 배출 기준 강화에 따른 추가 방지시설 의무: 1년간 유예
  - 다중이용업소의 피난안내영상물 상영 의무를 위한 기기 교체): 2년간 유예
  - 주유소 유증기 회수장치 설치 의무 및 옥외광고물에 대한 실명제 표시 의무: 1년간 유예
  - 공사 도급계약 체결 시 도시개발채권 매입 의무: 2년간 면제
- 식품영업자(음식·제과점 등) 및 공중위생영업자(숙박·목욕장 등)의 집합교육 의무(매년 2~4시간, 연 79만 명): 1~2년간 완화

[사례 5] 중소기업·서민의 어려움 해소

- 중소기업에 대해 국유재산 임대사용료: 5% → 3% 이하로 인하(지방 중소기업은 추가적인 우대 조치 가능)

- 중소기업 부설연구소 인정 기준: '5인 이상' 전담요원 확보 의무 → 2년간 '3인 이상'으로 완화
- 중소기업에 대해 전기·가스·유선통신 서비스 중단 시기: 1~3개월 요금 연체 시 → 한시적으로 탄력적 운영
- '사회적 기업' 인증 기준: 취약계층 비율: 50% 이상 → 2년간 30% 이상
- 지방 창업 중소·벤처기업에 대한 법인·소득세 50% 감면: 2년 연장
- 대출학자금 금융채무 불이행자: 대출학자금 6개월 연체 시 신용불량자 등록 → 졸업 후 2년까지로 2년간 유예

위의 '영업활동 부담 경감'을 위한 규제유예의 사례에서 대부분 기존의 기업이나 영업장을 대상으로 규제 부담을 일시적으로 경감하고 있는 것을 확인하게 된다. 이는 짧은 유예 기간에 투자가 가능하거나 경제위기 상황에서 기업의 규제 부담을 줄여주는 정책적 기준에 의한 것이다.

2009년 이명박 행정부의 TRR의 특징 중 하나는 위 '중소기업과 서민의 배려' 사례에서처럼 대상 규제 선정에 정책적 기준을 강하게 적용했다는 것이다. 경제위기에는 중소기업과 서민이 더 빨리 더 많은 고통을 겪게 된다. 경제위기의 시기에는 어려움을 겪는 중소기업과 서민에 대해서는 추가경정예산의 편성 등 재정 지원책이 필요하다. 그러나 재정의 한계로 중소기업과 서민의 지원에 어려움이 있게 된다. 1999년의 한시적 규제유예에서는 재정 지원에 의한 한계를 보완하기 위해 '중소기업과 서민의 배려'라는 정책적인 기준을 설정해서 규제 부담의 감면, 제재 조치의 유예 등의 조치를 취했다.

TRR과 후속 법령의 조치

TRR은 비상 조치에 적합한 규제개혁의 기법으로 개혁에 따른 법령의 개

정 등 후속 조치에도 신속성을 필요로 한다. 2009년 한국의 TRR에서도 규제개혁의 효과가 조기에 가시화될 수 있도록 법령 개정 등 후속 조치를 최대한 신속하게 추진했다. 2009년 TRR 적용 280개 규제 중에서 시행령상의 규제유예 규제들은 국무총리실 주관으로 1개의 대통령령으로 일괄 개정하는 법령 개정 방법을 사용해 조기에 완료했다. 통상 개별적인 법령 개정은 해당 규제를 주관하는 부처가 관련 부처와 협의를 거쳐 개선안을 마련하고, 이어 입법예고, 규제개혁위원회 심사(국무총리실), 법제심사(법제처)를 거쳐 차관회의, 국무회의에 상정되는 절차로 진행되고, 이 과정에서 많은 시간을 필요로 한다.

2009 한국의 TRR은 시행령(대통령령)의 개정은 국무총리실에서 일괄적으로 1개월 이내에 개정을 완료했고, 시행규칙(부령) 이하의 규정도 시행령의 일괄 개정의 방식에 준해 각 부처별로 일괄 개정해 대부분의 후속 조치를 조기에 완료했다.[19]

---

19) 시행령의 개정 사항은 「한시적 행정규제 유예 등을 위한 건축법 시행령 등 일부 개정령」(대통령령 제21590호, 2009.6.30)으로 하나의 대통령령으로 개정했고, 시행규칙의 경우에도 보건복지부의 경우 「한시적 행정규제 유예 등을 위한 건강기능식품에 관한 법률 시행규칙 등 일부 개정령」(보건복지부령 제123호, 2009.6.30)으로 일괄 개정했으며, 그 외에도 환경부령, 국토해양부령, 행정안전부령 등도 시행규칙을 일괄 개정해 대부분 1개월 이내에 조치를 완료했다. 다만 법률 개정 사항의 경우 국회에 특별법 개정을 추진했으나 국회의 사정으로 다소 지연되었다.

규제총량관리제도

규제총량관리제(managing the total stock of regulations)는 일정한 규제의 총량을 미리 정하거나 할당하고, 할당된 총량의 한도 안에서 규제의 신설과 감축을 하도록 함으로써 규제의 총량을 유지하도록 하는 규제관리제도이다. 할당된 규제의 총량에 여유가 없으며 새로운 규제 신설과 강화를 위해서는 이에 상응하는 기존 규제를 폐지 또는 완화를 강요하게 되어, 규제의 양과 질을 동시에 개혁할 수 있는 강력한 규제개혁의 수단이 된다.

규제총량관리 기준

규제의 총량관리에서 무엇을 기준으로 총량을 관리할 것인가의 문제이다. 총량관리의 기준으로 규제의 수량, 규제의 순비용, 규제의 등급 점수 등 크게 세 가지를 고려할 수 있다.

첫째, 등록된 규제의 수를 기준으로 총량 관리하는 방식이 있다. 수량 기준 총량관리는 먼저 1단위의 규제를 분류하고 등록하는 기준을 제시하고, 일정한 기준 시점의 규제를 등록 기준에 따라 등록하도록 함으로써 등록된 규제의 수량을 기준으로 총량 관리하는 방식이다. 등록된 규제 수량에 의한 총량관리는 외견상 관리가 간단하고 용이한 것처럼 보인다. 그러나 규제 수량에 의한 총량관리는 규제개혁 측면에서 그 실익이 없게 될 가능성이 매우 높다. 이는 규제의 분류 및 등록 기준을 아무리 정교하게 해도 규제 간에 피규제자의 수, 규제의 준수 비용 등에서 등가성(等價性)를 확보하기 매우 어렵기 때문이다. 등가성이 없는 규제들을 수량 기준으로 엄격하게 총량관리하면 규제 준수 비용이 높은 규제는 존치되고 규제 준수 비용이 낮거나 규제자의 입장에서 필요성이 낮은 규제부터 우선적으로 감축을 가져오게 된다. 이런 이유로 규제총량관리제를 시행하고 있는 나라 중에서 규제의 수량을 기준으로 관리하는 국가는 확인하기 어렵다. 그러나 규제 수량을 기준으로 하는 규제관리의 편이성으로 총량관리의 보조적인 기준으로 사용이 가능하다. 캐나다가 대표적인 국가이다. 캐나다는 규제총량관리에서 순비용을 기준으로 하면서도, 신설된 규제의 수량에 대응하는 규제의 수를 감축하도록 의무화하고 있다.

둘째, 규제의 순비용을 기준으로 총량을 관리하는 방식이다. 이는 규제의 시행으로 피규제자가 부담하는 비용과 편익을 파악하고, 비용과 편익의 차이인 순비용(비용-편익)을 기준으로 총량 관리하게 된다. 규제의 수량에 의한 관리에 비해 피규제자의 부담을 기준으로 관리하게 됨으로써 규제 간에 등가성 확인이 가능해진다. 그러나 순비용 기준의 경우에도 비용과 편익을 무엇으로 파악하느냐에 따라 달라진다.

규제비용 기준의 총량관리에서 일정한 시점의 모든 규제의 순비용을 파악해 관리할 총량을 정하고, 규제기관에 할당하기에는 현실적으로 어렵고 많은 기간을 필요로 한다. 이런 이유로 비용 기준의 총량관리는 총량관리의 시작 시점을 정하고 시점 이후 신설·강화하는 규제부터 비교 가능한 순비용을 산정해 그 순비용에 상응하는 기존 규제를 감축 또는 완화하게 하는 방식(cost-in, cost-out)을 사용하게 된다.

규제비용총량제(cost-in, cost-out)는 피규제자의 실제 부담인 비용을 기준으로 한다는 점과 화폐적인 비용분석 결과에 따라 신설 및 폐지 규제를 비교하게 되어 등가성 비교에 다툼이 적다는 장점이 있다. 그러나 비용과 편익을 산출하기 어려운 규제가 존재하고, 비용 또는 편익의 화폐적 산출에 다양한 가정을 동원해야 하는 등 상당한 전문성과 재원을 필요로 한다는 단점이 있다. 또한 비용총량관리를 위해서는 신설 또는 강화하려는 규제만이 아니라 이에 상응하는 비용 감축을 확인하기 위해 폐지하려는 규제에 대해서도 동일한 화폐적 산출을 해야 하는 노력과 비용이 추가로 소요된다.

셋째, 규제를 등급화 또는 점수화해 유사 등급 또는 점수를 기준으로 총량 관리하는 방식이다. 위 규제비용총량제는 화폐적인 비용과 편익의 산출을 위해서는 전문성과 상당한 시간을 요하게 된다. 이때 비용과 편익을 화폐적으로 산출하는 대신 규제의 성질, 강도, 파급 효과 등을 고려해서 규제를 일정한 등급 또는 점수로 분류하고 신설 규제의 등급 또는 점수에 대응하는 기존 규제를 감축하게 하는 관리 방식이다. 이러한 관리 방식은 규제의 비용과 편익의 분석이 어려운 규제에 적용이 가능하고, 규제의 유사성 분류가 비용 · 편익 산출보다 비교적 용이하다는 장점이 있다. 규제총량관리에서 '등급 및 점수' 기준 방식은 독립된 단일 기준으로 사용되기도 하고, 규제비용총량제에서 비용 · 편익 산출이 어려운 규제의 총량관리에 보조적으로 사용되기도 한다. 규제의 점수 기준 방식은 한국에서 시범 실시 중인 '규제비용총량제'에서도 비용분석이 어려운 규제에 보조적으로 사용하고 있다.

'등급 및 점수' 기준 방식을 규제비용총량제의 비용과 편익 산출이 어려운 규제에 보조적으로 사용하지 않고 전적으로 총량관리의 기준으로 사용하는 사례는 2014년 한국 국토교통부의 '규제총점관리제도'가 대표적이다.

국토교통부의 규제총점관리제는 규제를 '국민의 부담 정도'에 따라 8대 유형으로, 다시 규제의 '제한 강도'와 '파급 효과'에 따라 16등급으로 분류하고, 각 등급별로 기준 점수를 부여하는 방식으로 모든 규제를 점수화하고 있다.[20] 국토교통부는 이러한 규제 점수화 방식으로 2014년 10월 말 현재 소관 2,992개 규제 전체의 총점을 80,335점으로 산정하고, 규제의 신설 시에는 해당 규제의 점수에 상응하는 규제를 폐지하면서 규제의 총점을 연차적으로 줄여 2017년 말까지 56,000점으로 감축한다는 계획이다.

규제비용총량제와 규제개혁

규제총량제를 시행하는 대다수의 국가는 위에서 살펴본 세 가지의 총량관리 기준 중에서 규제 간의 등가성 확인의 정확성, 규제의 내용인 피규제자의 실제적인 비용 부담을 파악한다는 점에서 규제비용 기준을 기본으로 하면서 규제 수량 및 점수·등급 기준을 보조적으로 사용하고 있다. 또한 규제비용에 의한 총량관리에서도 모든 규제의 비용총량을 일시에 파악하기 불가능한 점 등으로 대다수의 국가에서 일정한 시점 이후 규제 순비용 증가에 대응해 동일한 순비용은 감축하도록 하는 방식(cost-in, cost-out)으로 시행하고 있다. 결국 규제총량관리는 규제비용총량제와 동일하게 된다.

규제비용총량제는 규제 감축과 규제의 품질 제고에 매우 효과적인 규제개혁 기법이다. 규제비용총량제는 규제 신설에 대응하는 기존 규제 폐지의

---

20) '국민의 부담'에 따라 8개 유형(① 입지·② 진입규제: 100점, ③ 거래·④ 가격규제: 75점, ⑤ 품질·⑥ 환경·⑦ 사회적 차별 규제, ⑧ 행정적 규제: 50점), 다시 규제의 제한 강도와 파급 효과에 따라 등급을 부여하되 '규제의 강도'에 따라 4등급(특허·인가 심의(A), 인허가(B), 신고·등록(C), 사후보고(D))으로, '규제가 미치는 지역과 피규제자의 수의 파급 효과'를 기준으로 4등급(Positive 형태: 1.2 등급, Negative: 3.4 등급)해서 16등급(4×4)으로 분류해 점수화하고 있다(국토교통부, 2014: 2 이하 참조).

어려움 등으로 규제기관으로 하여금 새로운 규제의 신설을 억제하게 하고, 불가피하게 규제를 신설할 경우에도 가급적 규제비용이 적은 대안을 탐색하고 선택하게 만든다. 또한 비용의 할당량을 축소 조정함에 따라 규제기관으로 하여금 더 많은 규제 감축을 강요할 수도 있다. 아울러 규제비용총량제는 규제 담당자에게 규제 대안의 탐색, 비용편익 분석 기법 등의 전문성을 제고하게 된다.

현재 규제비용총량제는 영국, 호주, 프랑스, 캐나다 등에서 시행하고 있다. 시행 중인 나라마다 일정 시점 이후 피규제자의 규제 부담을 기준으로 신설과 감축을 대응하게 해 관리한다는 점에서 큰 차이는 없다. 그러나 비용총량관리 대상이 되는 규제의 범위와 종류, 비용과 편익의 산출, 신설과 감축 규제 간의 순비용의 교환 비율 등에서 나라마다 다소 차이를 보이고 있다. 주요 국가의 규제비용총량제도는 다음과 같다.

영국의 규제비용총량제[21)]

제도 도입의 배경 및 개념

영국은 2011년 1월 1일부터 규제비용총량제(One-In, One-Out: OIOO)를 도입했고, 이어 2013년부터는 OIOO의 성과를 바탕으로 좀 더 강화된 비용총량제(One-In, Two-Out: OITO)를 실시하고 있다. OIOO와 OITO는 규제 신설(IN)에 대응하는 규제 감축(OUT)의 비율을 어떻게 하느냐가 주된 차이점이다.

2011년 최초로 도입한 OIOO는 규제의 신설·강화로 인해 기업에 순비용(직접비용-직접편익)을 초래('IN')할 경우 순비용 이상(1:1 이상)에 해당하는 기존 규제의 상쇄('OUT')를 의무화하도록 하는 제도이다. 영국에서의

---

21) 국무조정실 외(2014a); 한국개발연구원(2015); Smy(2014)를 참조해 정리.

OIOO는 2010년 캐머런(David Cameron) 총리의 연립정부 등장을 계기로 도입되었다. 영국은 1990년 이후 규제의 양보다는 질에 더 중점을 두는 '더 나은 규제(Better Regulation)'를 2010년까지 추진했다.[22] 2010년에 출범한 연립정부는 2008년 재정위기 이후 어려움을 겪고 있는 영국 기업의 부담을 줄이면서 경제 성장을 촉진하기 위한 방안으로, 기존의 규제 질적 제고 중심에서 규제의 양적 감축과 질적 제고를 동시('reduce the quantity' and 'improve the quality')에 추진하기로 하고 이를 위한 방법으로 규제비용총량제를 선택했다. 영국은 OIOO의 시행으로 2012월 12월 말까지 2년간 '연간 기업 총순비용' 기준으로 1,193백만 파운드를 감축했으며, 규제자가 불필요한 규제 신설을 억제하는 분위기를 조성하는 등 정부 부처가 비용총량제에 적응하는 성과를 거뒀다고 평가하고 있다.[23]

2013년 1월부터는 그간의 OIOO의 성과를 바탕으로 규제의 신설 또는 강화로 기업에 직접적인 순비용이 초래될 경우 그 두 배(One-In, Two-Out)에 해당하는 순비용을 감축해야 하는 OITO로 변경했다.

OIOO에서 OITO로의 전환은 2년간의 OIOO의 시행 결과에 따른 일부 문제를 개선하기 위한 것이다. OIOO 시행 결과 몇 개의 부처는 기존 규제를 미리 개선해 많은 '비용 적립(banking system)'을 해놓고 있었지만 반면 대부분의 부처는 '비용 부족(deficits)'에 처하게 되었다. 비용 적립이 높은 부처는 향후 규제개혁에 대한 유인 효과가 없게 되었고, 비용 부족에 처한 많

22) 영국은 1990년 초부터 규제의 질에 중점을 두는 'Better Regulation'에 중점을 두었고 1997년에는 BRTF(Better Regulation Task Force)를 설립해 규제를 관리했다. BRTF의 규제심사는 비례의 원칙(proportionality), 책임성(accountability), 일관성(consistency), 투명성(transparency) 및 목표적합성(targeting)의 다섯 가지 원칙과 기준에 입각했는데, 다섯 가지 원칙 중 비례의 원칙만 규제의 양적 관리에 해당하고 나머지의 원칙은 규제의 질과 관련된 기준이었다. BRTF는 2006년 비정부 공공자문위원회 성격의 '더 나은 규제위원회(Better Regulation Commission)'로 대체되면서 일부 불필요한 규제의 감축도 추진했으나, 2010년까지 대체로 규제의 양보다 질적 제고에 관심이 높았다(Smy, 2014: 111-112; Watt, 2014: 30).

23) 2년간 '연간 기업 총순비용' 1,193백만 파운드는 많은 규제의 감축이 아니라 몇 개의 큰 규제들에 의해 이뤄진 것이다(Smy, 2014: 116).

은 부처는 규제개혁에 의욕을 상실하게 되어 자칫 사라져 가는 규제개혁에 좀 더 의욕적인 목표를 주기 위한 방안의 하나로 추진되었다(Smy, 2014: 116-117).

OITO는 기업에 영향이 적은 규제(연간 1백만 파운드 이하)에 대한 신속심사제도(fast track system)를 도입하는 등 OIOO 시행 과정의 일부 문제점을 보완해 2013년에 시행했다. 영국의 OITO 시행 2년째인 2014년 말 연간 기업 총순비용 기준으로 262백만 파운드를 감축했으며, 이 중 기존의 감축 적립분(banking)에서 차감한 부분을 제외하면 2011년 OIOO가 시행된 이후 4년간 1,522백만 파운드에 달한다(Smy, 2014: 120).

OITO의 적용 대상 규제

영국의 OITO는 '기업(business)'[24]에 영향을 미치는 규제의 신설·강화 및 폐지에 원칙적으로 적용하고 있다. 규제 법령의 범위는 상위 법률(primary legislation/Act)에서 명령·규칙 등 하위 법령(secondary legislation/Statutory Instruments: IS)뿐만 아니라 실행 규약이나 지침(codes of practice or guidance), 지방자치단체가 법률의 범위 내에서 담당 장관의 승인을 받아 제정하는 조례를 포함하고 있다(한국개발연구원, 2015: 35-36; 국무조정실 외, 2014a; 42). 구체적인 적용 대상은 규제의 승인기관인 '규제감축소위원회(Reducing Regulation sub-Committee: RRC)'의 승인이 요구되는 규제가 된다. 그러나 RRC의 승인 대상이라도 유럽연합(EU)의 규정·결정 사항, 국제협약 등 일정한 경우에는 규제비용총량제의 적용이 제외된다. OITO에 적용이 제외되는 규제는 〈표 2-3〉과 같다.

---

24) 영국의 규제비용총량제에서의 'business'는 기업과 시민단체를 포함하고 있다.

〈표 2-3〉 영국 OITO의 적용 제외 규제

i. 기업에 대해 어떠한 직접적 영향도 발생하지 않을 경우 ii. 유럽연합(EU) 규정·결정 및 법령인 경우 - 다만, 불필요한 규제 확대 행위(gold-plating): 최소 요건을 넘어서는 유럽연합 법령의 집행에 따라 기업의 규제이행 비용이 증가한 경우는 제외 iii. 국제 협약 및 의무 요건 iv. 국가 위기사태 관련 규제 v. 금융 시스템 리스크(financial systemic risk) vi. 임시 규제 또는 단기 규제, 특히 최고 12개월 이하의 효력을 가지며, 자동 효력상실형 일몰 조항을 포함하는 경우 vii. 요금 및 수수료 - 요금 및 수수료의 연례 인상을 포함한 규제집행 및 이행 활동 - 단, 규제 활동 범위의 확대 또는 감축으로 인해 요금 및 수수료의 금액이 변경됐을 경우에는 총량제 적용 viii. 통상적인 임금 및 물가 상승에 상응해 기존 규제 수준을 유지하고자 시행되는 기존 규제 또는 규제 체계에 대한 정기적 조정 ix. 규제의 미이행으로 피규제자에게 부과하는 벌금 및 과태료 규정

자료: 국무조정실 외(2014b: 42).

OITO의 비용분석과 비교

영국의 OITO는 규제로 인해 '기업과 시민단체'가 직접 부담하는 비용과 편익(direct benefit and cost)을 파악하고, 순비용(직접비용-직접편익)을 산정해 비교하고 신설과 감축을 하게 된다. 규제는 순비용의 발생을 기준으로 'INs'(비용 유발), 'OUTs'(비용 감축) 및 ZNC(Zero Net Cost, 비용 불변 및 기타)로 분류하고 있다.

- INs(비용 유발): 규제 신설·강화 또는 폐지·완화로 인해 기업이 부담하는 비용이 기업이 얻는 편익을 초과하는 경우이다. 즉, 규제의 신설·강화든, 폐지·완화든 상관없이 당해 조치로 인해 기업이 부담하는 직접적인 순비용이 발생하면 INs(비용 유발)로 분류된다.
- OUTs(비용 감축): 규제의 폐지·완화에 의해 기업이 부담하는 직접

적인 순비용이 줄어드는 경우를 의미한다.

- ZNCs(비용 불변 및 기타): 규제의 신설로 기업의 순비용이 감소하는 경우,[25] 규제의 변화로 인한 비용과 편익이 상쇄되는 경우, 규제 비용의 변화를 최종 규제영향분석 단계에서까지도 추정하기 어렵거나 그 영향이 매우 미미한 경우이다.

OITO에서는 순비용을 각각 상이한 평가 기간을 가진 사업들을 재무적으로 비교하는 표준화된 방법인 '연간 균등 기업순비용(Equivalent Annual Net Cost to Business: EANCB)'으로 환산해 증가(INs)와 감축(OUTs)을 비교하고 있다. 연간 균등 기업순비용은 규제가 기업이나 시민사회단체에 미치는 순비용의 현재가치(Present Value Net Cost to Business: PVNCB)를 연간지급률 계수(annuity rate)로 나눠 환산한다. 소관 부처가 상시적으로 기존 규제를 개선해 규제개선 성과(OUTs)를 화폐가치로 미리 '비용 적립(banking system)'을 해놓고 규제를 신설하는 경우 발생하는 비용(INs)만큼을 지출하는 것도 가능하다.

처리절차 및 주요 추진기관

영국의 규제제안 및 법률화 절차는 먼저 정책 구상을 거쳐 규제를 제안하는 부처에서 기업에 대한 비용과 편익의 상세한 분석을 포함하는 규제의 '영향분석(Impact Assessment: IA)'을 작성하는 것으로 시작된다. 부처의 IA 분석 결과는 독립자문위원회인 '규제정책위원회(the Regulatory Policy Committee: RPC)'[26]의 협의와 검증을 거쳐 장관급 위원회인 '규제감축소위

25) 규제의 신설·강화에 의해 기업의 직접적인 순비용이 감소하는 경우에는 'OUT'으로 분류하지 않고 'ZNC'로 분류한다. 규제의 신설·강화로 인해 기업에 직접적인 순비용이 감소했다고 해도 민간 경제활동에 대한 정부의 관여는 증가했기 때문이다.

26) RPC는 2009년 말 부처가 작성한 비용 추정, 영향분석(IAs)을 독립적으로 조사·검증하기 위해 설립된 조직이다. 부처에서 만든 비용-편익분석을 독립적이고 전문적으로 검증하고 있어 이해관계자,

원회(the Reducing Regulation Sub-committee: RRC)'의 최종 확정을 받는 절차로 진행된다.27)

OITO의 주요한 처리절차는 [그림 2-1]과 같다.

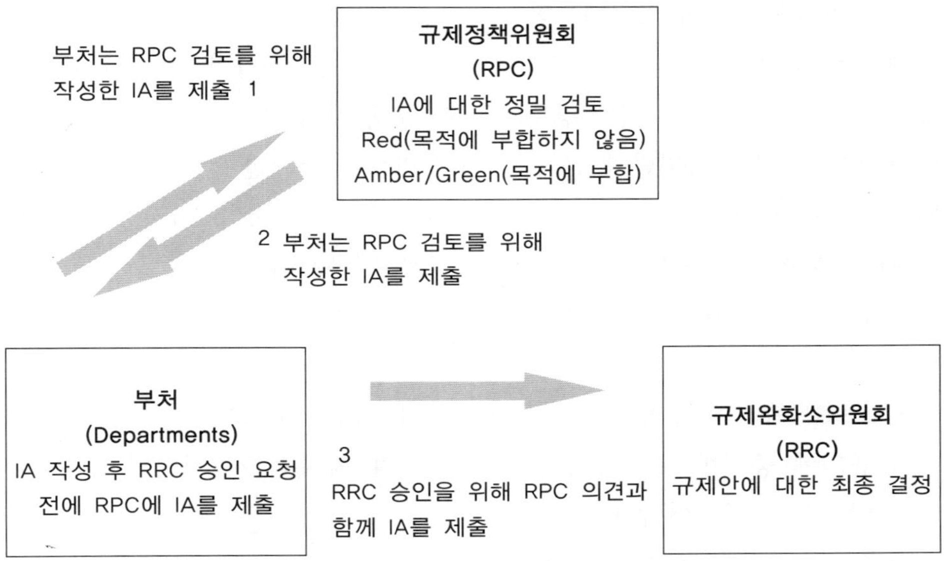

[그림 2-1] 영국의 OITO 처리절차

자료: 한국개발연구원(2015: 39).

① 부처의 영향분석(AI) 작성 및 제출

부처는 규제비용총량제가 적용되는 신설 규제(INs) 및 폐지 규제(OUTs)에 대해 각각 독립된 영향평가서를 작성해야 한다. 영향평가의 분석 및 증거를 통해 모든 경제적 영향을 고려하는 총경제적 영향평가(Full Economic

기업협회 등으로부터 신뢰를 받고 있다.

27) 영국은 기업에 영향이 연간 1백만 파운드 이하의 규제는 간편심사(Fast Track) 절차를 적용한다(Smy, 2014: 117).

Assessment)와 OITO에 적용되는 기업영향평가(Business Assessment)를 구분해 기업에서 발생되는 직접비용은 '연간 균등 기업 순비용'(EANCB)으로 환산하는 분석을 실시해야 한다.

② 규제정책위원회(RPC)의 검증

RPC는 OITO가 적용되는 규제에 대한 '연간 균등 기업순비용(EANCB)을 검증함으로써 규제 신설·강화(INs)와 규제 폐지·완화(OUTs) 등 OITO의 원활한 집행을 지원한다. RPC는 증거 자료에 근거한 검토 및 검증을 통해 'Red'(not fit for purpose), 'Amber 또는 Green'(fit for purpose)을 제시하게 된다. 부처에서 추진하는 규제는 RPC에서 '목적에 적합(fit for purpose)' 판정을 받은 'Amber 또는 Green'만이 다음 절차로 이동이 가능하다.

- Red: '목적에 부합하지 않음(not fit for purpose)'으로 수록된 분석과 증거에 중대한 문제가 발견된 경우이며, 재제출 시 지적된 사항들은 반드시 개선되어야 함.
- Amber: '목적에 부합(fit for purpose)'하나 수록된 분석과 증거에 부분적인 문제가 발견된 경우이며, 최종 IA 제출까지 이에 대한 개선을 RPC가 감시하게 됨.
- Green: '목적에 부합(fit for purpose)'하며, 큰 문제가 지적되지 않음.

③ 규제감축소위원회(RRC)의 승인

RRC는 RPC가 제공한 영향평가서에 대한 의견과 '연간 균등 기업순비용'(EANCB) 검증 결과를 근거로 최종적으로 규제 신설·강화(INs)와 규제 폐지·완화(OUTs)에 대한 결정을 내린다.

호주의 규제상쇄제도[28)]

호주는 2013년부터 규제비용총량제로 '규제상쇄제도(Offset Rule)'를 시행하고 있다. 호주의 규제상쇄제도는 규제비용의 유량(flow)과 총량(stock)을 모두 감축하는 방식이다. 호주는 규제상쇄제도와 함께 기존의 불필요한 규제를 법률로 한꺼번에 철폐하는 '규제 철폐의 날(Repeal Day)'제도를 같이 시행하고 있다. '규제상쇄제도'는 규제비용의 감축 목표를 세우고 정부부처에 감축 할당량을 배분해 실천하고 있으며, 1년에 2회 개최하는 규제 철폐의 날 등을 통해 한꺼번에 폐지할 규제를 처리하고 있다.

규제상쇄제도 적용 대상

호주는 모든 규제의 신설과 강화에는 규제로 인한 규제영향진술서(Regulation Impact Statement: RIS)를 작성하도록 하고 있다. 규제상쇄제도는 규제영향진술서를 협의하고 승인하는 과정에서 이뤄진다. 규제영향진술서(RIS)의 작성은 모든 규제 결정(all regulatory decisions)으로서 기본 법률(primary legislation) 또는 하위 법령 등에만 국한하는 것이 아니라, 개인·기업·비영리단체 등에 영향을 미치는 국제적 조약(international treaties)과 세금의 변화(changes in taxation)까지를 포함하고 있다. 결국 규제 상쇄의 대상 규제는 RIS의 작성 대상으로 사실상 모든 법령·조약까지를 포함한다고 할 수 있다.

규제상쇄제도의 비용분석과 비교

호주 규제상쇄제도의 비용 산출 피규제자의 범위는 규제로 인해 개인 및

28) 한국개발연구원(2015: 97-123), 호주 총리내각부 홈페이지(www.dpmc.gov.au, 2015.5.13. 검색) 참조.

기업, 사회조직까지 망라하는 피규제자 전체에 미치는 영향을 대상으로 한다. 피규제자 모두를 대상으로 하되 다만 피규제자의 비용 부담 중에서 규제로 인해 유발되는 '규제순응비용(compliance cost)'에 한정하고 있다. 영국의 규제비용총량제(OITO)가 비용분석 대상 피규제자의 범위가 기업 및 시민사회조직(civil society organization)을 대상으로 직접 순비용(= 직접편익-직접비용)을 측정하고 있는데 반해, 호주는 피규제자 전체를 대상으로 하되 '규제순응비용'으로 한정하고 있다. 규제순응비용은 규제 준수를 위한 행정비용(administrative costs), 실질적 순응비용(substantive compliance costs), 규제로 인한 지연비용(delay costs)이 해당된다. 기회비용(opportunity costs)이나 벌금 같은 비순응비용, 간접비용(indirect costs) 등은 규제순응비용에서 제외하고 있다.[29]

호주에서 규제순응비용의 분석은 10년의 기간을 기준으로 하면서 할인율(discount rate)을 적용해 현재 가치로 환산하지 않고 할인되지 않은 연평균 수치를 사용한다는 점이 특징이다. 영국 등 대다수의 국가가 순비용(비용-편익)의 현재가치에 대해 연간 균등 순비용(EANCB)으로 환산해 분석하고 비교한다는 점에서 차이를 보인다. 이런 점에서 호주의 규제상쇄제도의 경우 규제순응비용에 대해 미래에 발생할 비용에 대해서도 할인하지 않으므로 할인을 하는 영국보다는 더 높은 비용이 산정된다. 따라서 호주의 규제

---

29) 호주의 규제순응비용의 포함과 불포함의 항목은 아래와 같다.

규제순응비용 포함	규제순응비용 불포함
• 행정비용(보고 및 기록비용) • 실질적 순응비용 • 규제로 인한 지연비용	• 기회비용 • 간접비용 • 기업의 통상적 운영비용 • 비순응비용(규제의 과징금, 벌금 등) • 직접 재정비용(면허비용, 부담금, 보험금) • 국제규약에 의해 부과된 비용 • 정부간 규제비용(공기업, 외국정부 소유기업 등)

자료: 한국개발연구원(2015: 117).

상쇄제도 하에서 각 부처는 높은 비용에 상응하는 상쇄계획을 세워야 하므로 호주의 비용총량제가 영국보다 더 엄격하게 관리한다고 볼 수 있다.

운영절차 및 주요 추진 기관

규제를 도입하려는 부처는 문제 상황, 규제 목적, 규제 대안, 비용과 편익 등 규제의 도입 상황과 그 영향을 분석하는 규제영향진술서(RIS)를 작성하면서 시작된다. 부처는 규제영향진술서를 작성하면서 규제순응비용을 과학적으로 산정하고 이를 상쇄하는 계획을 나타내는 '규제부담 비용산출표(Regulatory burden and cost estimate: RBCOE)'를 포함해 작성해야 한다.

부처에서 마련된 RIS는 자체 평가를 거쳐 총리내각부(Department of the

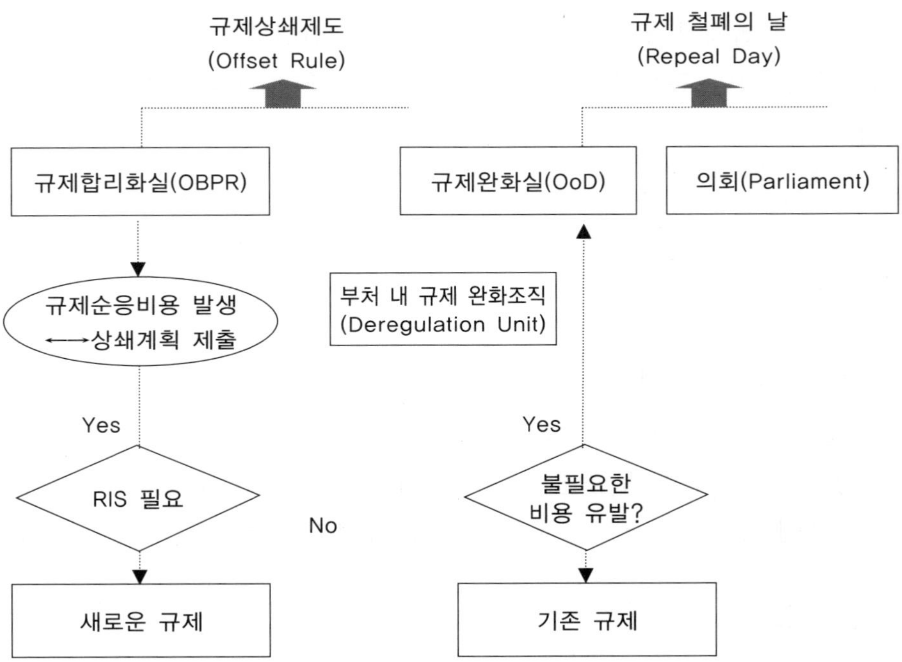

[그림 2-2] 호주의 규제비용총량제 관리 체제

자료: 한국개발연구원(2015: 118).

Prime Minster and Cabinet: PM&C)에 설치된 '규제합리화실(the Office of Best Practice Regulation: OBPR)'에 보고하고 동의를 받도록 하고 있다. OBPR과 협의 및 동의 과정에서 비용 산출 및 상쇄계획이 조정되고 사실상 확정된다. 규제영향진술서를 거치지 않는 규제안의 경우에는 개별 부처 내에 설치된 규제 완화 조직을 통해 규제비용을 산정하고 상쇄할 계획을 세워 총리내각부에 설치된 '규제완화실(Office of Deregulation: OoD)'에 별도로 정기적으로 보고하도록 하고 있다.

규제 철폐의 날은 기존의 불필요한 규제로 유발되는 비용을 감축해 규제비용 총량을 줄이고자 하는 제도로, 이 역시 1차적으로 정부부처가 책임을 맡고 있다. 철폐할 규제비용을 할당받은 각 정부 부처는 기존의 불필요한 규제를 찾아내어 개선 방안을 마련해야 하고, 규제완화실(OoD)에서 이를 취합해 규제 철폐의 날에 폐지할 규제를 최종 선정해 의회와 협의해 일괄 폐지한다. 호주의 규제비용 상쇄제도와 규제철폐의 날의 운영절차는 앞의 [그림 2-2]와 같다.

프랑스의 규제동결제도[30)]

프랑스의 규제동결제도(moratoire général sur les normes)는 2010년에 지방자치단체를 대상으로 최초로 시행되었다. 규제동결제도는 기업, 민간 혹은 지방자치단체 등에 부담을 주는 규제에 대해 동결(moratoire) 또는 신설하는 규제에 상응하는 일대일(un pour un) 수준으로 부담을 완화해야 한다.

적용 대상과 범위

프랑스의 규제동결제도의 적용은 2010년 최초 도입 시에 하위 법령에 속

30) 한국개발연구원(2015: 155-174) 참조.

하는 행정규칙과 법률 또는 상위 법령에 근거하지 않은 규제에 한해 제한적으로 실시했다. 2013년부터 규제동결제도의 적용 대상을 조금씩 확대하고 있으며, 2014년에는 기존의 규제동결제도 적용 대상인 규제에 추가적으로 지방자치단체 규제에 관한 법률에도 적용하는 등 적용 대상의 범위를 확대했다. 그러나 의회 통과 법률에는 여전히 제외하고 있다. 따라서 정부 제출 법률안도 의회 통과 법률인 경우 적용이 제외되고 있어[31] 전반적으로 프랑스 정부의 규제동결제도 적용 범위는 규제비용총량제를 시행하고 있는 영국·호주 등에 비해 상당히 제한적이다.

규제동결제도의 비용분석 및 운영절차

프랑스 규제동결제도는 입법영향평가서 작성 시 규제동결제도 적용에 해당하는 규제에 대해 3년 평균의 기대 효과를 계량화해서 제시하도록 하고 있다. 규제의 비용과 편익 측정 시에는 행정적 의무비용 및 투자비용 등의 직접적인 행정 부담 비용을 측정하고, 기회비용 등의 간접비용은 포함하지 않는다.

프랑스의 규제는 정치적·사회적 민감도에 따라 정부 부처마다 신규 규제 도입 절차와 방식이 상이하며 일부 규정을 제외하고는 표준화된 도입 절차가 별도로 존재하지 않는다. 해당 부처는 가급적 빠른 시일 내에 입법영향분석서 초안을 작성하고, 규제의 편익·비용분석에서 부정적 성과가 도출되었을 경우 현재 추진 중이거나 시행 예정인 규제에 상응하는 수준의 규제 동결을 함께 제시해야 한다. 영국과 달리 비용 적립제도(banking system)

31) 프랑스의 법률안의 대다수는 행정부에서 제안하나, 의회 통과 법안은 규제동결제도 적용이 제외되므로 정부에서 의회를 통해 제출한 법안도 규제동결제도 적용 범위에 속하지 않는다. 의회 통과 법안에 대한 시행령(decree) 제정의 경우에도 1차에 한해 규제동결제도 적용이 제외된다. 예를 들어, 스프링클러 설치를 의무화하는 법안을 처음 도입할 때 의회 통과 법안에 대한 첫 시행령은 규제동결제도 적용 대상이 아니지만, 만일 시행 과정에서 정부가 동 시행령을 강화하고자(예. 대상 기업 수를 확대 등) 개정할 경우는 정부 결정 사안이므로 규제동결제도 적용 대상이 된다(한국개발연구원, 2015: 173).

를 운영하지 않고 있다.

캐나다의 규제비용총량제[32]

캐나다는 2012년 4월 1일부터 규제관리에 관한 내각훈령(Cabinet Directive on Regulatory Management)으로 규제비용총량제(One-for-One Rule)를 도입하고 있다.[33]

캐나다 규제비용총량제의 특징은 기업의 행정비용 측면에 초점을 맞춰 최종적으로 규제 비용과 규제 개수를 동시에 감축해야 하는 방식이다. 즉, 신규 규제 또는 규제 강화로 기업의 행정비용이 발생하는 경우(IN) 규제 부처는 기존 규제들을 조정해 동일한 액수의 행정비용을 상쇄(OUT)해야 하는 한편 증가하는 규제의 숫자에 대응해 기존 규제의 수량도 폐지(OUT)해야 한다.

캐나다는 2011년 하퍼(Stephen J. Harper) 총리의 보수당이 기업으로부터 규제로 인해 기업 활동에 지장을 주는 요인들을 청취해 분석하고 이를 바탕으로 정책 방안을 추진하고자 규제감축위원회(Red Tape Reduction Commission)를 발족 운영한 바 있다. 하퍼 총리가 이끄는 집권 보수당이 2011년 규제감축위원회 성과를 바탕으로 규제비용총량제를 주창하고 선거에서 압승함에 따라 강력한 동력을 확보함으로써 내각 훈령으로 시행했다.

적용 대상 규제 범위

캐나다의 규제비용 총량제는 원칙적으로 연방정부의 규제에 적용하고 지

32) 한국행정연구원(2015) 참조.

33) 캐나다는 2014년 규제비용총량제(One-for-One Rule)를 법률로 규정하는 규제감축법(An Act to control the administrative burden that regulations impose on businesses)을 의회에 제출해 규제 감축 및 통제 방식의 법제화를 추진하고 있다.

방정부의 규제에는 적용되지 않는다. 연방정부의 규제라도 조세, 환경, 건강, 안전, 안보 관련 규제는 적용이 제외된다. 적용되는 규제에서도 규제로 인해 기업이 부담하는 비용에 한해 분석해서 적용하고 있으며, 공공 목적을 위한 학교, 병원, 정부 등의 부담은 제외하고 있다. 캐나다의 규제비용총량제의 적용 제외 대상은 〈표 2-4〉와 같다.

〈표 2-4〉 캐나다 '규제비용총량제'의 적용 제외 규제

1. 조세 또는 조세행정과 관련된 규제 - 재무위원회가 관리하며 제안 규제가 조세 또는 조세행정 관련 규제라는 것을 입증하는 과정을 거쳐 재무위원회의 승인에 의해 제외 - 조세 또는 조세행정 관련 규제일지라도 소기업의 입장(Small Business Lens) 부담은 적용 2. 비재량적 의무를 이행하기 위한 규제 - 의무를 이행하는 규제로서 재량권이 없는 규제(예: 유엔 안전보장이사회 결의 또는 캐나다 대법원의 판결 등) 3. 긴급 상황, 위기 상황, 또는 환경 또는 경제에 대한 건강, 안전, 또는 안보를 보호하기 위한 규제로 규제재무위원회가 결정하는 예외적인 상황

자료: 한국행정연구원(2015: 11).

비용분석과 비교

캐나다 규제비용총량제(One-for-One Rule)의 분석 대상 규제 비용은 기업이 부담하는 직접적인 규제 준수 비용이다. 기업이 직접 규제 준수를 위해 부담하는 비용에도 행정비용에 한정하고 직접비용 중 순응비용(compliance cost)은 포함하지 않는다. 대신 기업이 직접 부담하는 행정비용의 포함 범위를 비교적 넓게 인정하고 있다.[34]

비용의 분석은 서로 다른 시점에서 발생하는 행정비용을 비교하기 위해

34) 캐나다의 규제비용총량제에서의 기업이 직접 부담하는 행정비용으로 '정부에 정보 제공을 위한 보고와 제출 비용', '신청서 작성 비용', '정부에 행위통지에 따른 부담', '규제 준수를 위한 정부 의무 숙지 비용', '규제 준수를 위한 계산, 평가, 점검', '정보 처리를 위한 회의 부담', '보고서 복사, 배포, 정리 보관', '규제 준수 확인에 대비한 집행, 감사, 검사 부담' 등을 포함하고 있다(행정연구원, 2015: 2).

IN과 OUT의 현재가치 총계를 구한 후 할인 계수의 합계인 연간 지급률로 나눠 계산하는 연간 균등가치를 계산해 사용하고 있다. 비용의 추계 기간을 10년으로 하며 추계 기간에 대해 2012년 불변가격으로 계산하며 할인율은 7%로 적용하고 있다. IN과 OUT 계산은 오직 행정비용의 금액로만 비교하고, 두 개 이상의 연방정부 부처가 관련된 규제에 대한 규제비용총량제 적용에 의한 행정비용 계산과 IN, OUT 처리는 100% 주관 부처(sponsoring department)의 관할 규제에 적용된다. 캐나다는 정부 부처가 자발적으로 규제를 조정해 행정비용을 감축하는 경우 행정비용 감축분을 미리 적립한 후 나중에 규제 신설 또는 규제 개정에 따른 행정비용 증가를 상쇄해 주는 비용적립(banking) 제도를 규정하고 있지 않다.

운영절차 및 추진기관

캐나다의 규제정책은 재무위원회(Treasury Board) 사무국의 규제업무국(Regulatory Affairs Sector)에서 총괄하고 있다. 규제비용총량제의 적용은 규제를 실행하려는 부처에서 규제를 입안해서 실행하려고 추진하는 과정에서 재무위원회 사무처의 통제와 협의 과정에서 비용을 확정하고 신설에 대응해 감축 교환이 이뤄진다.

먼저 규제를 신설·강화하려는 연방정부의 부처는 규제비용총량제 적용을 포함한 규제영향분석서(Reguatory Impact Analysis Statement)를 작성해 재무위원회 사무처에 제출해야 한다. 정부부처와 재무위원회 사무처 간에는 규제 제안의 요구 사항을 충족하지 못해 규제 입안이 지연되는 것을 방지하기 위해 적절한 영향분석서 사용 및 분석 수준의 지원 등을 위한 사전검토(triage) 제도를 운영하고 있다.

재무위원회 사무처는 부처가 제출한 규제영향분석서의 내용, 특히 규제비용총량제 적용에 대해 검토하고 규제 부처에 검토 의견을 제시하게 된다. 캐나다는 영국과 달리 규제영향분석서 검증을 위한 별도의 독립된 검증기

관은 두지 않고 재무위원회 사무처가 직접 검토·분석하고 있다.[35)]

각 부처는 재무위원회 사무처의 검토 의견을 반영해 규제영향분석서를 완성하고, 규제 신설 또는 강화로 인한 기업의 행정비용(IN)에 상응하는 감축(OUT)은 24개월 이내에 기존 규제들을 조정해 상쇄해야 한다. 이때 감축(OUT)은 기존 규제의 개정 또는 규제 폐지를 통한 '동일한 행정비용 감축'과 행정 부담을 발생시키는 신규 규제의 수에 대응해 '동일한 규제 수'를 폐지[36)]해야 하는 규제비용 감축 및 개수 감축의 두 가지를 상쇄하도록 하는 점이 특징이다.

재무위원회 사무처는 규제영향분석서 최종본을 재무위원회 사무처 웹사이트에 공개하고, 아울러 규제비용총량제 적용에 의한 기업의 실제 행정비용 증감을 기록한 연간성과보고서(Scorecard Report)를 작성해 그 결과를 발표하고 있다.

주요 국가의 제도 비교

규제비용총량제를 시행하고 있는 영국, 프랑스, 호주, 캐나다 등의 국가 모두 일정한 시작 시점을 정하고 시점 이후 규제 신설에 따른 피규제자의 순비용에 대응해 기존 규제의 부담을 감축한다는 점에서 동일하다. 그러나 적용 대상 규제의 범위, 부담 측정의 피규제자 범위, 증가(IN)와 감축(OUT)의 대응 비율, 비용 적립제도(banking system) 유무, 검증 방법 등에서 각기 다른

35) 재무위원회 사무처는 연간성과보고서(Scorecard Report)를 작성해 그 결과를 발표하고 감사원에 제출하게 된다. 감사원은 감사 결과를 의회에 제출하고 의회는 정부 규제개혁의 성과를 최종적으로 점검하고 있다(한국행정연구원, 2015: 7-8).

36) 신규 규제에 대응해 동일한 숫자의 기존 규제를 폐지해야 하다는 것으로, 신설 규제와 폐지 규제의 행정비용의 크기를 동일하게 대응시킬 필요는 없다. 행정비용의 대응은 24개월 이내에 기존 규제들을 조정(완화 또는 폐지)해 총액으로 대응하게 된다.

특색을 가지고 있다.

비용총량제 적용 대상 규제의 범위에서 보면 프랑스의 규제동결제도는 상위 규정보다 주로 하위 규정을 대상으로 하고 있는 점에서 영국·캐나다에 비해 제한적이며, 호주의 규제상쇄제도(Offset Rule)는 대상 범위를 가장 넓게 적용하고 있다. 그러나 각국 제도에서 차별성은 비용·편익분석의 범위와 신설(IN)·감축(OUT)의 비교에서 강하게 나타난다. 영국의 OITO가 기업 및 시민사회조직(civil society organization)에 한정하고 있어 제한적이나 호주는 피규제자 전체에 대한 부담을 기준으로 적용하고 있다. 또한

〈표 2-5〉 주요 국가의 규제비용총량제도 비교표

	영국	호주	캐나다
제도명	OITO (One In, Two out)	Offset Rule	One-for-One Rule
적용 대상 규제의 범위	원칙적 모든 규제 (장관의 승인을 받는 지방조례 포함)	원칙적 RIS 작성 대상 (조약, 세금 사항까지 원칙적 포함)	영방정부의 규제 (지방정부의 규제 제외)
In, Out의 적용 비용	기업의 직접 부담	피규제자 전체의 부담	기업의 부담 (행정비용, 순응비용 제외)
비용 산정 및 비교 기준	순비용 (직접비용-직접편익) 연간 균등 순비용 (할인율, 현재가치)	규제 준수 비용 비용의 단순 연평균 (할인율 적용 없음)	행정비용 (편익 불고려) 연간 균등 비용 (할인율, 현재가치)
상쇄 기준	순비용의 2배 상계 (비용 기준)	상응하는 비용 감축 (비용 기준)	상응하는 비용 감축 및 동일 규제 수 감축 (비용·규제 수량 기준)
별도 독립적 비용검증기관의 유무	있음 규제정책위원회(RPC)	없음 (총리내각부 검증)	없음 (재무위원회 담당)
최종 확인, 총괄기관	규제감축소위원회(RRC)	총리내각부	재무위원회

자료: 한국개발연구원(2015), 한국행정연구원(2015), 국무조정실 외(2014a)를 참고해 정리.

OITO는 기업의 직접 순비용(직접편익-직접비용)을 현재가치로 할인해 '연간 균등 총순비용(EANCB)'으로 환산해 비교하고 있음에 비해, 호주의 '규제상쇄제도'는 할인율(discount rate)은 적용하지 않고 연평균 수치를 사용하고 있어 비용 감축 규모에서는 더 엄격하게 관리한다고 볼 수 있다. 대신 영국은 투입(INs)에 대한 감축(OUTs)을 2배 이상으로 해야 한다. 대표적인 규제비용총량제 시행 국가인 영국, 호주, 캐나다의 제도를 비교하면 〈표 2-5〉와 같다.

한국의 규제비용총량제

한국에서는 2015년 6월 현재까지 전면적인 규제비용총량제(Cost-In, Cost-Out)를 실시하지 못하고 있다. 다만 2014년 7월부터 8개 중앙행정기관을 대상으로 시범 실시를 시작했으며, 2015년에 기존 8개의 시범기관 이외에 자율 희망하는 6개 기관을 추가해 2015년 현재 14개 중앙행정기관을 대상으로 시범 실시 중에 있다.[37)]

시범 실시 중인 한국의 규제비용총량제는 영국의 규제비용총량제인 'One-In, One-Out' 제도를 대부분 적용한 것으로서, 규제로 인해 발생하는 피규제자의 직접비용과 직접편익에 초점을 맞춰 규제의 신설·강화로 인해 순비용(직접편익-직접비용)이 발생할 경우 이에 상응하는 순비용의 규제 폐지·완화를 유도함으로써 규제비용의 총량을 관리하는 방식이다. 규제비용

37) 2014년 7월부터 국토교통부, 문화체육관광부, 산업통상자원부, 환경부, 해양수산부, 농림축산식품부, 중소기업청, 산림청 등 8개 중앙행정기관이 시범 실시를 시작하고, 2015년 4월에 행정자치부, 미래창조과학부, 보건복지부, 방송통신위원회, 관세청, 특허청 등 6개 기관이 자율 희망으로 참여하고 있다(규제개혁위원회 외, 2015: 8). 규제비용총량제는 전면 실시를 위한 법적 근거 마련을 위해 2014년 8월 국회에 「행정규제기본법」 개정안을 제출했다.

을 기준으로 투입과 감축의 교환이 이뤄진다는 점에 착안해 한국식 규제비용총량제를 'Cost-In, Cost-Out'으로 명명하고 있다(규제개혁위원회 외, 2015: 5).

규제비용총량제 적용 대상

규제비용총량제는 「행정규제기본법」상의 행정규제로서 피규제자에게 직접적인 순비용(직접비용-직접편익)을 발생시키는 규제를 대상으로, 신설·강화 규제뿐만 아니라 폐지·완화 규제에 대해서도 적용하고 있다. 다만 규제비용총량제를 적용하기 어려운 일정한 규제에 대해서는 규제개혁위원회(비용전문위원회)의 심의를 거쳐 제외하도록 하고 있다. 규제비용총량제의 적용 예외 대상 규제는 2014년 시범 실시에서는 9개 규제 유형을 예외 대상

〈표 2-6〉 2015년 규제비용총량제 적용 예외 대상 규제

① 국가적 위기 상황에 긴급히 대처하기 위해 필요한 규제
② 조약이나 국제협정 등의 이행을 위해 필요한 규제
  - 단, 조약이나 국제협정 준수를 위한 최소 요건 이상으로 국내 규제 수준을 설정해 기업에 대해 추가 비용을 유발할 때에는 비용총량제 적용
③ 국가 질서 유지, 국민의 생명·안전과 직접적으로 관련이 있는 규제
④ 금융·외환 시스템 위기의 방지와 직접적으로 관련이 있는 규제, 환경위기 대응과 관련된 규제로서 사회적 편익이 매우 큰 규제
⑤ 1년 이하의 효력상실형 일몰이 설정된 규제
⑥ 통상적인 임금 및 물가 상승에 상응해 기존 규제 수준을 유지하고자 시행되고 있는 규제
⑦ 규제의 미이행·미준수로 인해 부과되는 행정질서벌 및 행정제재처분
  - 단, 의무 부과·금지 규정이 확대·강화된 경우 비용총량제 적용
⑧ 1항 내지 7항에 준하는 사항으로서 규제개혁위원회에서 비용총량제 적용 제외가 특히 필요하다고 인정하는 규제

자료: 규제개혁위원회 외(2015: 9).

으로 했으나, 2015년에는 1개의 유형을 제외하고[38] 8개 유형의 규제를 예외 대상으로 하고 있다. 2015년 현재 예외 대상인 규제는 〈표 2-6〉과 같다.

그러나 시범 실시 중인 한국의 규제비용총량제는 실제 직접비용이 발생하는 행정규제라 하더라도 모두를 분석하도록 하고 있지 않다. 신설・강화되는 규제 중에서 직접비용이 연간 50억 원 이상으로 추정되거나, 피규제자 수가 연간 5만 명 또는 500개소 이상인 규제를 대표 사례로 선정해 진행하고 있다. 나머지 규제는 통계관리 차원에서 비용총량제 적용 여부 및 적용 유형(간편심사, 심사처리제 등) 심의만을 진행하고 있다(규제개혁위원회 외, 2015: 8).

비용・편익의 범위와 비교・교환

한국의 규제비용총량제에 적용되는 비용・편익분석은 규제의 시행으로 피규제자에게 1차적 부담으로 발생하는 직접비용・편익을 대상으로 하고 있다. 피규제자에게 2차적으로 발생하거나 제3자에게 발생하는 간접비용은 원칙적으로 제외하고 있다. 규제의 비용과 편익의 분석 기간은 해당 규제의 존속 기한이 설정된 경우 이외에는 10년을 기준으로 분석하게 된다.

규제의 비용은 직접비용과 간접비용으로 구분하고, 규제비용총량제는 직접비용에 한정하면서 직접비용은 규제순응비용(regulatory compliance costs)으로 분석하도록 하고 있다. 규제순응비용은 피규제자의 행정비용과 실질 순응비용을 포함하고 있다. 정부가 제시하고 있는 규제비용 분류표는 [그림 2-3]과 같다.

[그림 2-3]에서 한국의 규제비용총량제에 적용되는 직접비용인 규제순응

38) '수익적 행위에 통상적으로 수반되는 요금, 수수료'를 예외 대상에서 제외했다(국무조정실 외, 2014b와 비교 참조).

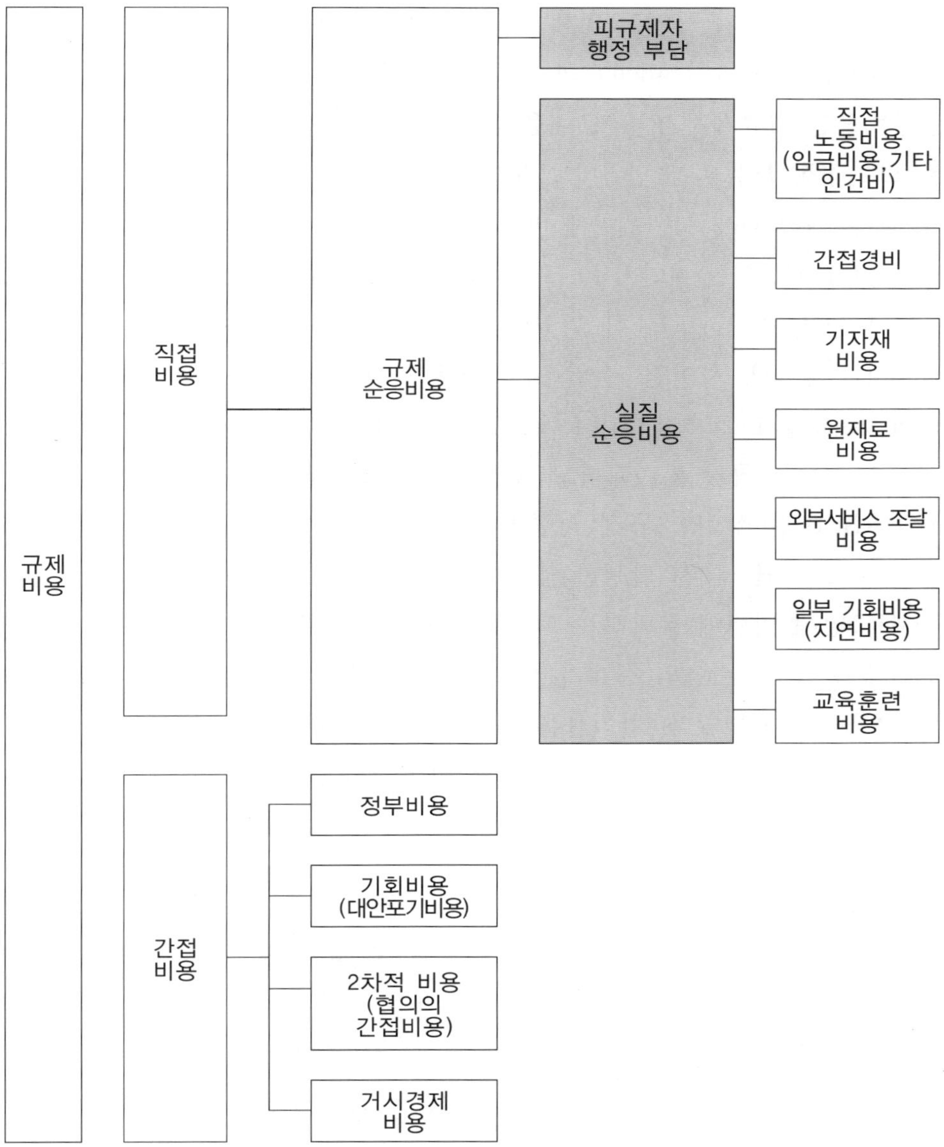

[그림 2-3] 규제비용 분류표

주: 음영은 규제비용총량제의 대상이 되는 비용

자료: 규제개혁위원회 외(2015: 42).

비용은 피규제자가 규제로 인해 필요로 하는 정보를 모으고 제공하는 '행정부담(administrative burdens)'과 '실질 순응비용'으로 구분하고 있다. 실질 순응비용은 피규제자가 규제 내용을 수행하기 위해 직접 지출해야 하는 비용으로 직접 노동비용(인건비), 간접경비(건물임대료, 사무용품 등), 자재비용(설비비용), 원재료비(원자재 비용), 외부 서비스 비용(외주비용), 일부 기회비용(규제로 인한 지연비용), 교육 훈련비용(규제 내용에 순응하기 위한 교육 등) 등을 포함하도록 하고 있다.

비용·편익의 차이인 순비용은 현재가치로 할인해 연간 균등순비용(Equivalent Annual Net Cost to Business: EANCB)으로 환산해 신설하는 규제와 폐지하는 규제를 비교하고 동일 가치로 교환하게 된다. 연간 균등순비용(EANCB)은 상이한 규제 시점과 기간 동안 발생한 총 기업순비용을 특정 시점 1개 연도에서 발생한 양으로 환산한 것으로서, 피규제기업이 당해 규제로 인해 일년에 부담하는 기업순비용의 평균치를 의미한다. 연간 균등순비용은 기업순비용의 현재가치를 연간 지급률 계수(annuity rate)로 나눠 산출하도록 하고 있다. 할인율은 예비타당성조사에서 사용되는 '사회적 할인율'인 5.5%를 적용하고 있다. 연간 균등순비용의 산출은 [그림 2-4]와 같다.

$$\text{연간 균등순비용} = \frac{\text{순비용 현재가치}}{\text{연간 지급률*}}$$

$$* \ at,r = \frac{1+r}{r}\left[1 - \frac{1}{(1+r)t}\right]$$

at, r : 연간 지급률(r : 할인율, t : 분석 대상 기간)

[그림 2-4] 연간 균등순비용(EANCB) 산출

자료: 규제개혁위원회 외(2015: 23).

규제의 신설 · 강화에 대응하는 폐지 · 완화는 규제심사 시에 동시에 비교해 교환하도록 하고 있다. 그러나 폐지 · 완화 규제를 동시에 제출하기 어려운 경우에는 향후 규제 폐지 · 완화 계획을 작성해 제출하고 1년 이내(특별한 사유가 있는 경우 2년)에 조치하게 하게 된다. 신설 · 강화 규제에 비해 폐지 · 완화 규제의 순비용이 높은 경우 규제순비용의 차이는 적립(저축 또는 부채)이 가능하도록 규제비용 적립제(banking)를 도입하고 있다.

비용분석 불가 규제의 비교 · 교환

한국의 규제비용총량제에서는 비용분석이 원천적으로 불가능하거나 규제 기준 및 규제 범위 설정이 대단히 어렵고, 관련 통계 등이 전무해 비용분석 추계(시뮬레이션)조차 불가능한 규제는 신설 · 강화 규제의 성질, 강도, 파급 효과 등을 고려해 부담이 유사한 수준의 규제를 폐지 · 완화하도록 하고 있다. 규제 부담의 유사성 분류는 「규제비용총량제 시범사업 매뉴얼」의 지침에서 정하는 기준(가이드라인)에 따라 점수를 산출해 비교하도록 하고 있다. 유사성 분류를 위한 점수 산출은 규제의 성격별 기초지수와 가중치 지수의 합을 곱해 산출한다.

최종 점수 = 규제 성격별 기초지수 × ∑가중치(최저 7점~최고 95점)

규제의 성격별 기초지수는 진입규제, 가격규제, 거래규제, 품질규제, 행정규제 등 5개로 구분하고 있으며, 가중치 지수는 규제 강도 · 파급 효과 · 개선 정도 · 규제 방식 · 일몰 선정 여부에 따라 구분하고 있다. 기초지수와 가중치 기준은 〈표 2-7〉 및 〈표 2-8〉과 같다.

〈표 2-7〉 규제 성격별 기초지수

구분	진입규제	가격규제	거래규제	품질규제	행정규제
기초지수	10	8	6	6	2

자료: 규제개혁위원회 외(2015: 29).

〈표 2-8〉 가중치 기준

<table>
<tr><th>구분</th><th colspan="5">가중치 구분</th></tr>
<tr><td rowspan="6">강도</td><td rowspan="5">구분</td><td>진입규제</td><td>원칙 금지(허가)</td><td>일부 허용(인가 · 등록)</td><td>일반허용(신고)</td></tr>
<tr><td>가격규제</td><td>전면 통제(허가)</td><td>사전통제(인가)</td><td>사후통제(신고)</td></tr>
<tr><td>거래규제</td><td>원칙 금지(허가)</td><td>거래 조건 제한</td><td>기준설정
(가이드라인)</td></tr>
<tr><td>품질규제</td><td>전면 통제(허가)</td><td>사전통제</td><td>사후통제(신고)</td></tr>
<tr><td>행정규제</td><td>-</td><td>-</td><td>정보 제공 의무</td></tr>
<tr><td colspan="2">가중치</td><td>2</td><td>1.5</td><td>1</td></tr>
<tr><td rowspan="2">파급
효과</td><td colspan="2">구분</td><td>1,000만 명 이상</td><td>100만~1,000만 명</td><td>100만 명 이하</td></tr>
<tr><td colspan="2">가중치</td><td>3</td><td>2</td><td>1</td></tr>
<tr><td rowspan="2">개정
정도</td><td colspan="2">구분</td><td>대폭</td><td>중폭</td><td>소폭</td></tr>
<tr><td colspan="2">가중치</td><td>1.5</td><td>1</td><td>0.5</td></tr>
<tr><td rowspan="2">방식</td><td colspan="2">구분</td><td>positive</td><td>혼합 · 기타</td><td>negative</td></tr>
<tr><td colspan="2">가중치</td><td>1.5</td><td>1</td><td>0.5</td></tr>
<tr><td rowspan="2">일몰</td><td colspan="2">구분</td><td>미설정</td><td>재검토형 일몰</td><td>효력상실형 일몰</td></tr>
<tr><td colspan="2">가중치</td><td>1.5</td><td>1</td><td>0.5</td></tr>
</table>

자료: 규제개혁위원회 외(2015: 29)를 참고해 재구성.

운영절차 및 주요 추진 내용

규제비용총량제의 운영은 기존의 규제영향분석(RIA) 및 규제심사제도의 절차와 연관되어 함께 운영되고 있다. 기존의 규제심사제도에서 규제비용총량제가 적용되는 규제는 규제개혁위원회의 예비심사 단계 이전에 추가적인 절차를 갖게 된다. 규제비용총량제의 비용분석을 검증하고 심사하기 위해 규제개혁위원회 산하에 '비용전문위원회'와 '규제연구센터'를 별도로 설치했다. 규제비용총량제에 따른 운영절차는 [그림 2-5]와 같다.

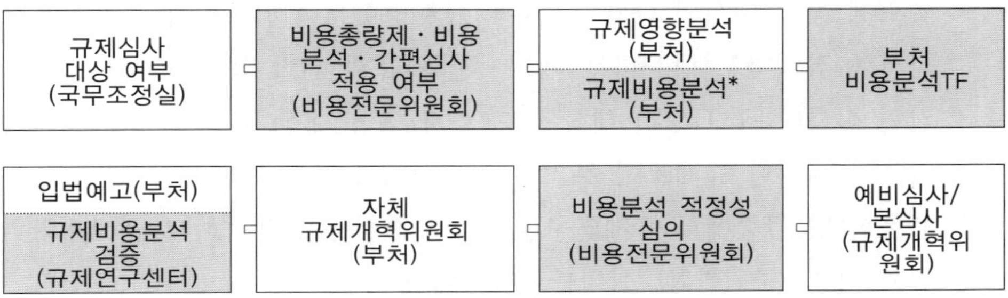

[그림 2-5] 규제비용총량제 운영절차

주: 음영 부분은 규제비용총량제에 따라 추가되는 절차

자료: 규제개혁위원회 외(2015: 11).

규제심사 대상 여부의 결정(국무조정실)

각 부처에서 규제 법령안을 입안하면, 국무조정실(규제조정실)에서 신설, 강화하고자 하는 법령안이 규제인지 여부를 판단하고 규제심사 대상 여부를 결정한다. 규제조정실에서 진행되는 규제 판단 및 심사 대상의 여부 결정은 기존의 규제영향분석(RIA)제도에서 이뤄지고 있는 절차이다.

규제비용총량제 대상 여부의 결정(비용전문위원회)

부처에서 입안한 법령이 행정규제로서 판단되어 규제심사 대상에 해당되는 것으로 분류되면, 시범 실시 중인 부처는 규제안에 대해 규제총량제 적용 대상 여부, 비용분석 가능 여부 및 간편 심사 적용 대상 여부를 소명하는 총량제 적용 여부 검토서를 작성해 국무조정실에 제출한다. 제출된 총량제 적용 여부 검토서는 '비용전문위원회'에서 규제비용총량제 대상 여부, 비용분석 가능 여부, 간편 심사 적용 대상 여부 등 세 가지에 해당되는지 여부를 심의하고 심의 결과를 부처에 통보하게 된다. 해당 규제안의 향후 처리절차는 세 가지 유형에 심사 결과에 따라 달라진다. 심사 결과에 따른 주요한 내용은 다음과 같다.

- 총량제 적용 대상인 규제: 기존의 규제영향분석서와 함께 규제비용분석서를 작성하고 상응하는 폐지·완화 규제 선발 등의 조치 대상
- 간편 심사(Fast-Track) 대상[39]: 총량제 적용 대상 중에서 규제의 직접비용이 경미한 규제로서 부처의 규제심사를 줄여주기 위해 규제의 비용분석 및 검증에서 규제연구센터의 사전검증을 생략하고 규제개혁위원회(비용전문위원회) 심의를 받는 대상
- 비용분석 불가규제: 총량제 적용 대상이나 비용분석이 불가능한 규제로 규제 순비용을 계량적으로 산출하지 않고 규제 부담 간 '유사한 수준'으로 분석하는 규제
- 총량제 대상이 아닌 규제: 현행과 같이 규제영향분석만 실시

규제비용분석 및 자체 검증(부처 및 부처 비용전문 TF)

비용전문위원회에서 총량제 적용 대상으로 판단된 규제는 비용·편익분석을 하거나, 비용 산출 불가 규제의 경우 규제 부담의 유사성 분류를 하게 된다. 해당 부처는 신설·강화 규제뿐만 아니라 이에 대응해 폐지·완화하는 규제에 대해서도 비용·편익분석을 실시하고 규제비용분석서 양식에 따라 결과를 작성해야 한다. 분석된 비용분석은 부처에서 자체적으로 외부 전문가 등으로 구성된 '부처 비용분석 TF'에서 자체 검증해 국무조정실에 분석서를 제출하게 된다.

---

39) 간편 심사 대상은 규제의 직접비용이 낮은 규제로 i) 매년 기업에 초래하는 직접 비용이 대략 10억 미만, ii) 자격 기준·요건 등 관련 규제로서 직접비용이 크지 않은 규제, iii) 법령 제정 등으로 새로운 규제가 도입되었으나, 이전에도 이미 준수하던 사항으로 피규제자에게 추가되는 규제 부담이 거의 없는 경우 등이다(규제개혁위원회 외, 2015: 26).

비용분석의 사전검증(규제연구센터)

규제조정실은 각 부처에서 제출한 규제영향분석서 및 규제비용분석서를 취합, 이를 '규제연구센터'[40]에 사전 검증을 의뢰한다. 규제연구센터는 제출된 규제비용분석서에 대해 비용·편익분석 등이 제대로 수행되었는지 등을 검증하고 그 결과를 규제조정실에 제출한다. 제출된 검증보고서는 국무조정실을 거쳐 소관 부처로 전달된다. 부처는 규제연구센터의 검토 결과가 '보완 또는 부동의'인 경우, 지적 사항을 반영해 규제비용을 재분석해야 한다. 다만 '비용전문위원회'에서 '간편 심사 대상'으로 심의된 규제는 규제연구센터의 검증 절차가 생략된다.

비용분석 검증의 적정성 심의(비용전문위원회)

규제연구센터의 검증 과정이 완료된 규제비용분석서(필요한 경우 부처의 보완을 거친)는 규제개혁위원회 산하 '비용전문위원회'에 제출되며, 이 위원회는 비용분석·검증의 적정성을 심의하고 규제비용 교환에 따른 비용적립분(banking)에 대해 최종 판단을 내린다. 직접비용보다 직접편익이 크거나 같은 경우에는 순비용이 발생하지 않으므로 규제 퇴출이 요구되지 않는다.

규제심사(규제개혁위원회)

비용분석 및 검증의 적정성 심사를 받은 규제는 최종적으로 규제개혁위원회의 심사를 받게 된다. 이때 비용분석·검증의 적정성, 규제비용 총량관리 및 이행계획이 적절하게 마련되었는지 등에 대해 종합적으로 검토하게 된다.

---

40) 현재 규제연구센터는 한국개발연구원과 한국행정연구원 두 곳에 설치되어 있다. 한국개발연구원은 경제 부문 규제를, 행정연구원의 규제연구센터는 사회·행정 부문 규제에 대한 비용분석서 검증 업무를 수행한다. 규제연구센터는 규제비용 검증 이외에 필요 시 규제영향분석서 작성 지원 및 교육, 규제제도 연구 업무를 수행한다(규제개혁위원회 외, 2015: 35).

규제비용의 정산 및 공개(국무조정실)

국무조정실(규제조정실)은 규제 등록 시를 기점으로 신설·강화 규제와 폐지·완화 규제의 교환에 따른 비용적립분(banking)을 정산하거나 관리하게 되며, 규제정보포털 등을 통해 각 부처의 규제비용총량제의 운영 실적을 공개하도록 하고 있다.

규제영향분석과 규제비용총량제

한국의 규제비용총량제(One-In, One-Out)는 규제영향분석(RIA)과 함께 추진된다. RIA는 앞에서(제2장, 규제영향분석제도) 살펴본 바와 같이 「행정규제기본법」에서 "규제를 받는 집단과 국민이 부담하여야 할 비용과 편익을 비교 분석"하도록 규정(제7조)하고 있다. 이에 반해 규제개혁위원회 지침에 의해 추진되고 있는 규제비용총량제는 "피규제자의 직접비용과 편익"에 한정하고 있어 양 제도에 차이가 있다.

RIA는 '규제를 받는 집단과 국민'이 부담해야 비용과 편익이라는 점에서, 국가 전체의 경제·사회적 영향, 즉 피규제자의 직·간접의 영향을 모두 분석해 규제의 타당성을 판단해야 한다. 이에 비해 규제비용총량제는 피규제자의 '직접비용·직접편익'에 한정해 규제의 신설을 통제하게 된다. 이때 피규제자의 1차적인 직접 부담과 국민 전체의 직·간접 부담 모두를 포함하는 두 개의 다른 분석 결과는 해당 규제의 타당성을 판단하는 데 영향을 달리 주게 되는 문제가 발생할 수 있게 된다. 특히 기업이 피규제자인 규제에서는 양 제도의 분석에서 차이가 크게 된다.

두 제도에서의 비용·편익분석의 비교

국무조정실(규제개혁위원회)은 규제비용총량제의 비용·편익분석은 규제영향분석의 일부분으로, 기존의 규제영향분석을 대체하는 것이 아니라 규제영향분석을 보완·개편하는 것으로 설명하고 있다(규제개혁위원회 외, 2015: 5). 또한 규제영향분석 제도에서의 비용·편익 분석과 규제비용총량제에서의 비용·편익분석의 차이를 단순히 직접·간접경비의 포함 여부로 구분하고, [그림 2-6]과 같이 두 제도에서의 비용분석의 차이를 설명하고 있다. 또한 두 제도의 차이를 RIA를 기본으로 하는 「행정규제기본법」에서 국민 전체의 입장에서 분석해야 하나, 직·간접 비용 모두를 파악하기에 어려움이 있어 피규제자(기업)에 미치는 직접 규제 부담만을 별도로 구분해 규제총량관리를 한다는 것이다.[41]

	직접비용	간접비용	직접편익	간접편익
피규제자	①	②	⑤	⑥
피규제자 이외의 경제 주체 (일반 국민, 정부+)	③	④	⑦	⑧

▪ 기존의 규제영향분석

- 경제 전체의 직·간접비용 - 직·간접편익(현재가치) = 총 순비용(현재가치)
  (① + ② + ③+④) - (⑤ + ⑥ + ⑦ + ⑧)

▪ 규제비용분석

- 피규제자의 직접비용(현재가치)-직접편익(현재가치) = 규제순비용(현재가치)
  (① - ⑤)

[그림 2-6] 규제영향분석과 규제비용총량제 분석

자료: 규제개혁위원회 외(2015: 6).

41) 규제개혁위원회는 규제비용총량제의 도입과 관련해 기존의 규제영향분석제도는 규제가 국민경제 전체에 미치는 영향을 종합적으로 평가해 규제의 타당성을 판단할 수 있으나, 방법론적으로 복잡하고 규제품질 개선 유인은 부족해 규제비용총량의 관리 범위를 피규제 대상의 직접비용과 직접편익으로 한정해 피규제자의 규제 부담을 실질적으로 감축하기 위해 도입한다고 되어 있다(규제개혁위원회 외, 2015: 6).

두 제도의 차이는 [그림 2-6]처럼 직・간접비용과 편익 모두가 산출이 가능하고 그에 따른 순비용이 산출된 상황에서는 전체에서 직접과 간접을 분리해 양 제도에서의 차이를 설명하는 것도 가능할 수 있다.

그러나 실제 분석에서는 신설 규제의 시행으로 예상되는 비용・편익의 항목을 하나씩 찾아가면서 분석 가능한 항목의 비용과 편익의 총합으로 산출하는 방법으로 접근하게 된다. 이때 양 제도에서의 분석은 전체에서 전부와 부분이라는 차이로 구분하기 어렵게 되며, 어떠한 분석 방법으로 접근하느냐, 어떤 항목을 포함하고 제외하느냐, 해당 항목의 비용과 편익은 무엇으로 보느냐의 차이로 나타나게 된다.

결국 RIA는 국가 전체(사회적)의 입장에서 비용・편익 항목을 찾고 산출하게 되므로 사회 전체의 입장에서 비용・편익을 분석하는 '경제분석(economic analysis)'을 사용하게 된다. 반면 기업이 피규제자인 규제에서의 규제비용총량제 분석은 기업의 직접비용과 편익분석에 적합한 '재무분석(financial anaiysis)'에서 적용하는 비용・편익 항목을 찾아 산출하게 되어 종국적으로 기업 재무분석의 합에 가깝게 접근하게 된다.

이때 기업이 피규제자인 규제의 경우, 두 제도는 기업의 지급 이자, 세금, 정부보조금 등 이전비용과 이전편익의 포함 여부에서 기본적인 차이가 발생하게 된다. 예를 들어 규제로 인해 기업이 납부하는 세금은 기업 입장에서는 직접비용이 되어 비용총량제에서는 포함되나 RIA에서는 이전비용에 불과하므로 제외된다. 반대로 정부보조금은 기업의 입장에서는 직접편익이 되나 국가 전체에서 보면 이전된 데 불과하게 된다. 또한 동일하게 포함되는 항목이라도 임금, 토지 매입비, 투입 재료비 등의 경우에도 기업의 입장에서는 시장가격으로 분석하게 되나, 국가 전체의 입장에서는 기회비용(opportunity cost) 또는 잠재가격(shadow price)으로 분석하게 된다(김동건, 1997: 62-64). 이러한 분석 항목과 비용 산정 기준의 차이는 일정한 기업이 피규제자로 한정되는 규제의 경우 특히 많은 차이를 가져오게 되고, 결과적

〈표 2-9〉 경제분석(사회적 입장)과 재무분석(기업 입장)의 주요 차이

	경제분석(사회체 입장)	재무분석(기업 입장)
임금	잠재임금	시장임금
세금	비용에서 제외	비용에 포함
정부보조금	수입(편익)에서 제외	수입(편익)에 포함
토지매입비	토지의 기회비용	실제 지대(토지 구입 비용)
지불이자	비용에서 제외	비용에 포함
상품가격	잠재가격[42]	시장가격

자료: 김동건(1997: 63) 재정리.

으로 규제 신설 과정에서 상반된 결과를 가져올 가능성도 있게 된다. 국가 전체(사회적) 입장에서 분석하는 경제분석과 기업 입장에 사용되는 재무분석의 주요한 차이를 정리하면 〈표 2-9〉와 같다.

규제 심사에 미치는 영향의 비교

RIA의 사회적 입장에서 분석하는 경제분석과 기업의 직접 부담을 분석하는 재무분석적 성격의 비용총량제에서의 분석은 위 〈표 2-9〉에서처럼 세금, 지불 이자, 정부보조금, 토지의 가격 적용 기준 등에서 차이를 갖게 된다. 만약 세금과 정부보조금이 상당한 부담을 차지하는 규제라면 규제 신설 과정에서 왜곡이 우려될 수 있다. 두 개의 제도에서 각각 비용과 편익을 분석한 경우 규제 신설에 어떠한 영향을 미치게 될 것인가의 문제이다. 예를 들어 살펴보자.

42) 사회적 가치평가를 위해 시장가격이 왜곡되어 있는 경우(독점, 불완전 경쟁 상태 등)나 시장가격이 존재하지 않은 경우에 사회적 가치를 반영한 가격이 잠재(潛在)가격이다. 잠재가격을 동원함으로써 직접적으로 측정하기 어려운 외부효과라든가 간접효과 등을 어느 정도 가치평가에 반영할 수 있다는 이점이 있다(김동건, 1997: 75).

[사례 6] 규제비용총량제와 규제영향분석제도의 분석 차이

정부의 예산으로 공장 산업폐수의 공동처리시설을 설치하고 유지하면서 입주 공장에 기본적인 처리비용만을 징수하는 방식에서 공동처리시설의 설치, 유지 및 처리 비용 전체를 기업 부담으로 의무화하는 규제로 전환하는 경우

☞ 기업의 입장(규제비용총량제): 국민의 세금으로 일부 부담해온 오폐수 처리비용이 기업 부담으로 이전되어 기업의 직접비용의 증가를 가져오는 규제 강화가 된다.

☞ 국가 전체·사회적 입장(규제영향분석제도): 국민의 세금으로 처리하던 비용이 기업의 부담으로 이전에 불과해 사회 전체의 비용 증감은 없게 되어 규제 강화가 아니며, 오히려 수익자 부담 원칙에 적합한 규제 개선이 된다.

위 [사례 6]에서 새로운 규제안은 규제비용총량제도에서는 기업의 직접비용의 증가에 따른 순비용의 발생으로 부처의 입장에서는 순비용에 상응하는 기존 규제의 폐지에 대한 어려움으로 규제 개선을 포기하거나 꺼려하게 되고, 규제심사 과정에서 승인될 가능성도 낮아진다. 반면 RIA의 관점에서 보면 규제비용의 증가도 없으며, 오히려 수익자 부담의 원칙에 적합한 것으로 평가되어 규제심사의 대상에서 제외되거나 심사 시에 승인될 가능성이 높아진다.

반대의 경우도 마찬가지이다. 예를 들어 기업에 강제 할당된 장애인 고용의무, 기업이 전적으로 부담하는 오폐수 처리 등의 규제에 정부가 국민의 세금으로 고용보조금를 지원하거나 처리비용을 지원하는 경우, 기업의 입장에서는 직접편익의 증가 또는 직접비용의 감소를 가져오게 되는 반면 국가 전체의 입장에서 보면 그 반대이거나 변화가 없게 된다. 이 경우 규제비용총량제 하에서의 부처는 대체 순비용 감축 부담이 없거나 오히려 비용적립이 가능하게 되어 기업에 정부보조금을 주는 규제를 더 선호하게 되며

규제심사 과정에서 통과될 가능성도 높아지게 된다. 그러나 규제영향분석 제도 하에서는 수익자 부담의 원칙에 반하게 되어 규제심사 과정에서 통과될 가능성이 낮아지게 된다.

현재 한국의 규제비용총량제(One-In, One-Out)는 RIA제도를 유지하면서 동시에 사용하고 있다. 특히 양 제도의 분석에서 이전비용, 이전편익의 포함 여부에서 기본적인 차이가 있게 되어 기업이 직접 부담하는 규제의 경우에는 위의 사례와 같이 규제 제안이나 규제심사 과정에서 두 제도는 반대의 입장이 될 수도 있다. 현재 시범 실시 중인 규제비용총량제의 전면 시행에 앞서 양 제도에서의 분석 방법과 심사 기준에서 양 제도의 분석 결과가 상반될 경우 어떻게 대응할 것인지 좀 더 세심한 기준이 필요할 수 있다.

규제일몰제

일몰제(日沒制) 또는 일몰법(sunset legislation)은 정부정책, 기관의 설립 등에 존속 기한을 미리 정해 두고, 존속 기한이 도래하기 전에 재검토해서 존속할 사유가 없으면 존속 기한 만료로 자동적으로 폐지하게 하는 제도이다. 일몰제는 특정한 정부사업이나 공공기관에 부여한 권한을 일정 기간만 부여하고 부여된 기간이 끝나면 그 권한을 폐지해 행정의 능률성과 효과성을 향상시킬 목적으로 도입된 제도로 미국, 독일, 호주, 일본, 영국 프랑스 등 많은 정부에서 조직, 예산, 사업 등 다양한 정책 분야에 활용되고 있다(국가경쟁력강화위원회, 2012: 93). 규제일몰제는 규제에 일정한 기한과 조건을 설정하고 기한이 도래하기 전에 일몰심사(sun-set review)를 통해 규제의 감축 또는 규제의 품질을 제고하는 강력한 규제개혁의 기법이다.

규제일몰제는 일몰 기한의 설정에도 불구하고 규제의 효력에는 영향이 없으며, 일몰 기한이 도래하면 설정된 조건(폐지 또는 재검토)의 효력이 발생하는 반면, '한시적 규제유예(TRR)'는 설정한 조건(완화 또는 집행 중단)이 먼저 효력을 발생하고 일정한 유예 기한이 완료하면 조건이 종료하게 된다. 두 개의 규제개혁 기법은 일정한 시간적인 기한을 설정한다는 점에서 유사하나 규제개혁의 효과는 반대로 나타나게 된다. 이런 점에서 '한시적 규제유예'와 '규제일몰제'는 상호 반대되는 규제개혁의 기법이다.

효력상실형과 재검토형 일몰제

일몰제 규제개혁의 방식에는 '효력상실형 일몰제'와 '재검토형 일몰제'의 두 가지가 있다. '효력상실형 일몰제'는 설정된 일몰 기한(존속 기한)이 도래하면 해당 규제는 특별한 존속 연장의 사유가 인정되지 않으면 원칙적으로 자동 폐지된다. 반면에 '재검토형 일몰제'는 일몰 기한 도래에도 규제 자체의 효력에는 영향을 미치지 않는다. 다만 일몰 기한 도래 전에 재검토하는 일몰심사를 받아야 한다. 재검토형 일몰이 설정된 규제는 일몰심사의 결과에 따라 폐지, 완화, 일몰 기한의 연장, 일몰 기한의 삭제 등으로 다르게 된다. 효력상실형의 경우에도 존속 기한 만료 전에 존속 기한을 연장하거나 존속 기한 자체를 폐지하는 것은 가능하다. 그러나 재검토형과 달리 별도의 입법으로만 가능하다.

효력상실형과 재검토형은 기본적으로 사용하는 쓰임새가 다르다. 효력상실형은 규제 감축을 주된 목적으로 일정한 기간에 한정하는 정책 목적을 달성하기 위한 방법으로 사용하게 된다. 존속 기한(일몰 기한)을 미리 명확히 해서 피규제자로 하여금 일정한 기간에 한정된다는 점을 명확하게 인식하게 한다. 반면 재검토형은 규제의 품질 개선을 주된 목적으로 한다. 규제환경의 변화가 빠른 오늘날 일정한 기간마다 규제환경 변화에 맞춰 규제를 재검토하도록 강제함으로써 규제 품질을 개선하게 한다.

'효력상실형'과 '재검토형'은 각기 장・단점을 가지고 있다. 먼저 규제 감축 효과에서, 효력상실형은 일몰 기한의 도래로 원칙적으로 자동 폐지되는 방식으로 재검토형보다 강력한 규제 감축을 가져오게 된다. 그러나 효력상실형도 일단 일몰 기한을 설정한 해당 규제에 한해 폐지 효과는 강력하나, 지나치게 이상적이고 강력해서 오히려 많은 규제에 광범위하게 적용하기 어려운 활용상의 한계가 있게 된다. 규제는 모든 국민에게 일반적이고 통일되게 적용하는 법령이다. 따라서 특정한 사업, 예산과 달리 일반성이 강한 법령에 규제 감축을 목적으로 효력상실형을 광범위하게 적용하기에 어려움이 있기 때문이다.

규제의 법적 안정성과 피규제자의 순응도 측면에서는 재검토형이 효력상실형에 비해 더 바람직한 제도가 된다. 효력상실형은 존속 기한이 만료되면 원칙적으로 폐지가 예측되는 규제이다. 따라서 피규제자의 입장에서는 폐지가 예상되는 규제에 대해서는 존속 기한 동안 가급적 회피하거나 일탈을 시도하게 되어 규제순응도가 낮게 된다. 또한 규제의 집행기관에서도 폐지가 예정된 규제의 강력한 집행을 기피할 가능성이 있다. 반면 재검토형은 일몰 기한이 도래해도 규제의 효력 자체에는 영향이 없어 효력상실형에 비해 피규제자의 규제 저항이나 일탈이 상대적으로 적게 된다.

규제의 품질 개선(better regulation) 측면에서는 두 방식 모두 유사한 효과가 있다. 이는 두 제도 모두 일몰심사 과정에서 일몰 기간 동안 규제의 집행 성과와 그간의 규제환경 변화를 반영할 수 있게 되어 규제의 품질 개선을 할 수 있기 때문이다. 그러나 규제의 폐지를 예상한 효혁상실형의 경우 일몰 기간 동안 규제 집행 성과는 피규제자의 규제 회피, 집행기관의 집행 기피 등으로 왜곡될 가능성이 있다. 따라서 효력상실형의 일몰심사는 왜곡된 성과를 바탕으로 검토될 가능성이 있게 된다. 효력상실형과 재검토형의 내용과 장·단점을 비교해 나타내면 〈표 2-10〉과 같다.

〈표 2-10〉 효력상실형 일몰제와 재검토형 일몰제 비교표

구분	효력상실형 일몰제	재검토형 일몰제
내용	일몰 기한(존속 기한) 도래 시 원칙적 효력 상실	일몰 기한 도래에도 원칙적 효력 유지, 다만 일몰심사를 통해 폐지, 완화 등 재설계
	기한 연장을 위해 별도의 입법 조치 필요	재검토 결과 현행대로 유지할 경우 별도의 입법 조치 원칙적 불필요(법령으로 재검토 기한을 규정한 경우 기한 연장 등 입법 조치 필요)
적용	규제의 감축 목적 일정한 기간에 한정하는 정책 목적 규제에 적용	규제의 품질 개선이 목적 기술 발달, 규제환경 변화에 민감한 규제에 적용
장단점	강력한 규제개혁이 가능하나, 법적 안정성과 규제 준수율이 낮고 규제 저항이 높아질 가능성	법적 안정성과 규제 준수율이 상대적으로 높고 규제 저항이 낮음. 기술의 발달, 규제환경의 반영에 유리 규제개혁은 재검토 당시의 규제개혁 주체의 의지에 의존하게 됨.
도입 예	미국(일리노이 주, 뉴햄프셔 주), 영국	미국(텍사스 주, 버지니아 주), 일본

자료: 국가경쟁력강화위원회(2012: 93-94); 국무총리실(2011: 236)을 참고해 정리.

한국의 규제일몰제 규제개혁

우리나라에서의 일몰제 규제개혁은 1997년 8월 22일 제정된 「행정규제기본법」에서 최초로 도입했다. 최초 기본법에서 도입된 일몰제는 '효력상실형'에 한정했고, 그 적용 대상도 규제의 신설 및 강화의 경우에 한정했다.[43] 그러나 2013년에 기본법을 개정해 '재검토형 일몰제'의 근거를 추가로 마련했고, 규제일몰제의 적용 대상도 신설·강화 규제에서 기존 규제까지 확대했다.[44] 사실 일몰제의 규제개혁은 기본법의 근거 마련과는 관계없이 적용이 가능한 규제개혁 기법이다. 기본법에서는 일몰제의 존속 기한 또는 재검토

43) "규제를 신설 또는 강화하고자 할 때에 계속하여 존속시켜야 할 명백한 사유가 없는 규제에 대하여는 존속 기한을 설정하여 당해 법령 등에 명시하여야 한다"(행정규제기본법, 법률 제5368호, 제8조)고 규정했다.

44) 2013년 개정된 행정규제기본법(법률 제11935호, 2013.7.16. 개정) 제8조 및 신설된 19조의2 참조.

기한은 5년 이내로 설정하도록 하고, 설정된 규제의 존속 기한의 재설정이나 재검토 기한의 연장이 필요한 경우에는 기한 도래 6개월 전에 규제개혁위원회의 심사를 받도록 하고 있다.

1998년 3월 1일 「행정규제기본법」이 시행된 이후 규제일몰제의 규제개혁은 규제의 신설·강화 심사 과정에 일부 적용되었고, 기존 규제 개혁에는 활용되지 못했다. 이는 기본법에서 규정하고 있었던 '효력상실형 일몰제'가 지나치게 강력하고 법적 안정성 등의 문제로 오히려 많은 규제에 쉽게 적용하기에 어려움이 있었기 때문이다. 기본법이 시행된 1998년부터 2008년까지 11년간 규제개혁위원회의 규제심사를 통해서 규제심사 건수 대비 0.96%, 총 101건의 규제에 일몰을 설정하는 데 그쳤다(국가경쟁력강화위원회, 2012: 94-95).

기존 규제에 대한 규제일몰제 추진은 이명박 행정부에서 이뤄졌다. 2009년 1월 29일 국가경쟁력강화위원회에서 '규제일몰제 확대 도입 방안'을 확정하면서 '재검토 일몰제'를 도입했고, 이어 국가경쟁력강화위원회와 국무총리실에서 2009년과 2010년 2년에 걸쳐 등록규제 모두를 대상으로 일몰제 적용 여부를 검토하는 규제개혁을 추진했다. 이명박 행정부는 재검토형 일몰제를 도입해 등록규제 대비 24.4%인 총 1,773건의 규제에 일몰제를 설정했다.[45] 또한 법제처에서 2009년 5월 24일 「훈령·예규 등의 발령 및 관리에 관한 규정」을 제정·시행해, 등록규제가 아닌 중앙행정기관의 훈령·예규에 대해서도 규제일몰제를 적용하도록 했고, 이에 따라 각 부처에서 훈령·예규의 규제 3,400건의 일몰제 규제개혁을 추진했다.

이명박 행정부에서 추진된 2009년과 2010년의 규제일몰제 규제개혁의 대부분은 '재검토형 일몰제'였다. 당시 이명박 행정부에서 추진된 '재검토형

---

45) 이명박 행정부에서 이뤄진 등록규제 대비 일몰제 규제개혁의 건수와 관련해 정부 자료마다 다소 차이가 있다. 국가경쟁력강화위원회(2012: 97)에서는 등록규제 7,256건의 24.4% 1,773건으로 하고 있다. 이에 반해 국무총리실 자료(국무총리실, 2011: 238)에서는 23.3%인 1,602건이라고 하고 있다. 이 책에서는 국가경쟁력강화위원회의 기록인 1,773건을 사용했다.

일몰제'는 법적 근거가 없이 이뤄진 것으로 일몰 기한의 설정과 관련해 개별 법령을 개정하지 않는 방법으로 이뤄졌다. 법적 근거가 없는 재검토 일몰 기한을 해당 규제의 법령에 직접 규정하기에 다소 어려움이 있었으며, 아울러 재검토 일몰 자체로는 규제 자체의 효력에 미치는 영향은 없어 기일이 소요되는 법령 개정까지 할 필요가 없다는 이유로 관련 법령을 개정하지 않고 일몰 대상으로 선정된 규제를 국무회의에서 확정하고, 그 목록과 내용을 관보에 게재해 국민에게 공포하고 규제정보화시스템에 등록해 관리하는 방법으로 이뤄졌다.

이명박 행정부에서의 일몰제 규제개혁은 대부분이 재검토형으로 규제 감축의 효과가 높은 '효력상실형'과는 다소 거리가 있다. 그러나 이명박 행정부에서의 일몰제는 한국 규제개혁 역사에서 상당한 의미를 가진다. 먼저 일몰제 규제개혁을 전반적이고 본격적으로 추진한 최초의 노력이었다는 점이다. 그간 신설 규제에 드물게 적용했던 규제일몰제를 비록 재검토형이기는 하나 모든 기존 규제를 대상으로 광범위하게 적용 여부를 검토하고 추진함으로써 일몰제를 본격적으로 규제개혁에 활용하는 계기로 만들었다.

또한 제도적인 측면에서 '재검토형 일몰제'를 처음으로 개념화했고 이를 규제개혁의 기법으로 정립했다는 점이다. 2013년 박근혜 행정부에서 「행정규기본법」을 개정해 '재검토형 일몰제'를 법률상의 규제개혁 수단으로 규정했다.

성과기준 설정 규제개혁

성과기준 규제(performance based regulation)란 피규제자가 궁극적으로 달성해야 하는 성과기준(performance standard) 또는 목표를 제시하고 이를 달성하도록 강요하는 규제 방식이다. 설정된 성과를 달성하지 못할 경우에는 부담금, 행정처벌 등의 불이익을 받게 되며, 일정한 목표 이상을 달성하면 인센티브 지급으로 피규제자가 목표를 초과 달성하도록 유도할 수 있게 된다.

전통적인 명령지시적 규제는 정책 목표를 달성하기 위해 권리 제한과 의무를 부과하는 강제적인 수단으로 규제하는 데 반해 성과기준 설정 방식(performance standard setting)은 바람직한 결과나 목표 자체를 규제로 설정하게 된다(김태윤 외, 1999: 25). 즉, 성과기준 규제는 최종적으로 달성해야 하는 목표만 제시하고 목표 달성을 위한 과정은 피규제자의 자율규제를 통해 추진해 주어진 목표 수준을 어떻든 달성하면 된다. 이런 점에서 성과기준 규제는 기업의 투입과 활동 과정에 의무를 주거나 권리를 제한하기보다 달성하고자 하는 정책 목표에 더 중점을 두는 전략적 규제개혁에 적합한 규제개혁 기법이 된다. 또한 성과기준 설정은 기업의 창조적 활동으로 문제를 해결하자는 것으로 규제개혁의 주된 흐름에 부합하는 바람직한 규제개혁의 기법이 된다.

결국 성과기준 방식은 정책 목표 달성을 위해 기업에 각종 통제, 의무 부과 등의 수단으로 규제하기보다 결과 지향적인 성과를 제시하고 확인하는 방식으로, 정부는 최종적인 성과의 준수 여부만을 확인 · 감시하고, 그러한 성과를 달성하기까지 적용하는 기술 · 절차 등은 피규제자의 자율에 맡기고 규제하지 않거나 면제하게 된다.

성과기준 방식의 유용성

전통적 명령지시적 규제에서 성과기준 규제로 전환함에 따른 장점은 다양하다.

첫째, 새로운 기술의 발달과 적용을 가져오게 된다. 성과기준 규제에서의 기업은 기존의 방법에서 벗어나 적은 비용으로 좀 더 효과적으로 기준 달성이 가능한 새로운 기술 개발에 노력하게 되고, 이러한 시도는 관련된 산업의 발전을 가져오게 한다.

둘째, 기업은 특정 시설의 설치 및 지정된 운영 방법의 준수, 점검 및 조사, 각종 신고 의무 등 투입과 과정규제에서 벗어나게 되어 규제 준수 비용 절감이 가능해지고, 특히 각종 신고 지연, 기록 누락 등 경미한 과정상의 하자로 인한 처벌로부터 자유롭게 되어 자율적이고 창의적인 활동이 가능해진다.

셋째, 정부의 입장에서도 과정상의 각종 점검, 조사를 생략하고 최종 성과 기준의 도달 여부만을 확인하고, 그 결과에 따른 조치에 한정하게 되어 행정집행 비용을 절감할 수 있게 된다.

성과기준 규제개혁의 적용 조건

성과기준 방식의 규제개혁은 그 장점에도 불구하고 광범위한 적용에는 몇 가지의 한계가 있다. 성과기준 방식의 규제개혁 기법은 크게 세 개의 조건에 적합한 분야의 규제개혁에 사용되는 것이 바람직하다.

첫째, 성과기준 방식은 각종 배출 허용 기준, 재활용률, 고용률 등 가급적 계량적인 성과기준을 제시하고 확인이 가능한 규제에 사용되어야 한다. 성과의 기준과 목표가 모호한 경우 정부의 확인 및 감시가 원천적으로 불가능해지고, 성과에 대한 확인이 어려우면 전통적인 명령지시적 규제보다 상대적으로 더 높은 사회적 비용을 초래하면서도 낮은 성취도에 머무르게 될 가능성도 있게 된다. 또한 성과기준도 하나의 행정규제이므로 행정규제라면 갖춰야 하는 객관성, 투명성, 공정성 등 행정규제의 원칙에 적합해야 한다. 따라서 모호한 기준은 행정규제의 원칙에도 반하게 된다.

둘째, 성과기준 방식은 민간 분야의 창의적인 활동이 가능하고 기술 발달이나 새로운 기술 적용이 가능한 분야에 적합한 규제개혁이다. 성과기준 방식은 기본적으로 민간의 미래 지향적인 창조적 문제 해결 능력을 통해 정책 목표를 달성하려는 제도이다. 즉, 민간 혁신자들에게 설정된 목표를 달성하는 데 좀 더 저비용의 효과적인 방법을 창조하도록 유도하기 위한 제도인 것이다. 따라서 규제자가 제시한 목표 수준을 달성하려 할 때 창조적인 기술이 현실적으로 적용될 가능성이 없는 규제에 적용하면 비현실적인 규제로 전락하게 될 가능성이 높아진다.

셋째, 성과기준 규제는 새로운 방식의 창조에 과다한 투자비용이 소요되는 규제에 적용하기 어렵다. 성과 목표를 좀 더 효율적으로 달성하기 위한 새로운 기법의 적용에 과다한 자원 투입이 필요한 규제의 경우에는 투입하는 자원을 많이 확보하고 있는 대기업과 그렇지 못한 중소기업 간에는 상대적인 형평성 문제가 대두될 가능성이 있다. 이 경우 기존의 명령지시적 규제에서 성과기준으로 전환하면 새로운 기법과 기술의 적용이 가능한 대기업에 상대적인 이익이 더 발생할 가능성이 높아지기 때문이다.[46)]

넷째, 돌이키기 어려운 피해를 야기할 규제에 적용은 자제되어야 한다. 성과기준 규제는 피규제자에 대한 목표 달성 과정은 자율규제에 의존하는 제도이다. 이때 악의의 피규제자가 존재할 경우 피해를 야기할 수 있다는 문제가 있다. 특히 소비자의 목숨과 안전과 관련된 규제는 한번 훼손하면 회복이 불가능해진다.

성과기준 규제개혁의 확장성

성과기준 방식의 규제개혁은 객관적인 성과기준을 설정하고 그 성과를 확인할 수 있는 기술이나 기법의 개발에 맞춰 그 적용 범위도 확대 가능하게 된다. 그간 불가능하거나 어렵다고 생각되는 환경 분야마저도 배출구의 성과를 실시간으로 확인이 가능한 굴뚝자동감시 체제(TMS), 수질자동측정장치 등의 기술 개발에 따라 성과기준 방식으로 전환을 검토할 수 있게 되고 있다. 또한 기술적인 발달과 함께 기업(피규제자)의 사회적 책임성, 자율적 규제 준수 의식이 좋아지면서 규제 일탈, 불법의 여지도 그만큼 줄어들고 있어 성과기준 방식의 적용 가능성도 그만큼 높아지게 된다. 이러한 성과기준 방식은 에너지 사용, 연료 사용 규제, 각종 안전 기준 등으로 점차

46) 일례로 기업에 대한 환경규제를 성과 기준으로 전환하는 경우, 이미 그러한 성과를 달성할 수 있는 수준에 도달해 있는 기업에 비해서, 주어진 성과 기준을 달성하기 위해 추가적인 투자를 해야만 하는 기업은 경쟁에서 불리한 입장에 처하게 된다. 이러한 측면에서 일반적으로 성과기준 규제는 대기업에 유리하게 작용할 수 있다. 그러나 만약 이러한 형평성의 문제가 심각한 정도라면, 혁신 수단이나 비용 효과적인 수단을 추구할 자원을 갖지 못한 중소기업에게 안전 조항 등을 적용하는 방법으로 당분간의 부담을 유보시켜 줄 수 있는 방법이 있다(김태윤 외, 1999: 28).

확대될 수 있으며, 성과기준의 확대에 따라 민간의 성과 제고를 위한 안전 기술, 환경오염 저감 기술도 발전하게 된다.

특히 성과기준 방식의 규제개혁은 앞으로 환경규제에 적용할 여지가 점차 증가하고 있다. 사업장에서의 대기 분야의 규제를 살펴보자. 〈표 2-11〉에서처럼 사업장(공장 등)의 대기 환경규제는 입지에서부터 배출시설의 설치, 오염방지시설의 설치 및 방법, 방지시설의 운영 방법, 연료 사용, 배출 허용 기준, 이에 따른 부과금 등 입지에서 과정과 배출에 이르기까지 일련의 과정을 명령지시적 규제로 촘촘하게 규제하고 있다. 소각시설의 경우 소각로의 온도, 연료 투입 및 소각 후 남은 재의 수분 함량 등에 이르기까지 규제하고 있으며, 이 모든 운영 과정의 규제를 준수하지 않을 경우 행정형벌 또는 과태료를 부과하고 있다. 즉, 투입에서 최종 배출까지 모든 절차와 시설의 설치 및 운영에 대해 규제하고 처벌하는 방식이다.

성과기준 설정에 의한 규제개혁은 최종적인 성과기준(배출 허용 기준)을 준수하도록 엄격히 감시하고 확인하게 된다. 성과를 달성하지 못한 경우 엄중한 처벌과 부담금을 부과하고, 대신 최종적인 성과를 배출하는 과정상의 각종 규제, 즉 연료의 사용 제한, 방지시설의 설치 종류와 방식, 소각로의 설치, 운영 방법 등 제반 규제는 중요하거나 꼭 필요한 규제 이외에는 기업의 자율규제로 전환하게 된다. 대기오염 규제의 경우 굴뚝자동감시 체제(TeleMetering System: TMS) 등을 통해 최종 배출 성과를 상시 확인하거나, 수질의 경우 배출구의 수질을 실시간 확인하면서 혹 있을 사태를 대비해 배출을 차단하는 장치를 도입함으로써 성과기준 방식으로 전환을 검토할 수 있게 된다. 성과기준 방식의 전환이 확대되면 기업은 창의적인 기술과 기법의 개발로 이어져 환경산업의 발전을 가져오게 되고, 투입에서 최종 배출까지 이르는 촘촘하게 지정된 시설 운영 과정의 규제로 인한 불필요한 처벌[47]에서 벗어나 자율적이고 창의적인 운영 기법과 절차를 도입함으로써 규제 준수 비용 감축이 가능해진다.

〈표 2-11〉 사업장 대기 분야 주요 규제의 현황

	주요 규제 내용
입지 금지 또는 기준 강화	■ 특정 유해물질 배출시설
	■ (특별대책지역) 엄격한 입지 제한
	■ (수도권) 총량 범위 초과 시 입지 제한
	■ (대기규제지역) 실천계획에 따라 규제
사업장 및 배출시설	■ 배출시설(사업장) 설치 허가 또는 신고 의무
	■ 배출시설 · 연료 · 조업 시간 변경 시 변경 허가 또는 신고
	■ (수도권) 사업장 설치 · 변경 허가
방지 시설 및 측정기기 설치	■ 오염방지시설의 설치
	■ 최적 방지시설의 설치
	■ 사업자 자가시설 설치 제한(등록자 설치 의무) – 일정 규모 이하 자가 시공 시 허가 또는 신고
	■ 방지시설 가동 개시 신고 의무
	■ 지정된 유형과 기준에 따른 굴뚝자동측정기 설치
	■ 적산전력계 설치
	■ (수도권) 배출량 측정기기 설치 유지
시설 운영 과정 규제	■ 배출시설 · 방지시설 운영 기준
	■ 시설 운영 기록 작성 · 보존(매일)
	■ 측정기기 운영관리 기준에 따른 운영
	■ 자가측정(최고 매주 1회) 및 기록 · 보존
	■ 환경기술인 임명 및 자격 제한
	■ 환경기술인 개임(改任) 신고, 교육 의무
	■ 각종 보고 및 점검
연료 규제	■ 저황유 판매 · 사용 지역 제한
	■ 고체연료 금지 · 승인(땔나무, 석탄 등)
	■ 고체연료 사용시설 설치 기준(높이 등)
	■ 청정연료 사용 제한

47) 예를 들어 현재 명령지시적 규제 하에서는 통한 최종 배출수가 허용 기준 이내의 적법한 배출에도 불구하고 '방지시설 운영 기록의 누락'(매일 작성 의무), '자가측정 기록 누락'(주 1회 측정의무), '기록물 보존의 부적정' 등 운영 과정에 준수해야 규제의 위반 시에 과태료, 벌금 등의 처벌을 받게 된다.

총량/배출 허용 기준	■ 가스(18종) · 입자(9종) 등 물질별, 시설별 허용 기준
	■ (수도권) 배출총량 제한 및 할당

총량/배출 부과금	■ 기본 부과금 + 초과 부과금 -부과금 감면 · 면제 방법 제한(연료의 사용, 특정 시설 여부로 감면)
	■ 총량초과부과금(수도권)

자료: 「대기환경보전법」(법률 제13039호) 및 「수도권 대기환경 개선에 관한 특별법」(법률 제11909호)을 발췌해 정리.

성과기준 규제개혁의 시도

이명박 행정부에서 환경규제에 대해 성과기준 방식의 규제개혁을 시도한 바 있다. 2009년 12월 국무총리실과 환경부가 파트너 방식으로, 시설의 개별 입지를 제한하는 규제를 배출 허용 총량(성과 목표)을 설정하고 대신 배출 총량의 범위 내에서는 개별 규제를 적용하지 않거나, 최종 성과(배출 허용 기준) 확인이 가능한 경우 과정상의 규제 일부를 완화하는 규제개혁을 추진했다. 그러나 환경에 대한 우려와 최종 성과(배출 허용 기준)를 정확하게 확인할 수 있는 기술적인 한계로 인해 부분적이고 시험적인 규제개혁에 그쳤다.

2009년의 환경 분야 성과기준에 의한 규제개혁의 일부 사례는 다음의 예시와 같다.[48]

[사례 7] 원격감시시설 도입 사업장의 과정상 규제 완화

원격감시시설(Clean SYS, TMS)을 설치해 대기오염 물질을 자동 측정해 실시간 감시가 가능한 사업장(성과 확인 가능한)에 대해서는 대신 과정상의 기업 부담 규

48) [사례 7], [사례 8]은 국무총리실 외(2009: 8-12)를 참조해 정리.

제를 완화

☞ 배출 허용 기준 초과 판단 기준: 매 30분 평균치 → 1시간 평균치로 개선

☞ 배출시설·방지시설 운영기록부 기록주기, 자가측정 주기 완화 조치

위 사례의 경우 원격감시시설 설치를 의무화해 실시간 배출량·농도 확인이 가능한 시설(성과 확인)이었으나 실시간 확인의 정확도 등 기술적인 한계로 기록주기 완화 등 경미한 과정상의 규제 개선에 그쳤다.

[사례 8] 대기보전특별대책지역 지역 내 개별 입지 제한 완화

대기보전특별대책지역(울산 및 여수 산단)에서 총량 관리 대상물질(NOx, SOx 및 PM)의 배출량 합계가 연간 10톤 이상인 배출시설은 설치를 제한

☞ 사업장 총량제 시행 시(총량이라는 성과기준을 설정) 배출 규모에 따른 개별 사업장의 입지 제한규제를 폐지하고, 허가권자가 배출 총량 범위 내에서 규모에 관계없이 입지 여부를 결정하도록 개선

원칙 허용 · 금지행위 열거 방식

앞에서 살펴본 바와 같이 규제 법령을 규정하는 방식에는 피규제자에게 원칙적으로 자유롭게 허용하되 예외적으로 금지되는 행위를 열거하는 네거티브 규제 방식(negative list system)과 원칙적으로 금지하면서 예외적으로 허용되는 행위를 열거하는 포지티브 방식(positive list system)이 있다.

〈표 2-12〉 포지티브 규제 방식과 네거티브 규제 방식

구분	포지티브 규제 방식	네거티브 규제 방식
내용	열거된 것만 제한적으로 허용	금지되는 것만 부분적으로 열거
규정 예시	다음 각호의 어느 하나에 해당하는 경우에… 할 수 있다.	다음 각호의 어느 하나에 해당되는 경우 외에는… 할 수 있다.

자료: 규제개혁위원회(2014: 43).

두 개의 방식에서 피규제자에게는 네거티브 규제 방식이 더 많은 행위를 허용하게 된다. 그러나 규제자(정부)의 입장에서는 규제 범위를 미리 예측

하기 어렵거나 혹 규제해야 할 사항을 빠뜨릴 수 있는 우려로 원칙적으로 금지하는 포지티브 규제 방식을 더 선호하게 된다.

특히 한국의 인·허가 규제는 100여 년 전 근대 법제가 도입된 역사적 배경에서 일제강점기의 모든 것을 금지하고 관청에서 시혜적으로 조금씩 허용해 주는 법제를 일부 수정 적용을 해왔지만 큰 골격을 그대로 유지해 오다보니 자유민주주의와 자유시장 경제 원칙이라는 헌법의 이념을 제대로 구현하기 어려운 포지티브 규제 방식이 많다(김재광, 2012: 5).

포지티브 규제 방식은 열거되지 않은 행위를 원칙적으로 허용하지 않는다. 이때 기업의 새로운 시도, 즉 새로운 기술의 적용이나 새로운 업종의 탄생은 제한받게 된다. 이런 점에서 포지티브 규제 방식을 네거티브 규제 방식으로 전환하는 것은 규제개혁의 중요한 기법이 된다. 물론 환경, 안전, 위생 등 비교적 엄격한 규제가 필요한 분야에는 네거티브 규제 방식으로의 전환에는 어려움이 있게 된다. 그러나 경제규제, 진입규제에서 네거티브 규제 방식으로 전환이 적극적으로 검토되어야 하며, 네거티브 규제 방식으로의 전환만으로도 핵심적인 규제개혁이 된다.

네거티브 방식은 기업의 활동을 기본적으로 자유롭게 허용하고 최소한의 금지 요건만 규정해 기업으로 하여금 창의와 혁신활동을 가능하게 만든다. 자유로운 경제활동은 창업 및 새로운 투자를 촉진하고 새로운 업종, 새로운 기술의 적용이 활발하게 이뤄져 투자를 촉진하게 하는 시작점이 된다. 특히 네거티브 규제 방식은 기술 발달과 산업의 변형이 급속하게 이뤄지는 분야에 특별히 필요로 한다. 포지티브 규제 방식으로는 산업 간의 융·복합이 급속하게 진행되어 나타나는 새로운 형태를 수용하기 어렵게 되고, 법령을 일일이 개정해 대응하기에는 실기(失機)하게 된다.

한국의 네거티브 규제개혁 사례

한국에서의 네거티브 규제개혁은 단편적으로 이뤄져 왔으나, 2013년 박근혜 행정부에서 기업 관련 규제에 전반에 적용했다. 2013년 국무조정실을 중심으로 관계 부처가 합동으로 기업 활동과 관련된 경제규제 1,845건을 제로베이스에서 검토해 이 중 597건(32.4%)의 규제에 네거티브 규제 방식을 적용하고, 228건의 규제를 네거티브 수준으로 완화했다(규제개혁위원회, 2014: 44).

[사례 9] 방송·통신 분야의 네거티브 규제개혁

방송법상의 전송망사업자 및 전기통신사업법상의 별정통신업업의 등록 요건이 불명확하거나 까다로운 것을 '등록 거부 요건'만을 명시하도록 '금지행위 열거 방식으로 개선해, 원칙적으로 거부 요건에 해당되지 않으면 등록을 거부할 수 없도록 개선(2013년)했다.[49]

49) 규제개혁위원회(2014: 45-46) 참고해 정리.

규제특구제도

규제특구(規制特區) 또는 규제자유지역(free regulation zone system)제도는 제한된 지역 공간을 설정하고, 설정된 지역에 한해 일반적인 규제의 적용을 배제하거나 완화해 집행하는 규제개혁 기법이다. '한시적 규제유예(TRR)'가 제한된 기간을 설정하고, 설정된 기간 동안 규제의 적용을 배제하거나 완화하는 시간적 규제유예 기법이라면 규제특구제도는 공간적인 규제유예 기법이다.

규제특구제도의 유용성

규제특구제도는 법적 안정성을 위해 규제의 적용은 일반적으로 이뤄져야 한다는 원칙의 예외로 특정한 공간에 한해 규제의 적용을 배제함으로써 특정한 목적을 효과적으로 달성할 수 있게 한다. 특히 일반적으로 폐지하거나 완화하기 어려운 규제를 제한된 지역에 한정해 적용을 배제하거나 완화함으로써 특정 지역에 집중적인 투자를 가능하게 한다. 세제 감면, 재정 지원 등 다른 정책적인 지원 수단과 동시에 사용함으로써 좀 더 시너지 효과를 제고할 수도 있다.

또한 규제특구제도는 제한된 지역에 개혁안을 우선적으로 적용하고 그 결과를 바탕으로 일반적으로 적용될 개혁안을 도출할 수 있어 부작용이나 성과를 예측하기 어려운 규제, 이해관계가 복잡한 규제의 개혁에도 유용하다.

특구제도와 규제

특구제도는 나라마다 목적하는 바에 따라 다양한 형태로 지정되어 운영되고 있다. 그러나 형태와 목적은 달라도 세 가지 제도, 즉 '세제 지원', '행정 · 예산 지원', '규제 감면'을 기본으로 하고 있다.

세제 지원은 특구 내에서 이뤄지는 투자나 수익에 대해 세금 또는 부담금을 감면하는 제도이다. 행정 · 예산 지원은 인 · 허가 등 행정절차의 일괄 · 신속 처리, 도로 · 오폐수 처리시설 · 전력 · 통신 등의 인프라 건설, 보조금 지급 등으로 이뤄진다. 규제 감면은 특구의 목적에 따라 기존 규제의 적용을 맞춤형으로 배제하거나 완화해 적용하는 것이다. 어떠한 특구에도 세제 지원과 행정 · 재정 지원은 투자 유치를 위한 추가적인 인센티브라면 규제의 감면은 필수적이고 기본적인 조건이 된다.

규제특구제도의 종류

특구제도 및 규제자유지역은 그 목적에 따라 특정 산업의 집중 육성, 특정 지역 · 주민의 지원, 시범 · 선도적 목적 등 크게 세 가지로 구분할 수 있다. 그 목적에 따라 차이는 있으나 세제 지원, 행정·재정 지원과 함께 '규제의 적용 배제 또는 완화 적용'이 필수적으로 이뤄지고 있다.

특정한 산업 육성을 위한 특구로는 의료특구, 관광특구(special tourist zone),[50] 말산업특구 등을 들 수 있으며, 특정 지역·주민의 지원을 위한 특구의 예로는 폐광지역진흥지구,[51] 지역특화발전특구(special zone for regional development),[52] 경제자유구역[53] 등을, 그리고 시범·선도적 목적의 특구로는 농촌융복합산업지구[54]를 들 수 있다.

규제특구제도는 여러 나라에서 다양하게 운영되고 있다. 일본의 경우 지방정부를 중심의 구조개혁특구제도를 운영하다, 2013년 아베(安倍晋三) 정권에서 중앙정부 차원의 '국가전략특구제도'를 도입했다. 일본의 국가전략특구제도는 아베노믹스의 핵심 성장전략의 하나로 기업의 투자를 유치하고 신산업을 육성할 목적으로 지정하고, 각종 우대 조치와 특히 중앙정부 차원의 규제 완화 조치를 취하고 있다. 남아프리카 공화국의 선시티(Sun City)는 카지노와 관련된 규제의 적용을 배제함으로써 해외 투자를 유치해 인공 리조트를 조성한 대표적인 사례이다.

---

50) 1993년 「관광진흥법」에 의해 도입된 제도로, 1994년 제주도, 경주시, 설악, 유성, 해운대 등이 최초로 지정되었다. 관광특구에는 관광활동과 관련된 관계 법령의 적용이 배제되거나 완화해 적용된다.

51) 1995년 제정된 「폐광지역 개발 지원에 관한 특별법」에 따라 마련된 특구로 1996년 태백과 삼척·정선·영월, 경북 문경이 지정되었다. 지정된 폐광지역에는 산림법, 환경영향평가법 등의 규제가 완화 적용되고 있으며, 내국인 출입이 가능한 카지노를 허가할 수 있도록 하고 있다.

52) 2004년 제정된 「지역특화발전특구에 관한 규제특례법」에 의거해 자치단체의 지정신청에 의해 특구위원회(위원장: 산업통상자원부 장관)에서 지정하는 제도로 지역의 특화에 따라 관광, 복지, 의료, 교육 등 다양한 특구가 지정되고 있다. 지정된 특구에는 각종 규제의 완화 적용을 받게 된다.

53) 2002년 「경제자유구역의 지정 및 운영에 관한 법률」의 제정에 따라 마련된 제도로 지구지정시 세금감면, 재정 지원과 함께 '공장총량제' 적용 배제, '각종 의무 고용 규제'의 완화 적용 등이 이뤄지고 있다.

54) 2015년 6월에 시행된 「농촌융복합산업 육성 및 지원에 관한 법률」에 따라 도입된 제도로 기존의 정부가 추진 중인 1차 산업과 가공·체험관광 등 다른 산업과의 융복합화를 통한 6차 산업화의 정책을 좀 더 선도적이고 시범적인 육성을 위한 지구 지정 제도이다. 지구 지정 시에는 각종 규제의 완화 적용을 포함해 「산업입지 및 개발에 관한 법률」, 「관광진흥법」, 「공유수면 관리 및 매립에 관한 법률」상의 규제를 의제 처리하게 된다.

규제형평제도

규제는 개인의 권리를 제한하거나 의무를 부과하는 법령이다. 법령인 규제는 피규제자 각각의 특수 사정을 모두 고려할 수 없는 일반화되어 있다. 법령은 구체적인 사안을 직접 규율하는 것이 아니라, 있을 수 있는 여러 사안을 종합해서 통상적인 경우를 상정해 규율하는 것이기 때문이다. 따라서 제도는 개별 피규제자들의 특수한 상황을 고려하기 어렵게 되고 특수한 상황을 고려한다고 하더라도 예상치 못한 상황이 발생할 가능성은 여전히 있기 때문에 제도로 이러한 문제 전부를 해결하기는 힘들게 된다(국가경쟁력강화위원회, 2012: 139-140). 그러나 현실에서는 일반화된 법령에 규정하지 못하는 개별적인 특수한 상황으로 규제를 받게 되는 사례가 많이 발생하게 된다. 규제가 개별적인 특수성을 담지 못하는 사례가 많을수록 규제에 대한 만족도는 떨어지게 된다. 이러한 기업이 많으면 많을수록 기업들의 규제개혁 체감 만족도가 떨어지게 된다.

기존 규제제도의 한계

개인의 개별적인 특수한 사정을 구제하는 제도로 국민권익위원회의 고충민원처리제도, 행정심판제도 등이 있다. 그러나 이러한 기존 규제제도들은 주로 불합리한 행정처분 및 제도로 인해 침해된 권익을 사후적으로 구제하는 제도로 사전적으로 규제 피해를 구제하지 못하게 된다.

결국 현재의 제도 하에서는 피규제자 개별적인 특수한 애로를 해소해 주지 못할 사례가 발생하면 규제개혁의 필요성이 제기되고 사안에 따라 법령에 반영하는 것이다. 주로 법령에서 단서 조항, 예외 조항, 규제 세분화 등의 방법으로 추진된다. 하지만 법령에 반영하는 경우는 특수한 사정이 여러 피규제자로부터 반복적으로 발생해야 가능하게 되고, 특수한 상황이 중복적으로 발생하는 사례가 많지 않으면 법령에 반영하기 어렵다. 특수한 사정이 반영된다고 해도 법령 개정에 상당한 시간이 필요하고 급한 사안인 경우에는 제도 개선 이전에 회복하기 어려운 피해를 입게 된다. 결국 현재의 규제개혁 시스템으로는 개별적 특수한 사항을 적극적으로 구제하는 방법은 어렵게 된다. 이러한 기존 제도의 한계는 새로운 제도를 필요로 하게 된다. 이러한 문제 의식에서 나온 규제개혁 방식이 규제형평(衡平)제도이다.

[사례 10] 공장 증설 시 주차장 설치 관련 특수한 사정의 사례[55)]

시멘트를 생산하는 업체에서 2000년 이후 제조 공정의 고도화·자동화와 함께 공장을 증설해 왔다. 10년간 증설로 공장의 규모는 4만m^2가 늘었으나 공장 자동화로 종업원 수는 오히려 감소했다.

한편 주장장법 시행령에 따라 주차장은 공장의 시설면적 350m^2당 1대의 주차장을 설치하도록 규제하고 있다(해당 지자체의 조례로 1/2 범위 안에서 완화하거나 강화하도록 하고 있으나 별도의 조례 제정이 없어 시행령의 규제가 그대로 적용된다). 시멘트 회사는 사무자동화로 종업원이 감소해 주차장의 수요도 감소해 기존의 시설로도 충분한 주차공간을 확보하고 있음에도 공장의 규모 증축으로 오히려 120대 규모를 추가했고, 앞으로 공장 증축 시에 자동화에도 불구하고 불필요한 주차장을 추가 설치해야 한다.

위의 사례는 큰 공장 규모를 필요로 하는 시멘트 공장과 자동화가 이뤄진 특수한 상황이다. 해당 공장의 특수성을 감안할 시 공장 규모에 의한 주차장 확보 규제의 적용을 배제해도 공익을 저해할 우려도 없게 된다. 그럼에도 불구하고 현재의 일반적으로 적용되는 규제 제도 하에서는 회사의 특수성을 구제할 방안이 없다. 이처럼 공익에 영향이 없는 특수한 경우에 그 사정을 고려해서 규제의 적용을 개별적으로 배제하거나 사전적으로 구제할 수 있는 새로운 제도의 필요성이 제기되는 것이다.

규제형평제도의 개념과 추진

규제형평성이란 규제자가 예견하지 못한 특수한 상황에 처한 개인에게 일반적 기준인 법령을 그대로 적용하는 것이 형평의 원리에 비춰 현저히 불합리한 경우, 당해 사안에 한해 예외적으로 그 규제 기준의 적용을 배제해 구체적·개별적 정당성을 확보하고 피해를 예방 또는 구제하는 제도를 말한다(국가경쟁력강화위원회, 2012: 139-141). 규제형평제도는 입법권자가 아닌 행정부가 자체적인 판단을 통해 특수한 상황에 한해 획일적인 규제 기준을 탄력적으로 적용하도록 하는 제도이다.

---

55) 국가경쟁력강화위원회(2012: 145)를 참고해 정리.

한국에서의 규제형평제도의 도입은 이명박 행정부에서 추진되었다. 2009년 국가경쟁력강화위원회가 맞춤형 규제피해 구제제도의 한 형태로 이 제도의 도입을 검토하고 입법을 추진했다. 국가경쟁력강화위원회가 규제형평제도의 도입을 검토하는 시기인 2010년 2월 대한상공회의소가 조사한 규제형평제도에 대한 기업 수요조사[56] 결과에 따르면 조사 업체의 80%가 제도 도입 시 활용할 의사가 있다고 했으며, 규제 법령의 경직성으로 인해 피해 경험이 있다고 응답한 기업이 82%에 달했다. 제도의 도입에 대한 논란을 거쳐 국경쟁력강화위원회는 2010년 3월 23일 제20차 국가경쟁력강화위원회 회의에서 규제형평제도의 도입 방안을 최종 확정했다. 이명박 행정부의 이러한 확정된 제도의 도입 방안은 정부 입법절차를 거쳐 2010년 11월 '행정규제의 피해구제 및 형평 보장을 위한 법률'안으로 국회에 제출되었다. 규제형평제도의 운영기관으로 국민권익위원회를 정했고 권익위에 규제형평위원회의 설치 등 규제형평제도의 기능을 추가하는 '부패방지 및 국민권익위원회의 설치와 운영에 관한 법률' 개정안과 함께 국회에 제출되었다. 하지만 이 법률안들은 국회의원들의 소극적인 태도로 인해 국회에서 처리가 지연되다 2012년 18대 국회 회기 종료로 자동 폐기되었다.

이명박 행정부에서 도입을 추진한 규제형평제도는 특수한 사정으로 규제 준수의 피해가 큰 피규제자에게 규제형평위원회가 법령 개정 없이 규제 적용의 예외를 인정해 주는 방식이었다. 기본적으로 대상 피규제자에게 규제를 면제하거나 다른 요건을 충족시키도록 하는 것이기 때문에 규제형평제도의 적용을 엄격하게 했다. 개선안에서 형평제도를 통한 피해 예방과 구제의 조건으로 규제를 엄격하게 준수하도록 요구할 때 해당 피규제자가 명백하고 중대한 피해를 받을 것으로 판단되는 경우에 한해 적용하도록 하고 입법 취지에 부합하고 공공 이익을 저해하지 않는 범위 내에서 적용하도록

56) 대한상공회의소가 2010년 2월 5일에서 12일까지 250여개 기업을 대상으로 조사했다.

하는 제도였다.

이명박 행정부에서 입법을 시도한 규제형평제도와는 다소 차이가 있으나 규제형평제도의 이념을 반영하고 있는 제도는 점차 증가하고 있다. 법령으로 일정한 기준을 규정하고 그 세부적인 기준 적용에서 개인의 특수한 상황을 고려해 결정할 수 있게 하는 위원회제도가 유사한 규제형평제도가 된다.

일본에서는 아베 내각이 출범하면서 일본 경제의 활력을 제고하기 위해 2014년 1월 20일 시행된 「산업경쟁력강화법」에서 기업실증 특례제도를 도입하고 있다. '기업실증 특례제도'는 기업이 현행 법규상의 규제 적용을 원하지 않는 경우 규제특례 조치를 신청하고 소관 부처가 특례 조치의 승인을 결정하면 스스로 안전성을 확보한 다른 규제로 대체하는 제도이다.[57] 한국에서 시도한 규제형평제도와는 차이가 있으나 기업 단위의 애로를 다른 규제 방식으로 대체해 해결한다는 점에서는 유사하다.

---

57) '기업실증 특례제도'의 예로서 일본의 도시바(Toshiba: 반도체 제조)와 가스용기 검사업체 3사가 반도체 제조에 사용되는 가스용기 안전검사와 관련해, 기존의 규제(법률)상 인정되지 않는 초음파 검사로 대체하는 특례조치를 신청했고, 이에 일본의 경제산업성이 특례 조치를 승인함으로써 반도체 가스용기의 검사 기간이 수개월에서 하루로 단축이 가능해졌다(김은지, 2014: 8).

비규제적 대안으로 전환

어떠한 경제사회적 문제의 해결을 위해 정부가 개입은 하되 어떠한 수단으로 개입할 것인가를 고려하는 대안은 다양하다. 정부의 개입 대안으로는 크게 명령지시적인 행정규제(regulation), 규제임에도 고품질의 규제(high quality regulations)인 규제적 대안(regulatory alternatives), 그리고 규제가 아닌 비규제적 대안(non-regulatory alternatives)이 있다.

정부 개입의 대안 선택은 RIA, 규제비용 총량(cost-in, cost-out) 등의 여러 제도를 통해 정부 개입의 대안을 마련하고 비교함으로써 최선의 대안을 선택하게 된다. 그러나 어떠한 제도 하에서도 규제가 아닌 비규제 대안(non-regulatory alternatives)을 우선적으로 선택하고 불가피한 경우 규제임에도 고품질의 규제인 규제적 대안(regulatory alternatives), 행정규제의 순으로 접근하는 것이 규제개혁의 핵심적 대안 선택 전략이 된다. 결국 비규적 대안의 우선 선택은 주어진 정책 의도를 달성하기 위해 가능하면 규제적인 정책 수단을 피하고, 혹여 규제 수단을 사용해야 한다 하더라도 가능하면 민간의 자율성과 창의성을 극대화하는 높은 품질의 규제를 개발해야 한다는 규제개혁의 기본적인 철학이 반영된 대안 선택이 된다(김태윤 외, 1999: 1 이하).

규제개혁의 기본적인 철학에 입각한 비규제적 대안의 우선 선택은 기존 규제의 개혁에도 광범위하게 적용할 수 있게 된다. 기존 규제의 대안을 규제 강도가 낮은 규제 또는 비규제적 대안으로 우선적으로 전환하는 원칙과 기준을 제시하고, 규제기관으로 하여금 전환하지 못할 사유를 소명하게 함으로써 좀 더 강력한 규제개혁을 추진할 수 있게 된다. 규제비용총량제(cost-in, cost-out)에서는 규제기관에 감축할 총량을 할당하거나 비용 적립(banking)의 목표량을 설정함으로써 행정규제를 규제적 대안이나 비규제적 대안으로 전환하도록 강제할 수도 있게 된다. 특히 품질규제, 가격규제 등은 비규제적 대안으로 전환이 더 효과적인 대안이 될 수 있다. 예를 들어 농산물의 안전성과 품질규제는 시장에서 소비자가 선택 가능한 정보 제공, 보험제도, 인센티브 등의 다양한 비규제적 대안을 적용해 행정규제를 대체할 수 있게 된다. 행정규제를 대체할 비규제적 대안을 찾기 시작하는 데에서 실제적인 규제개혁이 시작될 수 있으며, 규제자의 대안 탐색 비용·편익 분석의 전문성도 제고된다.

비규제 대안의 사례[58]

비규제적 대안으로는 정보 수단(information measures)에 의한 정보 제공·제품표시제(information measures), 공동규제(co-regulation), 자율협약(voluntary agreement), 자율규제(self-regulation), 경제적 유인(economic incentives), 거래 가능한 재산권적 권리(tradeable property rights), 보험제도(risk

58) 김태윤 외(1999: 2) 이하를 참조해 정리.

based insurance) 등을 들 수 있다.

정보의 제공, 제품표시제

행정규제의 필요성 중에 하나는 소비자와 생산자 간의 정보의 비대칭에서 비롯된다. 생산자가 제품의 원료, 제조 공정, 보관 기간, 속성 등과 관련된 정보를 독점하기 때문이다. 따라서 소비자는 해당 제품의 질과 그 속성에 대한 바람직한 선택을 하지 못하는 정보의 비대칭성이 문제가 되는 것이다. 이러한 이유로 정부는 생산자에 대해 사용 원료의 제한, 보관 방법, 제조 공정의 과정, 포장 방법 등의 각종 명령지시적인 규제를 갖게 된다. 정보비대칭 문제를 해결하기 위해 도입된 생산활동 과정에 대한 다양한 행정규제는 기업의 창의적인 활동을 제한하는 부작용을 가져오게 된다. 이러한 과정적인 규제의 양산(量産) 문제는 정보의 공개, 제품표시제 등의 비규제적인 대안을 통해 명령지시적인 규제를 줄이거나 완화를 검토할 수 있게 된다. 즉, 제품에 대한 정보를 공개해 소비자가 질적인 우수성을 비교 가능하게 하여 시장에서 선택하도록 함으로써 생산자를 통제하려는 당초 규제 목적을 시장의 통제를 통해 달성 가능하게 할 수 있다. 정보공개는 생산자가 소비자에게 정보를 공개하는 것이 요구되는 사적인 정보공개와 정부가 정보를 취합해 대중에게 공개하는 공적인 정보공개(public information disclosure)를 들 수 있다.[59] 제품의 품질인증제, 표시제 등도 정보공개의 좋은 방법이 된다.

이러한 정보공개의 접근은 나아가 규제를 통해 통제하기에 한계가 있는 분야에 적절한 실태와 비교의 정보를 제공함으로써 명령지시적인 규제보다 유용하게 정책 목표를 달성할 수 있게 된다. 에너지 절약, 인종 차별의 금지

---

59) 김태윤 외(1999: 61)는 비규제적 대안으로서의 정보공개 방법으로 생산자가 소비자에게 정보를 공개하는 사적인 정보공개와 정부가 정보를 취합해 대중에게 공개하는 공적인 정보공개(public information disclosure)를 들고, 공적 정보공개의 예로서 미국 교통부의 상업 항공사들의 정시 도착 실적 공표 사례를 들고 있다.

등의 분야에서 실태와 바람직한 기준을 공개하고 홍보 및 설득의 비규제적인 대안이 명령지시적인 규제보다 효과적인 성과 달성이 가능하게 될 수도 있다.

공동규제

공동규제(co-regulation)는 기업체로 구성된 산업조직, 직능대표 및 정부 사이에 협의를 통해 실행규칙·기준을 결정하고 협의된 규칙을 기업이 자율을 원칙으로 준수하도록 하는 것이다. 공동규제 방식은 업체로 구성된 협회나 전문가협회의 전문적인 지식을 직접적으로 이용하므로 정부는 적은 비용으로 정책 목표를 충족시킬 수 있으며, 협회가 그 구성원의 행위에 대해 자체적으로 더 많은 책임을 지므로 정부의 정책 집행 및 감시가 용이해진다. 또한 문제의 현장에 직접 참여하는 사람들이 스스로의 문제에 대해 규칙을 세운 것이므로 규칙 자체에 적절한 유연성을 부여하면 정책의 상황 변화에 따른 협약 개정의 유연성을 높일 수 있다.

반면에 자칫 정부가 특정 산업이나 전문가단체의 이해관계에 포획될 가능성이 있게 된다. 또한 특정 집단에 높은 수준의 자치권을 제공하므로 정부 부문과의 의사소통뿐만 아니라 집단 내부 의사결정 과정의 투명성도 중요하다. 만약 업체나 전문가 협회가 내부적으로 민주적인 운영이 아닐 경우 업체 간 형평성의 문제를 초래할 수도 있다.

공동규제는 자율적인 협의에 입각한 것이지만 규제의 집행에 대한 최종적인 책임은 정부에 있다. 공동규제의 세부 내용을 결정하는 과정에서 제3의 이해관계자들이 소외되지 않게 참여할 수 있도록 감독해서 공동규제의 사회적 수용도를 높여주어야 할 책임도 정부에 있으며, 최종적인 단속과 준수 실태 감독을 위한 사후적 통제도 필요하게 된다.

[사례 11] 한국변호사협회의 회칙 등에 의한 규제

지방변호사협회가 연합해 법무부 장관의 인가를 받아 변호사의 연수, 변호사의 징계, 변호사의 지도 및 감독 등에 관한 회칙을 마련하고 변호사협회가 회칙에 따라 변호사를 자율적으로 규제하고 있다. 또한 변호사의 등록심사에 관한 절차와 운영 사항을 마련하고 판사와 검사가 일부 참여하는 협회 내에 등록심사위원회를 통해 심사하고 개업 신고, 자격등록 등을 자율적으로 규제하고 있다.

자율규제

자율규제(self-regulation)는 조직화된 집단이 그 구성원의 행위를 자율적으로 규제하는 비규제적 대안이다. 자율규제를 채택하는 것은 그 국가의 문화적인 속성과도 관련이 있는데 의약품, 금융과 같은 영역에서 많이 적용되고 있다. 자율규제의 장점은 잠재적 피규제자인 내부자에 의해 규정이 만들어지기 때문에 자주 관찰할 수 있고, 변화에 빠르게 적응하며, 피규제집단이 규제비용을 부담하게 되므로 정부 입장에서는 행정비용이 적게 든다.

그러나 자율규제는 책임성을 확보하기 힘들다는 단점이 있다. 또한 자율규제는 기득권을 보유하고 있는 당사자들의 이해를 대변할 개연성도 높다. 공동규제와 달리 자율규제의 가장 큰 단점은 자율적으로 합의된 규칙이나 협약을 어기는 것에 대해 정부 차원에서의 합법적인 치유책이 없다는 것이다.

자율규제는 규제되는 집단에 의해 스스로 만들어지기 때문에 정책 집행 및 감시가 용이하다. 또한 주요 산업 참가자들의 동의가 있는 가운데서 규정이 합의된 것이므로 피규제자의 인지와 순응의 정도가 비교적 높다. 그러나 영향받는 집단 내부의 공동체 의식이 적다면 순응도가 낮을 수도 있으며 공동체가 내부 참여자 의견의 효율적인 집약체가 아닌 경우 자율협약은 형평성 측면에서 왜곡을 초래할 수 있게 된다.

[사례 12] 미국 원자력운영기관의 '활동지침'[60]

1979년 미국의 전력회사들이 원자력발전소의 운영과 관련되어 안전성을 확보하기 위해 원자력운영기관(The Institute for Nuclear Power Operations: INFO)을 설립하고, 모든 원자력발전소의 안전성에 대한 현지평가, 교육, 훈련, 기술적 지원 등을 INFO의 활동지침으로 자율규제한다.

자율협약

자율협약(voluntary agreements)은 정부가 원하는 정책 방향에 대해 당사자인 피규제자가 정부에 자발적으로 필요한 조치를 취하겠다고 약속하고 준수하는 것이다. 자율협약은 보통 특정 직업이나 산업의 구성원들과 정부 사이의 협의에 의해 도출되며, 그 집행은 민간의 당사자인 협회나 연합에 의해 실행된다. 자율협약의 정당성은 관련된 협회나 연합이 협약을 준수해 좀 더 우수한 산업이나 업종의 서비스를 공급하려는 의지가 있느냐에 따라 결정된다. 만약 신규 시장 진입자를 견제하거나 경쟁을 제한하는 것과 같이 그들만의 목적을 위해 자율협약이라는 수단을 이용한다면 그 정당성은 떨어진다. 사실 민간 부문의 이해관계는 정부의 정책 목표와 일치할 때도 있고 또 그렇지 않을 때도 있다. 민간 부문의 이해관계가 정부의 그것과 일치하는 상황에서는 자율협약이 우수한 정책대안이 될 수 있다.

그러나 자율협약은 당사자인 업계의 자발적인 약속이므로 정부나 일반 국민의 입장에서는 협약의 생성 과정이 불투명하게 된다는 단점이 있다. 따라서 업계의 비밀과 같은 예외적인 사항만을 제외하고는 자율협약의 결정 절차와 내용의 정당성에 대해 협약 당사자인 민간 부문에 절차적 투명성을 요구해야 한다.

자율규제와 유사하게 자율협약도 윤리적 행동을 시장 지향적인 방식으로

---

60) 김태윤 외(1999: 79)를 참고해 정리.

해결하는 데 유용하며, 정부가 단독으로 규제대안을 개발하고 감시하는 것보다 비용이 적게 든다. 그러나 자율협약은 반경쟁적인 행동을 유발하는 데 사용될 수도 있으므로 정부가 지속적인 관심과 모니터링을 경주해야만 한다. 협회나 연합에 높은 공동체 의식이 존재하지 않을 경우 협약의 순응이 예상외로 낮아질 가능성도 배제할 수 없게 된다.

경제적 유인

경제적 유인(economic incentives)은 정부의 정책 목표를 달성하기 위한 목적으로 부과금, 부담금, 보증금 반환제도 등 경제적인 조치를 통해 간접적으로 규제하는 방식이다. 정부는 일차적으로 재정수입(revenue)을 증가시키면서 경제적 인센티브를 조절함으로써 피규제자에게 일정한 방향의 행위에 영향을 줄 수 있어 경제·사회 정책 목표를 달성할 수 있게 된다.

경제적 유인은 환경, 안전, 교통, 보건, 금융 등 헤아릴 수 없는 다양한 분야에서 다양한 방법으로 사용되고 있다. 경제적 유인의 비규제적 대안은 피규제자가 정부가 원하는 정책 방향에 적합하게 활동하는 정도에 따라 경제적인 인센티브를 연동하게 함으로써 전통적인 명령지시적 규제에 비해 더욱 효과적으로 목적을 달성할 수 있게 된다.

조세, 부담금 등은 공식적인 입법 과정을 거쳐 제정되므로, 높은 수준의 투명성을 지니게 된다. 경제적 유인책은 시장의 원리에 근거한 유인을 사용하므로 정책 집행 및 감시가 비교적 용이하다. 또한 경제적 유인책은 제대로 설계하면 경제의 비효율을 감소시키고 효율적인 자원 배분을 촉진하기 때문에 경쟁력 강화에도 도움이 된다. 특히 경제적 유인책의 도입 자체가 시장에 대한 정부의 신호(signal)로 받아들여지게 되어, 민간의 의사결정에 장기적인 영향을 주기도 하는데 이러한 경우 경제적 유인책은 동적 효율성을 상당히 제고하게 된다. 그러나 경제적 유인 프로그램이 잘 운용되려면 상당한 정보와 세심한 노력이 요구된다. 왜냐하면 구체적인 정책 목표의 설정이 올바르게 되기 어려우며, 그것이 잘못 설계될 경우 시장의 왜곡이 심각해질 가능성이 있기 때문이다.

[사례 13] 배출부과금, 오염총량부과금 제도를 통한 오염배출 행위의 억제

대기, 수질 등 오염물질 배출업체 등에게 일정 기준을 정하고 초과해 오염물질을 방출할 경우 당해 사업자에 대해 초과 배출한 오염물질의 처리에 소요되는 비용에 상당하는 '초과배출부과금' 또는 '오염총량초과부과금' 등의 경제적 부담을 주어 오염물질의 배출을 저감하도록 하는 제도이다.

이때 배출업체가 기준을 초과할 시에는 높은 배출부과금을 부과하면서 기준보다 적게 배출하는 할수록 높은 '역(逆)배출부과금'(부과금 대신 인센티브)을 지급하는 제도적인 설계를 통해 기업의 자발적인 배출 감소를 유도할 수 있게 되며, 일정한 기준 이내에 배출 시 행정규제의 적용을 배제하거나 완화할 수도 있게 된다.

그러나 현재 한국은 역(逆)처리부과금 지급제도가 미흡해 기업의 초과 달성 노력을 촉구하지 못하고 있으며, 각종 행정규제를 설정해 부과금제도와 동시에 중복적으로 적용하고 있다.

거래 가능한 재산권적 권리

거래 가능한 재산권적 권리(tradeable property rights)란 어떤 특정 권한을 시장에서 사고 팔 수 있는 권리를 정부가 발행하는 제도이다. 거래 가능한 재산권적 권리가 배분되면, 시장의 힘이 피규제자의 활동이나 사용을 통제한다. 희귀성이 높은 자원을 배분하거나, 오염배출권의 예와 같이 외부성을 내부화하기 위함이다. 통상 규제의 허가권은 원칙적으로 거래되는 것이 아니지만, 거래 가능한 재산권적 권리제도는 재산권으로 거래 가능하게 함으로써 혁신과 경쟁에 중요한 유인을 제공한다. 예를 들어, 오염배출권 거래제도는 기업에 배출총량을 할당하고 할당된 배출량보다 감축할 경우 그

감축분을 시장에서 판매 가능하도록 하고 할당된 배출권보다 추가 배출이 필요한 기업이 구매해 사용하도록 하게 한다. 이때 경제 활성화로 공장 증축 등 추가 배출의 필요성이 높아지면 거래가격의 증가를 통해 배출 억제를 위한 기업의 노력이 더욱 증가하게 된다.

거래 가능한 재산권제도는 성공적으로 이용한다면 규제적 요구 사항을 준수하는 데에 비용이 적게 든다는 점에서 경제적으로 효율적이고 혁신적인 규제개혁의 수단이라 할 수 있다. 그러나 이 제도는 재산권적 권리의 최적 수준과 공급을 결정하는 것이 대단히 어려운 과제라는 것이다.

거래 가능한 재산권 프로그램에서 그 재산권은 두 가지 조건을 필요로 한다. 위험이 시장 가격에 이미 반영되어 있지 않아야 하며 거래 가능한 상품이어야 하나 반독점적 고려(antimonopoly concerns)가 필요하게 된다. 독점기업이 거래 재산권을 독점적 또는 카르텔의 결성으로 사들일 경우 독점적 지대가 존재할 가능성도 있게 된다. 따라서 허가권의 도입으로 어떻게 지대가 분배될 것인가에 대해 주의를 기울이지 않으면 안 된다.

특정한 경우에는 거래 가능한 재산권적 권리와 더불어 전통적인 의미의 행정규제를 조합적으로 사용하는 것도 필요하게 된다. 예를 들어 어류의 남획을 방지하기 위해 어업 쿼터제를 도입해 어업권을 거래 가능하게 할 경우에는 어업권 거래시장을 통해 어획의 양의 제한은 가능하게 된다. 그러나 생태계 보호를 위해서는 어업권 거래제 이외에 추가적인 행정규제가 필요하게 된다. 이때 치어(稚魚)의 남획을 보호하기 위한 그물의 규격에 대한 행정규제의 조합이 그 예이다.

보험

보험제도(risk based insurance)를 도입함으로써 기존의 명령지시적 행정규제의 대안이 될 수 있다. 소비자나 생산자 및 지역공동체에게 위험 발생을 예방하기 위한 각종 행정규제에 대체해 보험제도를 도입함으로써 위험

비용을 낮춰줄 수 있게 된다. 일반적으로 산업재해, 시설물 안전, 농산물 재해 예방 등과 같은 위험을 줄이거나 사고를 예방하는 것을 목적으로 출입 제한, 시설물의 개방 시간과 안전 수칙, 감시 인력의 배치와 점검 의무 등 여러 가지 통제적인 규제를 도입하게 된다. 이때 생산자나 행위자에게 그 피해와도 어떤 관련이 있는 한, 각자의 행위에 책임을 반영한 세심한 보험을 통해 적절한 주의를 기울이도록 유도할 수 있게 된다. 이러한 보험제도에는 업체에 대한 강제적 또는 비강제적인 피해 구제기금(restoration funds), 보증기금제도도 포함될 수 있다. 사고의 횟수에 따라 기금이나 보험을 통해 사고를 줄이는 노력을 강화하도록 유도하는 것이다. 보험은 행정규제 도입의 필요성을 감소시킴으로써 특정 대상이나 피규제자에 대한 정부의 감시 및 실행 비용을 현저히 줄일 수 있다. 보험업자가 위험을 평가하고, 위험 감소에 대한 비용 효과적인 방법을 결정하며, 생산품의 가격이 보호 기준 비용을 상회하도록 조치하기 때문이다.

규제개혁 기법의 적용

규제개혁의 기법(tools)에는 앞에서 살펴본 바와 같이 매우 다양하다. 한국은 그간 역대 행정부의 규제개혁 과정에서 이러한 기법을 적용해 규제개혁을 추진하기도 했다. 규제개혁의 기법들은 규제개혁을 좀 더 효율적으로 추진하기 위한 수단에 불과하다. 그러나 그간 정부의 규제개혁에서 규제개혁의 기법을 먼저 설정하고 관련된 규제를 기법의 틀에 맞춰 대상 과제를 선정하는 목표와 수단의 도치(倒置) 현상도 종종 있었다.[61] 규제개혁의 기법을 먼저 제시하고 추진하는 규제개혁은 하나의 규제에 하나의 기법을 적용하는 데 그치게 되어 전략적이고 종합적인 규제개혁을 어렵게 만든다.

여러 규제개혁 기법은 각기 장·단점을 가지고 있으며 그 쓰임도 다르다. 규제의 성격이나 유형에 따라 효과적인 개혁이 가능한 기법이 있으며, 반대

---

61) 예를 들어 그간 정부에서 규제개혁을 추진할 때 '일몰제 규제개혁', '금지행위 열거 방식(negative system) 규제개혁' 등으로 규제개혁의 도구인 방식을 먼저 설정하고 설정된 수단에 맞춰 적용할 규제들을 선정해 개혁하기도 했다. 이러한 규제개혁 기법을 목표로 설정한 개혁은 하나의 규제에 하나의 수단만 적용하게 되어 규제의 성격에 맞춰 다양한 규제개혁의 수단을 종합적으로 적용하기 어렵게 된다.

로 규제개혁의 효과를 주지 못하는 기법도 있다. 하나의 규제에 여러 가지 규제개혁의 수단을 중복적이고 동시에 적용해야 규제개혁의 효과가 제고될 수도 있다. 이런 점에서 전략적인 규제개혁은 규제의 성격과 유형 및 규제개혁의 목적에 적합한 기법을 선정하고 접근하는 전략이 필요하게 된다. 앞에서 살펴본 바와 같이 가장 기본적인 규제개혁 기법은 '규제영향분석(RIA)'이다. 전략적인 규제개혁에는 RIA를 기본으로 분석하면서 규제의 성격 또는 유형에 따라 추가적인 기법을 적용하는 것이 바람직하다. 몇 개의 규제 유형에 따라 적용 가능한 규제개혁 기법의 쓰임새를 살펴보자.

이해관계가 복잡한 규제

투자개방형 의료법인(소위 영리법인), 의사·한의사·약사·간호사 등 업무영역 규제, 수도권 규제 등 이해관계가 복잡하고 대립이 첨예한 규제는 규제개혁을 매우 어렵게 만든다. 이때 사용 가능한 규제개혁의 기법으로는 일정한 제한적인 기간을 설정하는 시간적인 규제개혁 기법인 '한시적 규제유예(TRR)'와 일정한 제한적인 공간을 설정하는 공간적인 규제개혁 기법인 '규제특구제도(free regulation zone)'의 기법을 통한 규제개혁의 접근이 더 나은 방안이 될 수 있다.

한시적 규제유예 기법과 규제특구제도는 이해관계자를 설득하는 데 다른 기법보다 더 용이하다. 한시적인 기간 또는 일정한 공간에 시험적으로 규제개선안을 적용하고 그 결과에 따라 항구적인 규제개혁 여부를 별도로 논의하는 전략적 접근이 가능하기 때문이다. 이해관계가 복잡하고 첨예한 덩어리 규제는 처음부터 전국적이고 항구적인 개혁은 이해집단의 대립과 반대로 개혁 논의 자체가 어렵게 된다. 이때 시험적인 규제개혁을 제시하고 항구적인 개혁은 시범 시행 이후에 추가적인 논의 기회를 제공함으로써 개혁의 논의 자체를 가능하게 한다.

진입규제의 경우

사전에 진입 요건을 정하고 요건 충족 후 허가·인가·등록 등의 행정처분을 하는 진입규제는 먼저 개별 진입규제의 내용에 대해 규제의 필요성, 규제 대안의 적정성 등에 대해 RIA 기법에 의한 제로베이스 검토(zero-base review)가 필요하다. 제로베이스 검토에 의해 규제 대안을 검토하고 적합한 대안이 마련되면 추가적인 기법의 적용을 검토할 수 있다. 또한 진입규제의 진입 요건(허가 요건)에 대해서는 원칙적으로 재검토 규제일몰제(sun-set)의 적용을 병행하는 것이 효과적이다. 진입의 요건 기준은 기술 발달, 경제 사회의 여건 등 규제환경의 변화에 민감하기 때문이다. 마련된 규제 개선안의 규정 방식과 관련해 네거티브 방식(negative list system)과 사후적 규제(ex-post regulation) 방식으로 우선적으로 전환을 추진하는 것이 바람직하다. 이때 진입규제는 원칙적으로 네거티브 방식 및 사후적 규제 방식으로 전화하도록 강요하고 불가피한 사유가 소명되면 기존 방식을 인정하는 규제개혁을 주문할 수도 있다.

토지 입지규제의 경우

토지의 입지규제는 토지의 용도 구역을 정하고 구역별로 입지 가능한 시설을 지정하는 규제, 환경 또는 농지 보전 등을 이유로 허용 가능한 행위를 열거하는 규제이다. 토지의 입지 제한 규제는 하나의 규제개혁 기법을 일방적이고 통일적으로 적용하기에 어려움이 있다. 토지의 입지는 개별적인 입지 사유가 매우 다양하고 정도의 차이가 있으나 규제의 필요성과 정당성이 인정될 가능성이 높기 때문이다.

그러나 큰 틀에서 현행의 규제를 유지하면서도 규제영향분석(RIA) 기법을 통해 규제를 다듬어 완화할 필요는 있다. 다만 지역별로 투자 유치 등 규제 완화의 필요성이 제기되면 시간적인 규제개혁 기법인 한시적 규제유예(TRR)를 통해 규제의 배제 또는 완화를 적용하는 방법도 효과적이다. 입지규제는 지역별로 규제의 정도가 달라지며 토지를 활용하려는 개별적인 사정도 매우 다르게 나타날 가능성이 매우 높다. 따라서 입지심의위원회제도 등의 방식을 통해 개별적인 특수한 사정을 고려하는 제한적인 규제형평제도 도입을 추진하는 것도 바람직하다. 또한 입지 허용 열거 행위에 대해서는 기본적으로 규제일몰제를 적용해 규제환경의 변화에 맞춰 정기적으로 요건을 재검토하도록 하는 것이 필요하다.

품질규제, 기업의 생산 과정 통제규제

국민의 건강·안전을 위해 제품의 품질 확보하기 위한 각종 품질규제는 주로 제품의 생산 과정을 확인하고 점검하는 명령지시적 행정규제로 제정된다. 품질규제에 대해서는 행정규제에서 정보의 제공, 보험 등의 비규제적 대안(non regulation alternatives)을 우선적으로 검토 전환하는 개혁이 필요하다. 시장에서 우수한 제품의 인식을 가능하게 하여 소비자의 선택으로 기업의 품질을 높이게 하고 잘못된 제품에 대한 생산판매자의 보험을 통해 통제하는 방안이 가능하다. 또한 생산 과정 및 기업의 활동 과정 통제는 품질을 평가하는 성과기준 설정(performance standard setting) 기법으로 전환하고 생산과 활동 과정은 관련 단체의 자율규제 또는 공동규제 방식의 적용이 가능하게 된다.

지원적 기준규제의 경우

각종 농산물의 생산 장려, 기업 환경 개선 등 일정한 신청 조건을 정하고 신청을 받아 보조금, 장려금 등을 지원하는 지원 기준규제는 규제개혁의 기법을 적용하기에 어려움이 있다. 정부 지원의 신청 조건은 정책적이고 정치적인 고려가 필요한 규제이다. 정부의 한정된 재원을 어떠한 대상에 어떻게 지원하느냐는 기준에 대해 특정한 규제개혁의 기법을 동시에 적용하기 어렵기 때문이다.

그러나 신청 조건 또는 지원 기준에 대해서도 제도의 정책적 지원 목적에 효과적인지 합목적성 또는 효과성의 분석을 통해 개혁적 접근이 가능하게 된다. 아울러 지원규제에 대해서는 신청과 처리에 이르는 행정절차 개혁에 집중할 수 있다. 지원을 신청하고 지급하는 집행 과정에서 기준이 명확하고 투명한지, 과다하고 불필요한 첨부서류는 없는지, 행정편의주의적인 절차는 없는지 행정절차에 대한 분석을 통해 개혁을 할 수 있다. 또한 기준규제는 신청 기준이 정교해도 신청자의 개별적인 사정을 모두 헤아리기는 어렵다. 이때 신청자의 개별적인 사정을 구제할 수 있게 지원 대상 여부를 심사하고 규제하는 위원회 방식의 제도 마련도 필요하다.

이상에서 몇 가지 규제 유형에 대해 적용 가능한 규제개혁의 기법들을 나름대로 언급해 보았다. 여기에서 강조하고자 하는 것은 하나의 기법을 먼저 설정해서 규제개혁을 추진하기보다, 규제개혁의 목적을 제시하고 그 목적과 관련된 대상 규제를 선정한 후 선정된 규제의 성격과 유형에 적합한 다양한 기법들을 종합적으로 적용하자는 것이다.

규제개혁 주체의 중요성

규제개혁에서 핵심적인 사항의 하나가 규제개혁 주체의 문제이다. 지금도 그러하지만 그간 우리나라의 규제개혁은 정부의 주도로 이뤄져 왔다. 앞으로의 규제개혁도 정부 주도에서 크게 벗어날 가능성은 희박하다. 1998년 「행정규제기본법」의 시행으로 민관 합동으로 구성된 규제개혁위원회가 규제개혁의 한 주체로 설치되었으나 규제개혁위원회는 비상설 조직으로 별도의 생업을 가진 민간위원으로 구성되어 규제개혁 주체로서의 역할에는 한계가 있다.

지금까지 규제개혁위원회의 주된 역할은 신설·강화하려는 규제의 심사에 머물고 있는 것도 사실이며, 이 또한 공무원으로 구성된 사무국(국무조정실)에서 만들어진 안건에 주로 의존하고 있다. 결국 규제의 신설, 만들어진 규제의 집행, 그리고 이러한 규제에 대한 개혁도 정부 주도로 이뤄지게 된다.

규제개혁에 대한 정부 의지의 중요성

정부는 규제자이자 규제개혁의 주체로서 이중적인 역할을 수행하게 된다. 물론 정부의 조직 내에서는 규제자로서의 부서와 규제개혁자로서의 부서가 다르게 조직되어 있다. 그러나 실제적인 업무 처리 과정에서는 규제자와 규제개혁자로서의 조직과 담당자를 구분하기 어렵다.[62] 따라서 정부 주도의 규제개혁은 규제개혁을 추진하려는 정부의 의지가 무엇보다 규제개혁의 성패를 좌우하는 중요한 변수가 된다. 정부의 의지에서도 최고결정권자를 비롯한 고위직의 규제개혁에 대한 의지와 이를 실무적으로 뒷받침하는 관련 공무원의 적극적인 동참 자세가 중요하다. 그중에서도 특히 최고결정권자의 의지는 더욱 중요하고 개혁의 승패를 좌우한다.

[사례 14] 김대중 행정부에서의 '규제 50% 폐지' 목표와 대통령의 의지[63]

1998년 김대중 행정부는 1997년의 '아시아 외환위기'로 인한 IMF 구조금융 등 한국의 경제위기를 안고 출범했다. 김대중 행정부는 경제위기를 극복하기 위한 방안의 하나로 규제개혁에 정책의 우선순위를 두었다. 당시 김대중 대통령은 '규제의 50% 폐지'라는 규제 감축 목표를 제시했다. '규제 50% 폐지' 목표는 거의 모든 부처와 전문가들도 불가능한 목표로 추진하기 어렵다고 했다. 당시 규제총괄기관인 국무조정실 주관으로 각 중앙행정기관은 소관 규제의 50% 폐지를 할당받아 추진했으나 대다수는 그 가능성에 부정적이었다. 부처의 공직자 또한 규제 폐지로 인한 부작용에 대한 우려가 높았다. 그러나 대통령의 의지는 너무 강했다. 당시 국무조

62) 부처의 조직을 살펴보면 규제개혁을 담당하는 부서(규제개혁 법무담당관실 등)와 규제자의 부서(각 국)는 다르게 업무를 분장하고 있다. 그러나 규제개혁 대상 과제의 선정과 개혁 방안 마련 과정에서 규제개혁 담당부서의 요청으로 당초 규제를 제안하고 입안하는 부서에서 실제적으로 개혁안을 마련하고 있어 종국적으로 규제 입안부서와 규제개혁 추진 부서의 구분은 무의미하게 된다.

정실장의 주요 업무 중 하나가 대통령의 지시와 의지를 주요 부처 장관에게 전달하고 50% 목표 달성을 독려하는 것이기도 했다. 결국 전수 조사된 규제 11,125건 중 47.8%인 5,430개의 규제를 폐지했다. 제시한 '규제 50% 폐지'에 근접하는 성과를 달성하게 된 직접적인 동력은 당시 김대중 대통령의 규제개혁에 대한 강력한 의지였다.

[사례 15] 이명박 행정부의 초반, 대통령의 규제개혁 의지

2008년 이명박 행정부는 출범과 동시에 '국가경쟁력강화위원회'를 구성하고 국가경쟁력 제고 차원에서 규제개혁을 주도했다. 이명박 대통령은 출범 첫해인 2008년 9회, 둘째해인 2009년에 10회 등 취임 후 22개월인 2009년 말까지 19회의 국가경쟁력강화위원회를 개최(주재)해 규제개혁을 점검하고 독려했다. 대통령의 해외순방 일정을 감안할 때 사실상 매월 직접 회의를 주재한 것이다. 대통령이 하나의 위원회를 월 1회씩 꾸준하게 주재하는 것은 매우 드문 경우로 규제개혁에 대한 강력한 의지의 표현이라 할 것이다. 이러한 대통령의 강력한 의지로 위원회를 통해 취임 초반인 2009년까지 산업단지 활성화, 외국인 투자유치제도 개선, 수도권 규제 완화, 군사시설 관리 이전, 규제일몰제 확대 등 주요한 규제개혁을 추진했다.

이명박 행정부에서 국가경쟁력강화위원회는 총 30회 개최되었으며, 2010년 이후 2013년 2월 말까지 3년간은 11회에 그쳐 후반부에 들어 규제개혁 의지는 초반에 비해 낮아졌다고 할 수 있다.

---

63) 필자는 1998년 김대중 행정부의 '규제 50% 폐지' 목표의 규제개혁 추진 당시 규제총괄관리기관인 국무조정실(규제개혁조정관실)에서 규제 50% 폐지에 참여했다. 당시 부처의 공직자 대다수는 소관 부처 규제 폐지에 대해 규제 폐지로 인한 우려로 부정적이고 초기에는 비협조적이었으나 최고 결정권자의 강력한 의지로 추진되었다.

규제개혁의 주체로서 지방자치단체의 중요성

규제개혁의 주체로서 정부와 관련해 또 다른 문제점은 규제개혁의 주체가 제한적이었다는 점이다. 1980년 규제개혁이 시작되고, 1997년 「행정규제기본법」의 시행으로 체계적인 규제개혁이 시작된 이후 역대 행정부마다 정부 주도의 규제개혁을 추진했다. 그러나 정부의 규제개혁은 대부분 중앙행정기관이 주체가 되어 중앙행정기관이 관장하는 법령을 개혁 대상으로 추진했다.

규제 법령은 주로 중앙행정기관에서 관리한다. 그러나 지방자치단체의 자치법규 또한 증가하고 있으며 각종 상위 법령에서 지방자치단체의 자치법규에 세부적인 규제를 위임하는 경향이 점차 높아가고 있는 것도 사실이다. 중앙행정기관의 법령에도 불구하고 규제의 집행은 지방자치단체에서 이뤄진다. 피규제자의 입장에서는 상위 규제를 해석하고 집행하거나 세부적인 지방자치단체의 규제(조례, 규칙, 내부지침, 허가 조건 등)에 더 영향을 받게 된다. 이제 규제개혁의 주체는 지방자치단체가 중앙행정기관보다 더 중요해지고 있다.

지방자치단체 규제의 문제점과 개혁

지방자치단체의 규제에서 문제점은 크게 네 가지로 정리할 수 있다.

첫째, 중앙행정기관의 상위 법령에서 지역 실정에 맞는 후속 규정을 제정하도록 위임된 규제에 대해 지방자치단체에서 하위 규제를 적기에 제정하지 않는 경우이다. 이 경우 해당 규제는 지방자치단체에서 세부적인 규정을 마련하지 않거나 개정된 상위 규정에 맞춰 지방조례를 개정하지 않아 실제 집행이 이뤄지지 못하게 된다. 특히 피규제자에서 수익적인 지원규제인 경우 집행이 이뤄지지 못하거나 지연됨에 따른 상대적인 손실은 피규제자에게 돌아가게 된다. 또한 여러 지방자치단체 중에서 상위 규정의 취지에 맞게 적기에 규정을 정비한 지역과 그렇지 않은 지역 간 법적인 형평성의 문제도 야기하게 된다.

둘째, 중앙행정기관의 상위 법령에서 위임을 기회로 상위 법령의 규제보다 실제 현지 집행을 위한 규제를 더욱 강화해 규제개혁의 효과를 상쇄하는 경우이다. 앞에서 설명한 바와 같이(제1장, 지방자치단체의 '서랍 속 규제') 상위 법령에서 지역의 실정에 맞춰 가감하도록 한 경우 대부분 상위 법령보다 규제를 강화하는 쪽으로 규정을 마련하고 있다. 규제자의 입장에서 규제를 완화함으로써 발생할 문제를 우려해 혹 발생될 수 있는 문제점을 미리 차단하고자 규제를 강화하는 경향을 갖기 때문이다. 이 경우에는 상위 법령에서 지역의 실정을 감안하도록 한 규제개혁의 취지가 기본적으로 상실하게 된다.

셋째, 상위 법령에 근거 없이 자치단체의 법규로 규제를 제정한다는 점이다. 우리나라 행정규제기본법에서는 법정주의를 원칙으로 법률의 근거나 위임 없이 하위 규정으로 규제를 제정하지 못하게 되어 있다.

넷째, 상위 규정이 개정되어 이미 규제 완화 또는 폐지되었음에도 지방자치단체의 하위 규정을 그대로 방치해 규제하고 있는 경우이다. 위의 네 가지 유형의 지방자치단체의 잘못된 규제는 드문 현상이 아니라 자주 일어나고 있다.[64]

---

64) 예로서 최근 농림축산식품부는 소관 규제와 관련된 지방자치단체의 조례상 규제 590건을 조사했고 그 결과 339건의 불합리한 지방자치단체의 규제를 확인해 제시하고 있다. 농림축산식품부가 확인한 339건은 유형별로 '상위 법령 개정 사항이 지방자치단체의 규정에 미반영된 경우'(83건), '상위 법령의 위임 범위를 일탈한 경우'(43건). '법령에 근거 없는 규제'(95건) '위임 사항을 소극적으로 적용한 경우'(118건) 등을 지적하고 있다(농림축산식품부, 2015: 9-10).

[사례 16] 농업기반시설의 사용료 징수 관련 위임일탈 조례[65)]

- 상위 법령: 「농어촌정비법」 시행령에서 농업생산기반시설이나 용수의 사용허가 기간을 사용 목적에 따라 3년, 5년 또는 10년 이내로 규정하고 있다.

☞ 그러나 상당수 수도권 지방자치단체들이 조례로 사용 대상과 목적에 관계없이 최고 사용 기간을 3년으로 획일적으로 규제했다.

- 상위 법령: 「농어촌정비법」에서 농업기반시설의 사용료를 토지공지지가의 100분의 5에 해당하는 금액을 징수하도록 지방자치단체의 위임하고 있다.

☞ 그러나 수도권 및 경북 등의 일부 지자체에서 상위 법령을 일탈해 토지공시지가의 100분의 10에 해당하는 수수료 징수조례를 제정해 징수했다.

[사례 18] 액화석유가스(LPG) 충전소 설립 승인 기준의 상위 법령 일탈[66)]

- 상위 법령: 「액화석유가스의 안전관리 및 사업법」과 시행령에서 충전소 설립의 도로 요건과 관련해, 법령에서 사업소 한 면의 인접 도로폭 기준을 8m로 정하고 지방자치단체에서 2배(16m)까지 지역 상황을 고려해 강화할 수 있도록 위임하고 있다.

☞ 그러나 일부 지방자치단체에서 사업소 인접 도로 폭의 기준을 상위 법령의 최대 위임 범위 18m를 초과해 20m 이상까지 규제하고 있다.

☞ 또한 일부 지방자치단체에서 상위 법령의 근거 없는 허가 조건으로 규제(충전사업소 간 거리, 허가 시에 주민 동의, 충전소의 시설·차량·장비의 사업자 본인 소유 의무 등)하고 있다.

65) 농림축산식품부(2015: 10)를 참조해 정리.
66) 행정자치부(2015: 35)를 참조해 정리.

지방자치단체 규제는 피규제자가 직접 접하는 피부에 와닿는 규제이다. 규제개혁의 대상으로서의 지방자치단체의 규제가 중요하며 규제개혁의 주체로서 지방자치단체가 좀 더 중요해지는 이유이기도 하다. 중앙행정기관에 더하는 지방자치단체의 규제개혁의 주체로서 체계적인 역할과 노력이 필요하다.

제3장
한국의 규제개혁 역사와 제도

규제개혁의 시작
전두환 · 노태우 행정부의 규제개혁
김영삼 행정부의 규제개혁
김대중 행정부의 규제개혁
노무현 행정부의 규제개혁
이명박 행정부의 규제개혁
박근혜 행정부의 규제개혁
「행정규제기본법」의 의미와 주요 내용

규제개혁의 시작

한국에서 규제개혁은 1970년대까지 정부와 민간 분야 어디로부터도 관심을 받지 않았으며, 그 필요성도 제기되지 않았다. 1945년 광복에 이어 남북 분단과 한국전쟁으로 피폐해진 경제 시장에는 경쟁이 가능한 제대로 된 민간 기업도 없었기 때문이다. 1960~70년대에는 정부 주도로 외자를 유치하고, 경제개발 5개년계획을 수립해 기간산업, 사회간접자본, 중화학공업 등에 정부가 직접 배분하고 집행했다. 정부 및 공기업의 주도로 이뤄진 시급한 경제 개발 추진 과정에서, 민간 시장에서의 경쟁성이나 자율성보다 정부 주도의 규제와 능률성이 더 강조되었다.

규제개혁은 정부 주도의 경제 체제가 아닌 민간 창의성과 경쟁을 바탕으로 하는 시장경제 및 개방경제 상황에서 필요하게 된다. 따라서 1970년대까지 투자할 여력이나 경쟁 상대가 없을 정도로 빈약한 한국의 민간 분야 경제 상황에서 규제개혁의 필요성 자체가 제기되지 못한 것이다.

한국에서의 규제개혁 또는 규제 완화에 대한 관심이 형성되고 개혁이 시작된 시점은 1980년 들어 전두환 행정부에서이다.[1] 전두환 행정부가 들어선 1980년은 1960~70년대를 거치면서 정부의 도움으로 어느 정도 성장을 이룬 민간 분야에서 규제 완화의 필요성이 제기되기 시작했고, 출범하는 전두환 행정부 또한 1980년의 마이너스 경제 성장 등으로 민간을 통한 경제 성장이 필요한 시점이었다. 이에 민간과 정부 모두 규제개혁이 필요하다는 인식이 서로 일치됨으로써 자연스럽게 시작되었다.

민간 분야의 규제개혁 필요성 제기는 1960~70년대 박정희 행정부에서 추진된 정부 주도의 규제적인 경제발전계획에 의해 이뤄진 경제 성장의 성과와 함께 동시에 나타난 부작용에서 비롯된다. 박정희 행정부는 1960~70년대 정부 주도의 강력한 경제발전계획을 시행함으로써 기간산업, 사회간접자본, 중화학공업 등에서 상당한 성과가 나타나기 시작했다. 이러한 정부 주도의 계획경제는 동시에 민간기업의 성장도 가져와, 민간 분야에서도 어느 정도 상호 경쟁이 가능한 수준으로 성장이 이뤄지게 되었다. 또한 박정희 행정부의 수출장려 정책으로, 국내 기업의 해외 진출이 시작되었고, 민간 분야에서도 정부의 도움 없이 해외 투자를 유치하는 등 개방화로 나아가게 되었다. 이러한 민간 분야의 성장과 해외 개방화는 그에 걸맞은 정부 규제를 필요로 하게 된다.

1960~70년대 정부 주도의 경제 발전은 민간 분야의 동반 성장을 가져오는 긍정적인 성과만 가져오지 않았다. 시장 통제적인 정부 주도의 경제 성장 위주의 정책은 자원 배분의 불공정, 1970년대 중화학공업에 대한 투자 집중의 문제, 대기업 위주의 경제력의 집중과 민간의 자율과 창의의 상대적인 위축 등 여러 가지 문제점도 함께 가져왔다.

결국 이러한 1960~70년대 정부 주도의 경제발전정책이 가져온 긍정적이면서도 부정적인 현상은 박정희 대통령의 서거와 함께 경제발전 정책을 정부 주도에서 민간 중심의 변화를 불가피하게 했고, 그러한 변화는 자연스럽

1) 우리나라에서 규제개혁이 전두환 행정부에서 시작되었다는 데 대해서는 상당수 학자들의 의견이 일치하고 있다(김종석 외, 1999: 8; 최병선, 1992: 804; 한국행정연구원, 2014a: 265-266).

게 규제 완화에 대한 관심으로 나타나게 되었다.

한편 전두환 행정부가 출범하려는 1980년의 한국은 1962년 경제개발 5개년계획 수립·추진 이후 처음으로 마이너스 경제성장률을 기록하는 등 경제적으로 매우 어려운 시기였다. 특히 1979년 말부터 나타난 제2차 국제 석유파동과 그에 이어진 국제 고금리-고달러 현상에 국내의 정치적 혼란까지 겹쳐, 1979년까지 7% 이상의 고도 성장을 했던 한국의 경제는 1980년에는 -1.7%[2]로 급속하게 냉각되었으며, 소비자 물가지수도 1979년에 18%로 높아진 후 1980년에는 29%로 상승했다. 즉, 1960년 이래 의욕적이며 경직적인 경제개발 과정에서 누적된 각종 구조적인 모순과 함께 높은 해외 의존적인 경제 운영 전략에 따라 고유가·고금리를 계기로 한국 경제는 최대의 내우외환에 직면하게 된 것이다(한국행정연구원, 2014a: 150-151).

정부 출범의 정당성 등 국내의 정치적인 문제와 함께 마이너스 경제 성장의 경제적 어려움에 직면한 전두환 행정부로서는 경제성장세의 회복이 주요한 과제였다. 결국 경제 회복에서 과거와 같은 정부 주도의 경제정책 운영 방식으로는 경제 회생이 어렵다고 보았고, 경제성장세의 회복을 위한 방안으로 정부 주도의 발전에서 시장 중심의 발전으로 패러다임을 전환하게 되었다. 이에 전두환 행정부는 1980년대 초반 이래 경제 분야에서 시장경제(수입규제의 철폐), 금융 부문 자율화(금융규제의 자율화), 외환 및 자본시장의 자율화, 공기업의 민영화 등 시장화·개방화·자율화를 내세우는 민간의 활력과 자율을 제고하는 규제 완화(deregulation)를 정부가 앞장서서 시작하게 되었다(최병선, 1992: 803-804; 한국행정연구원, 2014a: 265-266).

한국의 규제개혁은 1980년에 시작되어 이제 35년 이상의 역사를 가지게 되었다. 특히 1990년대 들어 김영삼 행정부에서 규제개혁의 노력이 더욱 가속화했다. 그간 역대 행정부 대다수가 규제개혁을 국정의 핵심 과제로 추진

2) 한국의 경제성장률(GDP성장률, 계절 변동 조정·전기비)은 1978년 10.8%, 1979년 8.6%, 1980년 -1.7%, 1981년 7.2%이다(한국은행 http://ecos.bok.or.kr).

했고, 여러 행정부를 거치면서 다양한 규제개혁 추진 체계를 구성하기도 했으며, 각종 규제개혁의 기법과 제도의 발전도 가져왔다. 특히 1998년에는 「행정규제기본법」을 시행하면서, 오늘날 한국의 규제개혁 추진 체계와 기본적인 제도의 틀을 정립하기도 했다.

이어서 1980년 전두환 행정부에서부터 역대 행정부의 규제개혁 노력에 대해 추진 체계, 추진 제도의 변천을 중심으로 살펴본다.[3]

3) 규제개혁의 추진 역사는 여러 기준을 고려해 구분·설명할 수도 있다. 김종석 외(1999)는 우리나라의 규제개혁의 역사를 태동·형성기(1982~1991), 성장발전기(1993~1997), 성숙기(1998~현재)로 구분해 설명하고 있다. 우리나라 규제개혁은 제도적 측면에서 보면 행정규제기본법의 시행 이전과 기본법의 시행(1998년) 이후로 크게 구분할 수도 있다. 그러나 역대 행정부에서 나름의 규제개혁의 배경과 추진 방법은 다르다. 이 책에서는 역대 행정부별로 추진 체계, 제도의 변천을 중심으로 살펴본다.

전두환 · 노태우 행정부의 규제개혁

전두환 행정부의 규제개혁

앞에서 살펴본 것처럼 한국에서의 규제개혁은 전두환 행정부에서 처음으로 시작했다. 전두환 행정부는 규제개혁 추진을 위한 조직으로 1981년 5월 '성장발전 저해요인 개선심의위원회'를 구성했다. 국무총리를 위원장으로 하고 관계부처 장관과 경제계 · 언론계 · 법조계 · 학계 · 문화계 · 노동단체 등을 대표하는 민간인들로 구성했다. 성장발전 저해요인 개선심의위원회는 한국 규제개혁 역사에서 최초로 설치된 규제 완화를 위한 민관합동위원회가 된다. 중앙행정기관으로서의 총무처가 주관이 되어 성장발전 저해 요인 개선을 위한 규제 완화를 추진하면서 '성장발전 저해요인 개선심의위원회'를 지원했다. 위원회는 당초 1981년 말까지 운영할 예정이었으나 매년 연장되었고, 1983년 5월에는 '성장 발전을 위한 제도개선위원회'로 명칭을 변경해 전두환 행정부 내내 운영했다. 전두환 행정부에서는 위원회의 운영 등으로 120건의 주요 정책과 1,434건의 부처별 일반과제를 개선했다(한국행정연구원, 2014a: 266).

전두환 행정부에서의 규제개혁 제도화에 대한 노력은 이뤄지지 않았다. 다만 1981년 「독점규제 및 공정거래에 관한 법률」을 최초로 제정·시행함으로써 과도한 경제력의 집중 방지, 불공정 거래행위의 규제와 공정한 경쟁시장의 조성을 위한 제도적 기반을 마련했다.[4] 이 법률의 시행으로 경쟁 제한적인 법령을 제정 및 개정하는 중앙행정기관은 경제기획원(공정거래위원회)과 사전 협의하도록 했다. 관계 부처 협의에 불과하나 제한된 범위에서 규제의 신설·강화에 사전 검토하는 제도를 도입한 사례가 된다.

전두환 행정부의 규제개혁은 전반적으로 경제 성장 기조를 유지한 상태에서 경제의 효율성 증대와 시장화, 개방화를 지향해 능률성과 효과성을 증대하는 방향으로 추진되었다고 할 수 있다. '성장 발전을 위한 제도개선위원회'를 통해 수출입관리제도의 개선, 각종 인허가제도의 개선, 환경보건제도의 개선, 각종 민원제도 개선, 야간통행금지 해제 등 다양한 규제를 폐지·개선했다. 이러한 규제개혁의 노력으로 경제가 다시 성장 궤도로 진입하는 데 기여한 것은 사실이나 규제개혁 과정에 이해관계자의 참여가 제한되었으며, 규제개혁이 관료와 대기업집단 중심으로 주도되어 추진함으로써 중소기업이나 경제적 약자보다 대기업의 편익에 집중되었다는 비판을 받고 있다(한국행정연구원, 2014a: 267-269). 또한 경제 성장을 도모한다는 취지에서 출발한 나머지 일부 규제가 졸속으로 완화되어 규제개혁의 부작용으로 인한 정치사회적 가치가 훼손되기도 했다.[5]

---

4) 「독점 규제 및 공정거래에 관한 법률」(법률 제3320호, 1980.12.31. 제정)은 1981년 4월 1일 시행되었다. 이 법률에 근거해 경제기획원에 공정거래위원회가 구성되었다.

5) 최병선(1992: 806-812)은 관료와 대기업 위주의 규제 완화 추진으로 공익에 입각한 개혁 논의가 이뤄지지 못했고 경제 성장과 행정절차를 도모한다는 규제로 인한 취지에서 출발한 나머지 정부규제가 졸속으로 완화되어 다른 정치사회적 가치의 실현이 오히려 저해될 수 있는 소지를 만들었다고 하며, 그러한 규제개혁의 잘못된 사례로 '수도권지역 공업배치제도의 후퇴, 지역개발사업의 인허가 단순화, 신개발 의약품 보호 지정 축소, 오염배출 부과금제도의 도입 등을 들고 있다.

노태우 행정부의 규제개혁

노태우 행정부에서 규제개혁 추진을 위한 조직으로 1988년 '민간합동 경제법령정비협의회', 1990년 4월에는 '행정규제완화위원회'를 설치했고, 1991년 9월에는 규제 완화에 대한 민간 부문의 의견을 수렴하기 위해 국무총리의 자문기관으로 '행정규제완화민간자문위원회'를 발족해 운영했다.

노태우 행정부에서의 핵심적인 규제개혁 추진조직은 '행정규제완화위원회'였다. 이 위원회는 국무총리를 위원장으로 관계 부처 장관, 전문가 등 21명으로 구성했다. 위원회의 규제개혁은 경제행정 분야와 일반행정 분야로 나눠 추진했다. 위원회 산하에 각각 '경제행정 규제완화 실무위원회'(위원장: 경제기획원 차관)와 '일반행정 규제완화 실무위원회'(위원장: 총무처 차관)를 구성해 경제행정 분야는 경제기획원이, 일반행정 분야는 총무처에서 주관이 되어 안건을 발굴하고 위원회를 지원했다.

경제행정 분야 규제개혁은 개별 산업의 제도 개선을 통해 산업경쟁력 강화에 중점을 두어 추진했다. 그러나 일반행정 분야 규제개혁은 사회가 안고 있는 비능률과 낭비, 비합리적인 제도와 관행 해소에 중점을 두는 행정쇄신대책의 일환으로 추진되었다. 노태우 행정부의 행정쇄신작업은 '행정규제완화위원회'를 추진본부로 하고, 각 중앙부처와 시·도에 '행정쇄신대책반'을 설치해 운영했고, 이곳에서 행정쇄신과 함께 일반행정 분야 규제개혁을 추진했다. 행정쇄신대책의 일환으로 전개된 규제 완화에서 950개 과제를 개선대상으로 확정해 개선을 추진했다(한국행정연구원, 2014b: 265).

노태우 행정부의 규제개혁은 개혁 대상을 일반행정과 경제행정으로 분리하고 그에 상응한 추진 체계를 구축하고 역할 분담해 체계적으로 접근했다는 평가이다. 그러나 규제 완화가 장기적인 성과와 목표를 가지고 추진되지 못하고 지엽적인 영역에서 단기적인 성과를 내는 민원성 사안에 대한 해결에 주력했다는 비판을 받고 있다. 또한 규제개혁 과정에 이해 당사자의 의견 교환을 통한 합의를 도출하는 데 소홀히 했다는 평가이다(한국행정연구원, 2014b: 267; 최송화, 1993: 62).

김영삼 행정부의 규제개혁

전두환 행정부에서 시작되고 노태우 행정부를 거쳐 추진된 김영삼 행정부의 규제개혁은 한국 규제개혁 역사에서 성장 및 성숙기라고 할 것이다. 김영삼 행정부는 여러 개의 민관합동위원회를 구성해 경제규제와 행정규제에 대해 지속적인 개혁을 추진했다. 특히 「기업활동 규제에 관한 특별조치법」과 「행정규제 및 민원사무 기본법」을 제정해 규제개혁의 법률적 제도화를 시작했고, 임기 말에는 「행정규제기본법」을 제정해 한국에서 규제개혁의 실질적인 법제화를 이뤘다.

규제개혁 추진 체계

김영삼 행정부는 출범 직후 규제개혁 추진을 위한 조직으로 1993년 3월에 '경제행정규제완화위원회', 1993년 5월에 대통령 직속의 '행정쇄신위원회', 1993년 9월에 '기업활동규제완화심의위원회'를 설치하는 등 출범 한 해에 모두 3개의 민관합동 위원회를 동시에 발족해 강력한 규제개혁을 시작했다.

'경제행정규제완화위원회'는 경제기획원이 주관해 경제규제에 대한 개혁을 추진했고, 행정쇄신위원회는 대통령 직속 자문기구로서 대통령비서실과 행정조정실이 주관해 행정규제 완화 등 법령 · 제도의 개선, 행정 행태와 관행 개선 및 민원행정 쇄신 등에 중점을 두었다. 그리고 기업활동규제완화심의위원회는 김영삼 행정부 출범 이후 제정한 「기업활동 규제 완화에 관한 특별조치법」에 근거해 상공자원부 장관 소속하에 설치했다. 기업활동규제완화심의위원회는 기업활동에 관한 행정규제의 조사 및 심사, 행정규제로 인한 기업의 고충처리, 기업활동에 관한 행정규제의 완화 조치에 대한 평가 · 분석 등 기업활동에 관한 규제 · 고충에 중점을 두었다. 경제기획원이 주관해 경제규제 개혁을 추진하던 경제행정규제완화위원회는 1996년 4월에 폐지되고 '경제규제개혁위원회'로 대체되면서 공정거래위원회가 주관했다.[6)]

그 밖에도 1994년 5월에는 김영삼 행정부 출범 이후 제정한 「행정규제 및 민원사무 기본법」에 근거해 총무처 주관의 '규제합동심의회의'를 구성했다. 규제합동심의회의는 각 부처가 자체 심사로 신설 · 강화한 규제에 관련 기관이 이견이 있을 경우 총무처에서 부처 이견을 조정하기 위한 심의기구로 기존 규제를 정비하는 규제개혁 추진 기구와는 거리가 있었다.

김영삼 행정부는 기존 규제 정비를 위한 위 3개의 위원회를 운영하면서 기존 규제개혁 추진 체계를 아우르는 조직으로 1997년 4월에 '규제개혁추진회의'를 별도로 구성했다. 규제개혁추진회의는 국무총리와 대한상공회의소 회장을 공동 의장으로 구성했으며 행정조정실에서 지원했다. 규제개혁추진회의는 그간의 각종 위원회를 통한 규제개혁 추진의 효율화를 위해 규제개

6) 공정거래위원회는 1996년 3월에 위원장이 차관급에서 장관급으로 격상되고 소비자보호국, 하수도국이 신설되는 등 조직이 확대되는 것을 계기로 경제규제개혁위원회를 통한 경제규제 개혁을 주관하게 되었다.

혁의 기본 방향 정립, 규제개혁 과제의 심의, 각 부처 및 위원회의 규제개혁 추진 상황의 점검 및 평가 등을 추진했다. 김영삼 행정부에서의 규제개혁 추진 체계의 현황은 〈표 3-1〉과 같다.

〈표 3-1〉 김영삼 행정부의 규제개혁 추진 체계

명칭	운영 기간	설치 근거	주무부처	위원 수	업무
경제행정규제 완화위원회	1993.3~ 1996.4	신경제100일 계획	경제기획원 (재정제원)	19 (정부 12, 민간 7)	• 경제 규제개혁
경제규제 개혁원회	1996.4~ 1997.12	경제행정규제위 대체	공정거래위원회	24 (정부 6, 민간 18)	• 경제 규제개혁
행정쇄신위원회	1993.4~ 1997.12	행정쇄신 위원회규정	대통령자문기구 • 대통령비서실 (행정쇄신비서관) • 국무총리 행정조정실	15 (민간 15)	• 행정규제 완화 등 법령 제도 개선 • 행정 행태와 관행 개선 • 민원행정 쇄신 • 중앙 · 지방정부 간, 정 · 민간 간 기능과 역할 재점검 등
기업활동규제 심의위원회	1993.9~	기업활동 규제 완화에 관한 특별조치법	상공자원부 (통상산업부)	9 (정부 4, 민간 5)	• 기업활동 관련 행정규제 조사 · 심사 • 기업고충처리 • 기업활동 행정규제 완화 조직평가 · 분석 등
규제개혁 추진회의	1997.4~ 1998.1	대통령훈령 (1997.4.17)	국무총리실 (행정쇄신위원회 행정실)	24 (정부 7, 민간 17)	• 규제개혁 기본 방향 정립 • 규제개혁 과제의 발굴 및 심의 • 규제개혁 추진 상황의 점검 및 평가 • 항구적 규제개혁 시스템 구축

자료: 김종석 외(1999: 10-11)를 참조해 재구성.

규제개혁제도의 발전

김영삼 행정부 규제개혁의 특징은 항구적인 규제개혁 제도화를 적극적으로 추진했다는 점이다. 먼저 출범 직후 「기업활동 규제 완화에 관한 특별조치법」을 제정(법률 제4560호, 1993.6.11. 제정)해 1993년 7월 1일 시행했다. 특별조치법은 그간 다양한 법률에서 규제해 온 창업, 공장 입지, 의무고용제도, 검사제도 등 기업활동과 관련된 규제에 대해 특례 조치로서 각종 규제를 개별 법률의 개정이 아니라 특별조치법에서 일괄적으로 완화해 기업활동을 지원했다.

또한 김영삼 행정부는 1994년 4월 8일 지속적인 행정 개선을 도모하기 위해 「행정규제 및 민원사무기본법」(법률 제4735호, 1994.1.7. 제정)을 시행했다. 이 기본법에는 행정규제에 관한 규정은 5개 조항에 불과하고 대부분이 민원사무의 처리와 관련된 내용이었다. 이 기본법에서 규제법정주의, 규제의 원칙 및 규제 신설·강화 시 사전 심사제도를 법률에 도입했다. 이 기본법에 규정한 규제법정주의(제4조), 규제의 원칙(제5조)은 구체적이지 못하고 원칙적인 선언에 불과했다.[7] 또한 규제의 신설·강화 시 심사제도(제6조)의 경우에도 7개의 심사 고려사항을 제시하고 규제자인 중앙행정기관이 스스로 제시된 기준을 고려해 심사하고 결정하도록 하고 있다.[8] 중앙행정

---

7) 「행정규제 및 민원사무기본법」(법률 제4735호)의 제4조(규제법정주의)에서 "행정규제는 법률에 근거해야 하며, 그 내용은 구체적이고 명확하게 규정되어야 한다."고 규정하고, 제5조(규제의 원칙)에서 "행정규제의 대상과 수단은 그 목적을 실현하는 데 필요한 최소한의 범위 내에서 설정되어야 하며, 그 적용은 객관적이고 공정하여야 한다."고 규정하고 있다.

8) 「행정규제 및 민원사무기본법」 제6조에서 중앙행정기관의 장은 법령·훈령·예규·고시 등을 제정 또는 개정하여 행정규제를 신설하거나 강화하고자 할 때에는 행정규제의 신설 또는 강화의 필요성과 행정규제 목적의 실현가능성, 행정규제를 받는 자의 불편 및 부담, 기존 행정규제와의 중복 여부, 경쟁 제한적 요소의 포함 여부, 행정규제의 신설 또는 강화에 따른 행정기구 및 인력과 예산 소요, 행정규제와 관련한 심사 기준의 객관성·명료성, 관련 민원사무의 구비서류·처리절차 등의 사항을 종합적으로 심사해 당해 행정규제의 대상·범위·방법 등을 부처가 결정하도록 하고 있다.

기관의 심사 결과는 총무처에 통보하도록 함으로써 각 중앙행정기관의 자체 규제심사에 이견이 있는 경우에 한해 총무처에 설치된 '행정규제 합동심의회의'에서 조정하게 했다. 따라서 규제심사제도도 규제자의 자체적인 심사제도로 실효성은 매우 낮았다. 그러나 이 기본법은 한국 규제개혁 역사에서 최초로 규제법정주의, 규제의 원칙, 규제 신설 시 사전심사 제도를 법률로써 제도화했다는 데 큰 의미를 갖는다. 이 기본법은 김영삼 행정부 말기에 「행정규제기본법」 제정의 밑거름이 되었다.

김영삼 행정부는 임기 말인 1997년 8월 22일에 「행정규제 및 민원사무기본법」을 폐기하고 「행정규제기본법(The Basic Act on Administrative Regulations)」을 제정했다. 행정규제기본법은 「행정규제 및 민원사무기본법」에서 선언에 그친 규제법정주의, 행정규제의 원칙을 구체화함으로써 실효성 있는 제도로 전환했다. 아울러 규제의 등록 및 공표, 규제영향평가제도의 도입과 상위 기구에 의한 심사를 통한 신설·강화 규제 사전심제도의 정립, 기존 규제에 대한 정비계획의 수립과 추진, 이해관계자의 규제개혁 과정의 참여 보장 및 확대, 규제 정비 성과에 대한 점검 및 평가 등 오늘날 한국 규제개혁 제도의 대부분의 틀을 정립했다.

규제개혁의 추진 체계에서 기본법은 한시적인 민관합동위원회 방식에서 항구적인 민관합동위원회인 규제개혁위원회를 설치하도록 했다. 규제개혁위원회는 비상설 위원회이나 규제정책의 기본 방향의 결정, 규제의 신설·강화에 대한 심사, 기존 규제에 대한 규제 정비 지침의 마련과 부처 정비계획의 심사, 규제등록·공표, 규제 개선 실태에 대한 점검·평가 등 실질적인 권한을 갖는 강력한 추진 체제의 기본 틀을 마련하게 되었다.

김영삼 행정부 규제개혁의 성과

김영삼 행정부는 규제가 기업의 경쟁력을 저해하는 장애 요인으로 작용한다는 인식에 따라 정부 주도 행정개혁의 일환으로 강력한 규제개혁을 추진했다. 김영삼 행정부에서의 규제개혁의 특징은 여러 개의 민관 합동의 위원회를 구성해 분산적으로 추진했다는 점이다. 위원회 간에 경제규제와 행정규제 및 기업활동 관련 규제로 개략적인 역할을 구분했으나 실제로 개혁 대상 범위를 엄격하게 구분하지 않고 각 위원회별로 규제 개선 사항을 건의를 받아 규제 완화 또는 행정절차 개선을 추진했다. 김영삼 행정부 임기 초에는 많은 추진 실적을 보였으나 임기 말에 가까울수록 다양한 위원회의 분산으로 인한 비효율과 함께 그 실적도 떨어졌다.[9]

이런 점을 감안해 김영삼 행정부 말기에는 분산된 규제개혁 추진 체계의 효율성을 제고하고 규제개혁의 강도를 유지하기 위해 기존 체계의 상위조직 성격의 '규제개혁추진회의'를 신설했으나 임기 초반의 높은 추진 실적을 회복하지는 못했다. 김영삼 행정부는 다양한 민관합동위원회의 규제개혁 추진 체계를 통해 임기 내에 총 4,477건에 달하는 규제개혁 추진 과제를 선정했고, 그 가운데 87.5%에 해당하는 3,918건의 규제 완화를 추진했다.[10] 그러나 개별 건수 위주의 규제개혁 또는 행정절차 개선에 주로 머물러 핵심적인 규제개혁에 미흡했다.

그러나 김영삼 행정부는 「기업활동 규제 완화에 관한 특별조치법」, 「행

9) 김영삼 행정부의 양대 규제개혁추진기구라 할 수 있는 경제행정규제완화위원회와 행정쇄신위원회의 규제개혁 실적은 출범 초인 1993년에는 각각 거의 1,000여건에 달하는 규제개혁을 시행한 것으로 나타나고 있는 반면 임기 말인 1996년과 1997년에 이르러서는 각각 100 내지 200여건에 불과한 것으로 나타나고 있다(김종석 외, 1999: 11).

10) 김영삼 행정부의 규제 완화 실적과 관련해 선정된 과제에 대해 '이행 완료'된 과제 수를 기준으로 하면 3,891건(김종석 외, 1999: 9)으로 '이행 완료'에 '일부 이행(27건)'을 포함하면 3,918건이 된다(한국행정연구원, 2104c: 257-258). 이 책에서는 '일부 이행'을 포함한 실적을 사용했다.

정규제기본법」 등 우리나라 규제개혁 제도의 틀을 정립했다는 점에서 한국의 규제개혁 역사에서 그 의미가 크다. 특히 「행정규제기본법」의 제정은 한국 규제개혁 역사에서 전환점이자 체계적인 규제개혁의 시발점으로 평가된다.[11]

11) 행정규제기본법의 의미, 주요 규제개혁 제도의 내용 등 이 책 3장(「행정규제기본법」의 의미와 주요 내용)을 참고하기 바란다.

김대중 행정부의 규제개혁

김영삼 행정부에서 제정된 「행정규제기본법(The Basic Act on Administrative Regulations)」은 김대중 행정부가 출범한 1998년 3월 1일(규제의 신설·강화에 관한 심사는 6월 1일부터)에 시행되었다.[12] 김대중 행정부는 기본법 시행에 따른 규제개혁의 체제를 구축하고, 이를 바탕으로 정부 주도의 강력한 규제개혁을 추진했다.

규제개혁 추진 체계의 정비

김대중 행정부는 1998년 「행정규제기본법」 시행에 따른 규제개혁의 추진

12) 「행정규제기본법」은 1997년 8월 22일 법률 제5368호로 제정되었다. 제정 기본법은 부칙에서 시행일자를 "이 법은 공포한 날부터 1년을 넘지 아니하는 범위 내에서 대통령령이 정하는 날부터 시행한다."고 규정해 기본법의 시행 시점을 대통령령에 일임했다. 이에 최초의 「행정규제기본법시행령」(대통령령 제15681호, 1998.2.24. 제정)은 부칙에서 1998년 3월 1일부터 시행했다. 다만 규제의 신설·강화에 대한 심사 조항은 1998년 6월 1일부터 시행하도록 했다.

체계로 민관합동의 규제개혁위원회(Regulatory Reform Committee: RRC), 규제개혁위원회의 사무기구의 역할과 정부 규제개혁의 총괄기구 기능을 수행하기 위해 국무조정실에 규제개혁조정관(Regulatory Reform Bureau)을 설치했다.

규제개혁 컨트롤 타워, 규제개혁위원회

기본법에 의해 최초의 규제개혁위원회가 구성된 것은 기본법이 시행된 이후 한 달이 지난 1998년 4월 18일이다. 위원회는 정부의 규제정책을 심의·조정하고 규제의 심사·정비, 규제의 등록 등 규제에 관한 사항을 추진하는 대통령 소속의 비상임 기구이다. 위원회는 민관 합동으로 구성되며 심의·의결권을 가진다. 위원회는 국무총리와 민간인 1인을 공동위원장으로 하고, 정부위원 6명과 민간위원 12명 이내로 구성했다.[13] 기본법의 규정에 따라 민간위원이 전체 위원 수의 과반수가 되도록 구성했다. 정부위원은 기획재정부 장관·행정자치부 장관·산업통상자원부 장관·국무조정실장·공정거래위원회위원장 및 법제처장이다. 민간위원은 규제에 관한 '학식과 경험이 풍부한' 사람 중에서 대통령이 위촉하게 된다.[14]

규제개혁위원회는 전체 위원회 산하에 3개의 분과위원회(경제1, 경제2, 행정)를 구성했다. 각 분과위원회는 중앙행정기관을 유사한 그룹으로 구분해 업무를 분장했다. 1998년에는 3개의 분과위원회 산하에 6개의 '전문가 소위원회원회'를 별도로 구성해 한시적으로 운영하기도 했다.[15]

---

13) 규제개혁위원회는 1998년 최초로 시행된 기본법에서 위원장을 포함해 15인 이상 20인 이내로 구성하도록 했다.

14) 행정규제기본법 시행령(제18조)에서 "학식과 경험이 풍부한 자"라 함은 대학이나 공인된 연구기관에서 부교수 이상 또는 이에 상당하는 직에 있거나 있었던 자, 변호사·공인회계사 등의 자격을 가지고 있는 자, 사회·경제 관련 단체의 임원 또는 이에 상당하는 직에 있거나 있었던 자, 1급 이상 또는 이에 상당하는 공무원(고위공무원단에 속하는 공무원을 포함한다)의 직에 있었던 자, 기타 규제에 관한 학식과 경험이 풍부한 자로 규정하고 있다. 민간위원의 임기는 2년이며 한 차례만 연임할 수 있다.

15) 1998년도에는 김대중 행정부의 출범 초기 강력한 규제개혁 추진과 관련해 35개 부처청에서 제출된

위원회는 사무국의 기능을 수행하는 국무조정실(규제개혁조정관)의 지원을 받아 규제정책의 수립, 규제 신설·강화의 심사, 규제정비계획의 심사 등을 통해 규제 정비를 주도했다. 기본법에 의한 위원회의 기능은 다음과 같다.

- 규제정책의 기본 방향과 규제제도의 연구·발전
- 규제정비 종합계획의 수립, 공표
- 규제의 신설·강화 등에 대한 심사에 관한 사항
- 기존 규제의 심사, 규제정비 종합계획의 수립·시행에 관한 사항
- 규제의 등록·공표에 관한 사항
- 규제 개선에 관한 의견 수렴 및 처리에 관한 사항
- 각급 행정기관의 규제 개선 실태에 대한 점검·평가에 관한 사항

각 중앙행정기관에는 자체 '규제심사위원회'를 설치했다. 규제심사위원회는 「행정규제기본법」에 설치하도록 의무화된 규정은 없으나 규제개혁위원회의 「규제영향분석 및 자체심사 업무지침」으로 관계 전문가, 이해관계자 등을 포함해 민관 합동으로 구성하도록 했다.[16] 각 중앙행정기관에 설치된 자체 '규제심사위원회'는 신설·강화하려는 규제에 대해 중앙행정기관의 자체적인 사전심사 기능을 주로 수행했다(국무조정실, 1998: 75-76).

'98년도 기존 규제 정비계획'을 심사하기 위해 각 분과위원회 산하에 2개씩 6개의 '전문가 심사소위원회'를 한시적으로 운영했다. 전문가 심사소위원회는 분과위원회의 규제개혁위원이 위원장을 맡고 전문가 등 5~6명으로 구성했다(규제개혁위원회, 1999: 43).

16) 규제개혁위원회의 「행정규제 영향분석 및 자체심사 업무지침」에서 일정수 이상의 민간위원으로 자체 규제심사위원회를 구성하도록 했다. 그러나 일부 부처에서 민간위원을 1~2명 등 형식적으로 포함해 구성함에 따라 1998년 11월 「1999년도 규제정비지침」(국무총리지시, 1998-30호)에서 자체 규제심사위원회에 반수 이상을 민간인으로 반드시 구성하도록 강화했다(류충렬, 2000: 37).

국무조정실(규제개혁조정관)

1998년 행정규제기본법의 시행과 함께 기본법에 따른 정부의 행정규제의 관련 업무를 담당하기 위해 국무조정실에 규제개혁 담당조직(Regulatory Reform Bureau)으로 규제개혁조정관실을 설치했다.[17] 국무조정실(규제개혁조정관실)은 규제개혁위원회를 행정, 기술적으로 지원하는 사무기구의 역할을 수행하면서 정부의 규제관리 및 규제개혁 업무를 총괄하는 규제개혁총괄기관이 된다.[18] 국무조정실은 규제개혁에 관한 전문성을 보강하기 위해 정부출연연구기관의 연구원 등을 전문위원으로 파견 근무하도록 했다.

기타 규제개혁 추진 조직

각 중앙행정기관에는 「1998년 규제개혁 종합지침」(국무총리 지시 제1998-8호)에 의해 차관 또는 기획관리실장을 단장으로 하는 '규제개혁추진단'을 구성하도록 했다. 부처에 설치된 규제개혁추진단은 기존 규제의 정비, 규제의 등록, 규제의 신설·강화에 대한 심사 업무를 종합적으로 추진하면서 국무조정실(규제개혁조정관)과 긴밀한 협조 체제를 구축했다. 또한 행정자치부와 교육부를 통해 지방자치단체와 교육자치단체에도 자체 규제심사기구를 구성하도록 했다(국무조정실, 1998: 28). 김대중 행정부의 규제개혁 체계는 [그림 3-1]과 같다.

---

17) 1998년에 시행된 최초의 「행정규제기본법」에는 "위원회 사무처리를 위하여 사무기구를 둔다."(제31조)고만 규정하고 사무기구의 소관 부처를 명시하지 않았다. 다만 제32조와 함께 동법 제36조에서 "총무처 장관은 위원회 운영에 관하여 필요한 지원을 하여야 한다."고 규정함으로써 결과적으로 총무처에 위원회 사무기구를 두어야 하는 것으로 해석될 여지를 두었다. 그러나 김대중 행정부는 기본법 규정과 달리 당시 정부조직 개편에서 행정조정실(차관급)에서 국무조정실(장관급)로 확대된 국무조정실에 규제조정관을 신설해 담당하도록 했다. 기본법상의 위원회 지원부처의 규정(제36조)이 총무처(행정자치부)에서 국무조정실로 변경된 것은 노무현 행정부에서의 기본법 개정(법률 제7797호, 2005.12.29) 이후이다.

18) 1998년 김대중 행정부에서 규제총괄기구로 설치한 규제개혁조정관(1급 공무원)은 2008년 이명박 행정부에서는 국무조정실이 국무총리실로 개편되면서 '규제개혁실'로 명칭이 변경되었고, 2013년 박근혜 행정부에서 국무총리실이 국무조정실로 변경되는 시점에 '규제조정실'로 명칭이 변경되었다.

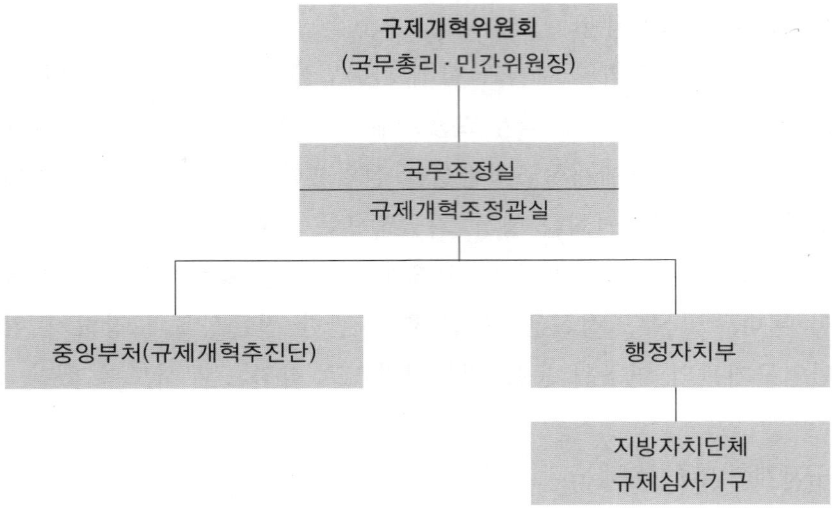

[그림 3-1] 김대중 행정부의 규제개혁 추진 체계

자료: 규제개혁위원회(1999: 35)를 참고해 재구성.

규제개혁 제도의 정비

김대중 행정부는 김영삼 행정부에서 제정된 「행정규제기본법」에 따라 규제개혁 제도를 마련했다. 규제개혁의 제도는 크게 신설 · 강화 규제에 대한 사전심사, 기존 규제에 대한 정비의 투 트랙(two-track)이다.

신설 · 강화 규제에 대한 사전심사는 규제자인 각 부처에서 8요소 19개 항의 '규제영향분석'을 실시하고 부처에 설치된 '규제심사위원회'의 심사를 거쳐 규제개혁위원회에 심사를 요청하도록 했다. 규제개혁위원회는 심사 요청된 규제가 중요 규제인지 여부를 예비 심사하고, 중요 규제의 경우 분과위원회의 사전심사를 거쳐 다시 전체 위원회에서 최종 심사했다.[19] 김대

19) 김대중 행정부에서의 위원회 심사는 1차적으로 분과위원회의 예비심사를 거쳐 전체 위원회에서 다시 최종 심사했다. 분과위원회와 전체 위원회의 동일 사안에 대한 두 번의 심사제도는 노무현 행정부에서 기본법을 개정(법률 제7797호, 2005.12.29. 개정)해 2006년 6월 30일부터 분과위원회에 위임된 심사는 분과위원회의 심사로 종료하게 되었다.

중 행정부에서 최초로 마련한 중요 규제의 기준은 〈표 3-2〉와 같이 4개의 기준이었으며, 1개 이상의 기준에서 중요 규제의 기준 일시 중요 규제로 분류하도록 했다(국무조정실, 1998: 62).

〈표 3-2〉 김대중 행정부의 중요 규제 판단 기준

1. 규제영향비용의 연간 비용이 100억 원 이상인 규제
2. 피규제자의 수가 연간 100만 명 이상이 되는 규제
3. 명백하게 경쟁 제한적인 성격의 규제
4. 국제적인 기준에 비추어 규제의 정도가 과다하거나 불합리한 규제

자료: 국무조정실(1998: 62).

김대중 행정부는 기본법에서 비중요 규제인 경우, 규제개혁위원회의 심사를 생략하도록 규정하고 있음에도 불구하고 사실상 위원회 심사(분과위원회)를 실시했다. 각 중앙행정기관에서 요청된 규제 신설·강화 규제에 대해 분과위원회에서 중요 규제 여부를 판단하는 예비심사 과정에서 규제의 내용에 대해서도 검토해 개선을 권고했다. 따라서 김대중 행정부에서는 중요 규제 여부를 떠나 모든 신설·강화 규제에 대해 사전심사했다고 할 수 있다.[20]

기존 규제의 대한 정비는 기본법에 근거해 규제개혁위원회에서 '규제개혁 종합지침'을 시달하고, 각 중앙행정기관에서는 지침에 따라 '규제정비계획'을 수립했다. 각 부처에 마련된 정비계획은 규제개혁위원회에서 심사하고 종합해 종합정비계획을 수립하고 국무회의의 심의를 거쳐 대통령의 승인을 받아 공표했다. 각 중앙행정기관은 공표된 종합정비계획에 따라 정비를 추진하고 그 실적을 위원회에 제출했으며, 위원회는 그 성과를 평가했다.

20) 3개의 분과위원회(경제1·경제2·일반행정 분과위원회)의 예비심사 과정에서 중요 규제 여부를 심사함과 동시에 중요 규제가 아닌 규제에 대해서도 각 분과위원회에서 규제의 타당성을 심사하고, 철회 개선 등을 권고했으며, 각 중앙행정기관은 분과위원회의 의견을 대부분 수용했다(류충렬, 2000: 22).

규제개혁의 추진 성과

김대중 행정부는 「행정규제기본법」에 의한 '규제개혁위원회', 정부 규제 총괄기구로서의 국무조정실(규제개혁조정관), 각 부처에 '규제개혁추진단'을 설치하는 등 규제개혁 추진 체계를 마련함과 동시에 규제 전수조사와 함께 전(全)정부적인 강력한 규제 정비를 추진했다. 김대중 행정부의 규제개혁은 크게 두 가지 방법으로 추진되었다. 기존 규제 전체를 대상으로 개별 규제를 하나하나 검토해 정비하는 '일제 정비 방식'과 특정 분야를 선정해 접근하는 '중점 규제 추진 방식'이다.

기존 규제의 일제 정비는 1988년 기존 규제에 대한 전수조사와 더불어 진행되었다. 규제 일제 정비는 김대중 대통령의 지시로 '기존 규제 50% 폐지'를 목표로 설정했고, 각 중앙행정기관은 소관 규제의 50%를 폐지하도록 할당하는 방식으로 추진했다. 국무조정실과 각 부처는 합심해 기존 규제 전체를 대상으로 제로베이스에서 폐지 여부를 검토했다. 1988년의 일제 정비는 기본법에 의한 규제정비계획의 수립 및 추진계획의 절차와 함께 추진했다. 기존 규제 일제 정비는 1998년 말까지 비교적 단기간 내에 추진되어 일제 조사에서 파악된 11,125건의 규제 가운데 48.8%에 해당하는 5,430건을 폐지하고 21.7%에 해당하는 2,411건의 규제를 개선했다.[21] 기존 규제 전체

21) 1998년 일제 정비의 대상 규제 수 11,125건은 규제개혁위원회의 자료(규제개혁위원회, 1999: 43-44)를 사용했다. 김대중 행정부의 1998년 규제 일제 정비의 실적과 관련해 일부 자료(규제개혁위원회, 1999: 43-44)에는 총 11,125건의 규제에 대해 5,430건을 폐지했다고 발표했다(규제개혁위원회, 1999: 43). 그러나 규제의 총수와 관련해 동일한 정부자료(규제개혁위원회, 1999: 62)에서는 1998년의 최초 등록규제 수를 10,717건으로 파악하고 있어 당초 규제 수에서 408건의 차이를 보이고 있다. 총 11,125건은 1998년 4월의 잠정조사에서 파악된 숫자이다. 당시 규제등록은 전수조사와 일제정비가 대부분 병행해 진행되었으며, 모든 부처의 규제등록 시스템에 등록은 동년 8월경에 10,717건으로 등록이 완료되었다. 필자는 1998년 당시 국무조정실에서 규제등록 업무를 담당했다. 1998년 4월에 파악된 11,125건을 대상으로 규제 일제 정비를 추진한다고 발표했으나, 이후 등록 과정에서 4월 파악 숫자에 일부 중복적인 숫자, 규제 단위 분류의 잘못 등으로 실제 규제 수는 10,107

를 대상으로 추진하는 일제 정비는 김대중 대통령의 지시로 1999년에도 이어졌다. 1999년에는 1998년도의 1단계 일제 규제 정비 이후 남은 나머지 규제 총 6,811건(1998년도 중에 신설된 규제 511건 등 포함)을 검토해 이 중 503건(7.4%)을 폐지하고, 570건(8.4%)을 개선했다. 김대중 행정부 5년간 폐지 작업이 완료된 규제는 총 5,888건에 이른다(규제개혁위원회, 2003: 44).

기존 규제 일제 정비가 어느 정도 마무리된 이후 2000년 이후에는 중점 규제개혁 방식으로 규제개혁이 추진되었다. 중점 규제 개혁은 특정 분야를 선정해 이 분야의 관련 규제들을 종합적으로 검토해 체계적으로 정비하는 방식이다. 중점 규제개혁 과제는 경제 활성화를 위해 시급한 규제 분야, 다수의 법령·부처가 관련되어 일괄 개혁의 필요성이 있는 분야 등 국민경제에 파급 효과가 큰 규제 분야를 규제개혁위원회에서 선정하고, 관련 부처에서 방안을 마련해 규제개혁위원회에서 심사·확정하는 방식으로 추진되었다. 5년간 추진된 중점 규제개혁 과제는 주택건설산업 규제 완화, 전문 자격사 규제개혁 등 157건을 추진했다(규제개혁위원회, 2003: 45-50).

김대중 행정부에서 정부 주도의 강력한 규제개혁 추진 배경과 원동력은 크게 세 가지를 들 수 있다. 첫째, 김대중 행정부는 1997년 '아시아 외환위기'에 따른 IMF 구제금융 등 경제위기 상황을 안고 출범했다. 따라서 경제위기 조기 극복을 위한 외국인 투자 유치 및 기업투자 활성화가 시급한 과제였고, 이를 위한 강력한 규제개혁이 필요했다. 둘째, 「행정규제기본법」의 시행으로 강력한 규제개혁을 추진할 법적인 제도이다. 출범 초기에 시행된 기본법에 따라 기존 규제에 대한 정비계획을 수립하고 추진할 수 있는 강력한 제도적인 뒷받침이 있었다.[22] 셋째, 김대중 대통령의 규제개혁에 관한

건이 되었다. 그러나 당초 11,125건을 대상으로 규제 정비한다고 이미 발표한 모수의 숫자를 의식해 규제 중복 등에도 불구하고 11,125건에서 5,430건을 폐지했다고 한 것으로 기억된다.

22) 김종석 외(1999: 15)는 김대중 행정부의 규제개혁이 "이전 정부들의 규제개혁과 다른 점은 규제개혁이 피규제 대상인 민간의 건의나 민원을 근거로 해서 이뤄진 것이 아니라 정부 스스로 제도화된 규제정비 방침에 따라 규제개혁을 시행했다는 점이다. 아무리 통치권자의 의지가 강하고 경제위기

강력한 의지이다. 당시 김대중 대통령은 규제개혁을 국정의 최우선 과제의 하나로 추진했다.

김대중 행정부에서는 김영삼 행정부에서 제정된 「행정규제기본법」의 시행에 따른 제도적인 뒷받침, 최고통치자의 규제개혁에 관한 의지 및 경제위기 극복을 위한 경제사회적인 필요성이 결합되어 정부 주도의 강력한 규제개혁을 추진했다. 무엇보다 김대중 행정부는 양적 규제개혁을 추진함으로써 규제의 수를 대폭 줄였다. 김대중 행정부에서는 1998년, 1999년의 일제정비 등을 통해 5년간 총 5,880건을 폐지했다. 그러나 김대중 행정부에서 획기적으로 규제의 수는 줄였으나 기업이나 피규제자의 규제개혁에 대한 만족도는 높지 않았다.[23] 김대중 행정부의 양적 규제개혁에도 불구하고 규제개혁에 대한 만족도가 높지 않은 것은 대폭적인 규제의 감축은 가져왔으나 기업활동, 금융 등 다수 부처가 관련되고 파급 효과가 큰 규제에 대한 개혁이 다소 미흡했기 때문이다(규제개혁위원회, 2004: 34). 이는 양적 위주 규제개혁 방식에 따른 한계가 된다. 양적 위주의 규제개혁 목표가 설정되면 이를 추진하는 기관에서는 수량적 목표 달성을 의식해 규제개혁이 어려운 핵심적 규제에 대한 정비보다 이해관계가 낮은 비핵심적인 규제의 개혁에 더 집중하게 된다. 또한 김대중 행정부의 규제개혁은 규제의 품질관리 측면이 소홀했고 또한 수량 목표 우선주의로 일부 내용상 심도 있는 논의가 필요한 규제에도 충분한 논의와 토론이 부족한 상태에서 일방적으로 추진되어 이해관계자의 의견 반영이 부족했다. 또한 양적인 수치의 목표 달성을 의식해 존치가 불가피한 규제의 경우에는 별개로 등록해야 할 규제들을 통합해

로 인한 여건의 변화가 있었다 할지라도 만일 규제개혁이 개별 정부 부처청 자체 정비계획의 수립과 집행이라는 법적 구속력을 부과하지 못했다면 실로 이 정도의 양적인 성과조차 실현하는 것이 불가능했을 것"이라고 한다.

23) 국무조정실(국무조정실, 2007: 35-37)은 김대중 행정부의 양적 규제개혁에 대해 '핵심적 규제에 대한 정비의 부족', '규제개혁 추진 인력의 역량 부족', '규제의 품질관리 측면의 무시', '수요자 의견 반영의 부족' 등으로 만족도가 높지 않았다고 했다.

등록함으로써 규제의 총수를 축소하거나, 폐지가 가능한 규제는 분리 등록함으로써 폐지 수량을 높이는 잘못된 현상도 지적되고 있다(김종석 외, 1999: 22-24).

노무현 행정부의 규제개혁

노무현 행정부는 대체로 김대중 행정부에서 마련된 「행정규제기본법」의 추진 체계를 통해 규제개혁을 추진했다. 기본법에 의한 규제개혁 추진 체계는 규제개혁위원회와 국무조정실이다. 다만 노무현 행정부는 기본법에 의한 2개의 규제개혁 추진 주체를 더욱 보완하고 강화했다.

규제개혁 추진 체계의 보완

노무현 행정부는 정부 규제개혁 총괄기구인 국무조정실에 '규제개혁기획단'을 한시적으로 설치했다. 규제개혁기획단은 2004년 8월 25일 국무조정실 규제개혁조정관을 단장으로 국무조정실에 민관 합동으로 설치되었다. 규제개혁기획단은 기존의 규제개혁위원회 사무기구로서의 국무조정실과 달리 기업 활동을 제약하거나 외국인 투자와 관련된 주요 덩어리 규제[24] 개혁에 중점을 두었다. 이는 김대중 행정부에서 규제 수의 대폭 감축 등 양적 위주의 규제개혁에도 불구하고 기업의 규제개혁 만족도가 개선되지 않음에 따라 그간 수량 위주의 규제개혁 추진에서 다루기 어려웠던 핵심 덩어리 규제개혁으로 전환하기 위한 것이다. 기획단은 개별 기업, 기업 과련 단체, 연구소 등으로부터 민간인을 파견받아 민관 합동으로 구성했으며, 탄력적 운영을 위해 팀제 방식을 도입했다.[25] 기획단에서 마련한 개선안은 '규제개혁장관회의'에서 확정했으며, 기획단의 자문기구로 민간 전문가로 구성된 '규제개혁 자문위원회'를 두었다.

노무현 행정부는 국무조정실의 규제개혁기획단 설치에 이어 2005년 12월 29일 기본법을 개정(법률 제7797호, 시행 2006.6.30)함으로써 규제개혁 추진의 핵심 기구인 규제개혁위원회에 대해서도 그 권한을 강화하고 민간인의

〈표 3-3〉 노무현 행정부에서의 규제개혁위원회 제도의 변화

변경 사항	종래	개정(2005.12.29)
미등록 규제에 대한 조치(법 제6조)	위원회에 등록하도록 하거나 폐지정비계획을 요구할 수 있다	등록하도록 하거나, 폐지정비계획을 요구해야 하며, 중앙행정기관은 이에 응해야 함.
규제정비지침 (제20조)	위원회가 마련한 규제정비지침은 국무회의 심의를 거쳐 중앙행정기관에 통보	위원회의 의결로 통보(국무회의 심의 생략)
규제정비계획 수립 (법 제20조)	규제정비계획을 수립시 대통령의 승인 후 공표	대통령에게 보고후 공표(승인에서 제외)
위원회의 구성 (제25조)	위원장 포함 15인 이상 20인 이하로 구성	위원장 포함 20인 이상 25인 이하로 확대
위원회의 운영 (제28조)	분과위원회 심의 후 본위원회 심의	위임받은 사항의 경우 분과위 의결은 위원회 심의 의결로 간주

자료: 행정규제기본법(법률 제5529호, 법률 제7797호)을 참고해 정리.

24) 덩어리 규제는 하나의 부처 또는 하나의 법령에 관련되지 않고 여러 부처 또는 여러 법령에 관련되고 이해관계자 집단이 많은 규제를 지칭한다(국무조정실, 2007: 61). 이에 대해 개별 규제는 하나의 부처, 하나의 법령에 관련되는 규제가 된다.

25) 규제개혁기획단은 이해찬 국무총리 취임(2004.6.30) 이후 설립이 추진되었고 출범 당시 총 50명 3개 팀으로 설치했다. 민관 합동의 조직이었으며, 인력의 50%가 민간인으로 구성했다(국무조정실, 2007: 61-62).

참여를 확대하는 방향으로 보완했다. 규제개혁위원회의 권한, 구성 등의 주요 변화는 〈표 3-3〉과 같다.

노무현 행정부는 〈표 3-3〉에서처럼 기존 규제에 대한 규제정비지침의 마련과 각 중앙행정기관의 정비계획을 심사해 수립하는 종합정비계획과 관련한 국무회의 심의 및 대통령의 승인을 삭제하고 전적으로 규제개혁위원회의 최종적인 의결로 추진하게 했다. 또한 위원회에 민간위원의 참여를 확대해 정부위원의 수와의 격차를 더욱 많게 하여 위원회의 운영에 민간의 영향력을 강화했으며,[26] 종래 분과위원회의 의결은 전체 위원회의 예비심사

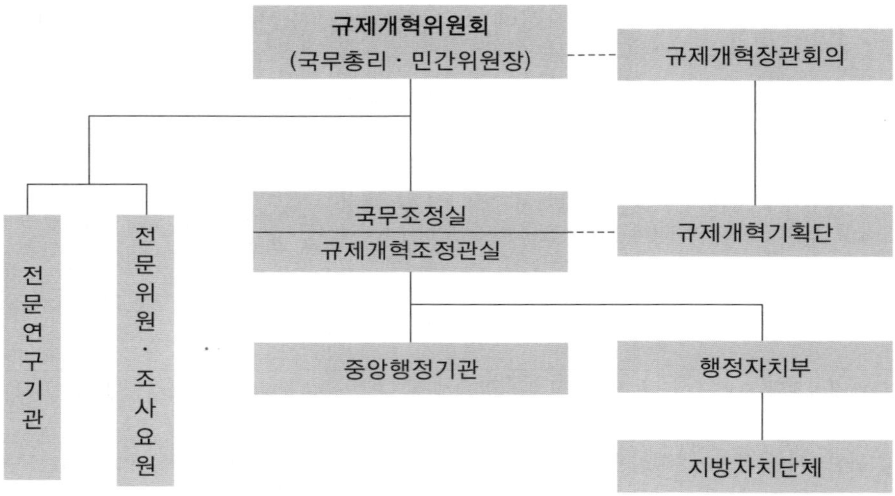

[그림 3-2] 노무현 행정부의 규제개혁 추진 체계

자료: 국무조정실(2007: 53).

---

26) 규제개혁위원회의 정부위원은 시행령에서 규정하고 있다. 시행령에서 정한 정부위원(위원장인 국무총리 제외)은 '재정경제부 장관·행정자치부 장관·산업자원부 장관·국무조정실장·공정거래위원회 위원장 및 법제처장' 등 6명이다. 2005년 12월 29일 기본법의 개정에 따라 전체 위원의 수는 증가(최고 20명에서 25명)했으나 시행령상의 정부위원은 6명을 그대로 유지했다. 따라서 전체 위원 수의 확대는 민간위원 참여의 확대로 이어졌다. 노무현 행정부에서 민간위원은 공동위원장을 포함해 18명으로 확대되었다.

에 불과했으나 전체 위원회가 위임한 사항에 대해서는 분과위원회의 의결도 전체 위원회의 의결로 간주하도록 함으로써 위원회의 신속한 결정이 가능하게 했다.

노무현 행정부는 규제개혁을 효율적으로 추진하기 위해 국무총리 주재 규제개혁장관회의를 통해 규제개혁기획단이 마련한 규제개혁 전략과제 등을 심의했다. 또한 대통령 주재 규제개혁추진회의를 개최해 각 부처 규제개혁 추진 상황을 점검하고 핵심 규제개혁 과제를 심의하기도 했다. 노무현 행정부의 규제개혁 추진 체계는 [그림 3-2]와 같다.

규제개혁제도의 변화

노무현 행정부에서는 규제개혁과 관련된 몇 가지 제도적 개선을 추진했다.

첫째, 2007년 5월 17일 행정조사[27]에 관한 공정성·투명성 및 효율성을 목적으로 「행정조사기본법」을 제정(법률 제8482호, 시행 2007.8.18), 시행했다. 기본법에는 행정기관의 행정조사를 목적에 적합한 최소한의 범위 내에 중복 조사가 되지 않도록 공동조사하고, 처벌보다는 법령을 준수하도록 유도하는 데 더 중점을 두도록 했다. 아울러 민원인에게 행정기관에 공동조사를 요청할 수 있도록 했고, 국무조정실에서 행정기관의 행정조사계획의 사전 검토 및 행정조사 결과를 점검·평가하도록 했다.

둘째, 규제영향분석제도를 개선했다. 관련 부처에서 규제영향분석서를 미리 작성해 해당 법령안 입법예고와 함께 공표토록 하고, 제출된 국민의

27) 행정조사(행정조사기본법 제2조)란 "행정기관이 정책을 결정하거나 직무를 수행하는 데 필요한 정보나 자료를 수집하기 위하여 현장조사·문서 열람·시료 채취 등을 하거나 조사 대상자에게 보고요구·자료 제출 요구 및 출석·진술 요구를 행하는 활동을 말한다."

의견을 검토해 보완하고 의견 제출자에게 그 처리 결과를 통지하도록 했다.

셋째, 규제등록 제도를 개선했다. 등록된 규제의 현황을 매년 6월 국회에 제출하도록 의무화했고, 2006년에는 규제등록 단위를 변경했다. 2006년에 이뤄진 등록 단위 변경은 종래 규제 행위 단위에서 관련된 행위를 묶어 하나의 사업 단위로 등록하도록 함으로써 규제의 수는 줄어들었다. 그러나 등록 단위의 변경으로 2006년 말을 기준으로 이전과 이후의 규제 수의 직접적인 변화를 비교하기 어렵게 되었다.

규제개혁 추진 성과

노무현 행정부는 김대중 행정부의 규제의 양적 위주의 개혁에서 질적인 덩어리 규제개혁에 좀 더 중점을 둔 규제개혁을 표방했다. 이런 이유로 규제의 수량관리에 소홀히 하여 김대중 행정부 임기 말인 2002년 12월 31일에 7,546건이었던 등록규제가 노무현 행정부 중반인 2006년 12월 말에는 8,084건으로 증가했다. 4년간 538건의 규제가 증가한 것이다. 이에 노무현 행정부는 2006년에 등록 단위의 변경을 추진했다. 종래 행위 단위로 등록하던 것에서 연관된 여러 규제를 사업 단위로 묶어 하나로 등록하도록 했다. 이러한 규제 등록 단위 변경으로 2006년 12월 말 8,084건이던 규제 수는 사업 단위로 5,011건으로 줄어들었다. 그러나 2006년 말에 사업 단위로 변경한 5,011건의 규제는 2007년 12월 말에 5,116건으로 1년 만에 사업 단위로도 105건의 규제가 추가로 증가했다. 규제 수량 관리에서는 실패한 것이다.

핵심 덩어리 규제의 개선은 규제개선기획단이 주로 추진했다. 2004년 8월 27일 발족 이후 2007년 말까지 창업 및 공장 설립 절차 개선, 골프장 인·허가, 대형 유통점포 신설·영업활동 규제 개선, 관광·레저산업 활성화 등 60여개의 전략 과제와 161개의 세부 과제에 대한 개선 방안을 마련했다. 그러나 규제개선기획단은 전략과제를 선정할 때 출자총액제한제도, 수도권 공장 설립 제한 등 파급 효과가 높은 규제를 정책성 규제라는 이유로 대상에서 제외해, 기업으로부터 규제개혁의 성과가 미흡한 것으로 평가받았다(한국행정연구원, 2014d: 258).

이명박 행정부의 규제개혁

이명박 행정부에서도 정부 주도의 강력한 규제개혁을 추진했다. 이명박 행정부는 출범 초부터 김대중, 노무현 행정부와 달리 규제개혁 추진 체계에 상당한 변화를 주었고, 규제개혁을 국가경쟁력 제고 차원에서 적극적으로 추진했다.

규제개혁 추진 체계의 변화

이명박 행정부는 「행정규제기본법」에 근거한 기존의 규제개혁위원회와 규제총괄기관으로서의 국무총리실을 유지하면서 별도의 '국가경쟁력강화위원회'를 설치했다. 기존의 규제개혁 추진 체계인 규제개혁위원회와 국무총리실(규제개혁실)의 체제에는 변화가 없었다. 다만 2008년 4월부터 정부조직 개편을 계기로 규제개혁위원회 산하의 분과위원회를 조정해 그간 3개의 분과위원회(경제1, 경제2, 일반행정)를 2개의 분과위원회(경제분과, 행정사회

분과)로 개편했다.

국가경쟁력강화위원회

이명박 대통령은 당선 후 정부 출범에 앞서 국가경쟁력 강화를 위한 정책 이슈를 검토하기 위해 2007년 12월 16일 대통령직인수위원회 산하에 '국가경쟁력강화특별위원회'를 설치해 주요 국정 과제의 비전과 방향을 제시한 바 있다. 정부 출범과 함께 국가경쟁력강화특별위원회가 추진해 온 국가경쟁력 제고를 통한 경제살리기 과제를 이어 추진하기 위해 2008년 2월 대통령 직속의 자문기구로 국가경쟁력강화위원회를 설치했다(국가경쟁력강화위원회, 2013: 18-19).[28]

국가경쟁력강화위원회는 대통령이 위촉하는 주요 경제단체장, 주요 국책원장, 노동계, 소비자, 언론, 주한 외국기업대표 등 민간인 35명과 정부위원 등 50명 이내로 구성했다. 정부위원은 기획재정부 장관과 대통령 경제수석 및 국가경쟁력강화 담당기획관이 당연직으로 참여했고, 각부 장관・지방자치단체장 등은 안건과 관련해 참석할 필요가 있는 경우 지정했다. 위원회 산하에는 민간위원들을 중심으로 규제개혁, 투자 촉진, 법・제도 선진화 등 3개의 분과위원회를 두었다. 국가경쟁력강화위원회는 규제개혁 전담 분과위원회를 통해 규제개혁을 국가경쟁력 제고의 주요 핵심적인 과제로 추진했다.

국가경쟁력강화위원회의 활동을 지원하기 위해 실무추진단을 두었다.[29] 실무추진단에는 3단장(추진단장, 민관합동규제개혁추진단장, 법제도단장)을 두었다. 이 중 규제개혁은 추진단장과 민관합동규제개혁추진단장의 2개의

---

28) 국가경쟁력강화위원회의 설립 근거는 「국가경쟁력강화위원회 규정」(대통령령 제20651호, 2008.2.29)이다.

29) 실무추진단은 2008.3.13. 「국가경쟁력 강화 실무추진단의 구성 및 운영에 과한 규정」(대통령 훈령 제212호)에 따라 3개의 단장, 6개 국・과로 구성되었으며, 19개 부처 및 관계 기관에서 공무원 및 관계 전문가로 50여명을 파견했다(국가경쟁력강화위원회, 2013: 19).

추진단에서 각각 추진했다. 추진단은 국가경쟁력강화위원회의 활동을 총괄적으로 지원하면서 추진단장 밑에 규제개혁1국, 규제개혁2국을 두고 주로 파급 효과가 크고 다수 부처가 관련된 덩어리 규제 개선을 추진했고, 민관합동규제개혁추진단은 기업활동을 제약하는 현장의 애로를 신속히 파악해 해소하는 개별 규제 개선에 중점을 두었다.

규제개혁에서 국가경쟁력강화위원회(실무추진단)와 규제개혁위원회(국무총리실)의 역할 분담에 대한 규정은 없었다. 다만 국가경쟁력강화위원회는 국가의 경쟁력 제고를 위해 필요한 덩어리 과제에 중점을 두었고, 규제개혁위원회는 신설 규제의 심사와 나머지 규제개혁 과제에 중점을 두어 추진했다. 이와 같은 이원화된 규제개혁 추진 체계는 긍정적인 측면도 있지만 비효율성을 초래하기도 했다.[30]

민관합동규제개혁추진단

민관합동규제개혁추진단은 2008년 4월 1일 국가경쟁력강화위원회와 대한상공회의소가 공동으로 설치해 2013년 2월 이명박 행정부의 마지막까지 운영했다. 단장은 국가경쟁력강화위원회(고위공무원)와 대한상공회의소(부회장)가 공동단장으로 대한상공회의소에 사무실을 두었다. 대한상공회의소에 사무실을 둔 것은 대한상공회의소의 지역조직 등 광범위한 네트워크를 통해 기업 현장의 목소리를 좀 더 효율적으로 발굴하기 위함이었다. 이명박 행정부의 규제개혁 추진 체계는 [그림 3-3]과 같다.

30) 비효율의 사례로 규제일몰제의 경우 국가경쟁력강화위원회에서 그 대상을 확대할 것을 결정하고 일부 개선안을 마련한 후 추가적인 작업을 규제개혁위원회로 이관해 결과적으로 두 기구에서 동일한 개혁을 중복적으로 추진했다. 또한 규제개혁 과제 발굴 및 후속 조치 과정에서 두 기구가 관련 정부기관, 기업들에게 중복적인 부담을 주기도 했다(한국행정연구원, 2014f: 330).

규제개혁 제도의 발전

이명박 행정부에서도 몇 가지의 규제개혁 제도의 발전을 추진했다. 먼저 규제형평제도의 도입을 추진했다. 규제형평제도는 국민이 각종 인·허가 등을 신청할 때 규제 기준이 불합리해 피해가 우려될 경우 행정기관의 처분이 있기 전에 규제형평심사를 거쳐 사전 구제하는 제도이다. 행정기관이 거부 처분 후 행정심판이나 행정소송 등 사후구제를 받기에는 규제 피해의 원상 회복이 어렵거나 해당 사안의 해결을 위해 법령을 개정하는 것이 적절하지 않고 시간적 여유가 없는 경우에 한해, 행정처분 전에 규제형평심사를 통해 사전적으로 구제하자는 제도이다(국무총리실, 2011: 249). 규제형평제도는 2011년 11월 16일 '행정규제의 피해 및 형평 보장을 위한 법률'의 정부안으로 국회에 제출되었으나 규제 기준에 예외를 인정할 경우 법적 안정성이 훼손되고, 행정처분권이 제한된다는 논란과 함께 국회에서 처리가 지연되다 2012년 18대 국회 회기 종료로 자동 폐기되었다.

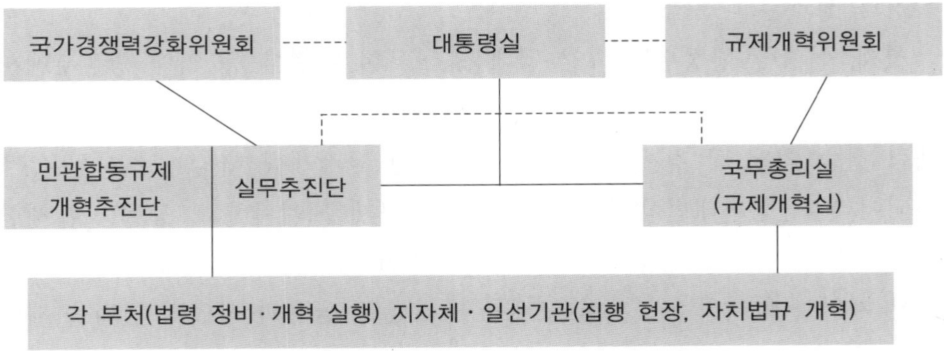

[그림 3-3] 이명박 행정부의 규제개혁 추진 체계

자료: 규제개혁위원회(2009: 25)를 참고해 재구성.

2009년에는 글로벌 금융위기로 인한 경제위기를 조기 극복하기 위한 규제개혁 제도로 한시적 규제유예(TRR) 제도를 도입했다. 한시적 규제유예 제도는 경제위기 극복 등 필요한 한시적인 시간을 설정하고 일정한 규제를 한시적인 기간 동안 완화해 적용하거나 집행을 중단하고 한시적인 시간이 완료하면 규제의 집행을 다시 회복하는 제도이다. 2009년 이명박 행정부는 280건의 규제를 2년 내외의 한시적인 기간 동안 유예했다.

아울러 그간 미미했던 규제일몰제, 금지행위 열거 방식 등의 규제개혁 수단을 정부 주도의 행정규제 개혁에 광범위하게 적용했다.

규제개혁의 특징과 성과

이명박 행정부는 규제개혁을 최고의 국정과제로 두고 새로이 구성한 국가경쟁력강화위원회 및 민관합동규제개혁추진단과 「행정규제기본법」에 의한 기존의 추진 체계인 규제개혁위원회(국무총리실)를 통해 추진했다. 역대 행정부의 규제개혁과 차별성을 갖는 이명박 행정부에서의 규제개혁의 주요 특징과 성과는 다음과 같다.

첫째, 이명박 행정부는 그간 김대중, 노무현 행정부 등 역대 행정부에서 규제개혁 대상에서 제외하거나 꺼려했던 정책적 규제를 추진했다. 먼저 경제력 집중 억제 및 경제민주화 규제로 그간 규제개혁 대상에서 사실상 제외되어 온 공정거래법상의 출자총액 제한 규제를 폐지하고, 상호출자 제한 규제도 완화(규모 2조 원 → 5조 원)했다. 또한 지주회사의 부채 비율 규제와 다른 계열사에 대한 5% 제한 규제를 폐지했고, 금융과 산업의 겸업을 제한하는 금산 분리 규제도 완화(산업자본의 은행 주식 보유 한도 4%→ 9%)했다.

또한 역대 행정부에서 꺼려했던 수도권 규제도 일부 완화했다. 2009년 국가경쟁력강화위원회에서 5+2 광역경제권역 설정을 내용으로 하는 비수도권 지역발전 시책을 제시하면서 수도권을 성장 거점의 하나로 선정해 규제 완화를 추진했다. 수도권의 산업단지(과밀억제권역 및 성장관리권역)에서의 공장 신설·증설·이전 허용, 공장총량제 적용 대상 공장 규모 기준 완화(200→500m^2), 경제자유구역 및 주한미군기지 반환공여구역에서의 산업단지 물량규제 배제, 성장관리권역 중 산업단지 외 지역의 첨단 업종인 대기업 공장 증설 면적 규제 완화(100%→200%), 자연보전권역의 규제 방식을 입지규제에서 총량제 및 배출규제로의 전환 등을 추진했다. 아울러 수도권 규제와 함께 그간 다루기 꺼려했던 정책적 규제의 하나인 방송·통신 분야에 대해서도 개혁을 했다. 신문·방송·신문의 겸영 금지, 복수 신문 소유 금지, 산문산업 시장 지배적 사업자 제한 등의 규제를 폐지했다.

둘째, 민관이 공동으로 '민관합동규제개혁추진단'을 설치해 운영했다. 역대 행정부에서도 정부 내에 규제애로신고센터 등을 설치해 민원인의 건의를 받아 처리하는 방식은 있었다 그러나 민관이 공동의 상설 조직을 구성하고 기업 현장을 먼저 방문해 애로를 발굴하고 민관이 합심해 대안을 마련해 해결하는 방식은 한국 규제개혁 역사에서 처음으로 시도된 규제개혁 방식이 된다.

민관합동규제개혁추진단은 대한상공회의소의 네트워크를 활용해 지역순회 간담회, 업종별 간담회, 개별기업 현장방문 등을 통해 산업 현장의 애로와 비효율적인 규제를 발굴했다. 발굴된 애로 과제는 민관 합동으로 대안을 검토해 관련 부처 협의를 거쳐 개선안을 마련했고, 수용된 과제는 국가경쟁력강화위원회에 보고하고 확인하는 절차로 추진되었다. 2008년 4월 발족 이후 2012년 12월까지 기업과 지역간담회 125회, 업종별 간담회 330회를 실시하는 등 현장의 목소리를 수렴했고, 총 3,076건의 규제 및 애로 사항을 발굴해 관련 부처와 협의를 거쳐 이 중 1,866건을 개선했다. 수용률은 61.0% 수준이다(국가경쟁력강화위원회, 2013: 518; 민관합동규제개혁추진단, 2013c: 5). 연도별 민관합동규제개혁추진단의 운영 실적은 〈표 3-4〉와 같다.

<표 3-4> 민관합동규제개혁추진단 운영 실적

연도별	발굴 (부처 협의)	수용			불수용 기타*
		소계	수용	일부 수용	
2008	802건	359건	194건	165건	443건
2009	785건	559건	238건	321건	226건
2010	559건	456건	150건	306건	103건
2011	488건	273건	115건	158건	215건
2012	442건	219건	88건	131건	223건
합 계	3,076건 (100%)	1,866건 (60.7%)	785건 (25.5%)	1,081건 (35.2%)	1,210건 (39.3%)

주: *는 부처 협의 결과 불수용되었거나 중장기적으로 검토하기로 한 과제.
자료: 민관합동규제개혁추진단(2013a: 19)을 참고해 재구성.

<표 3-4>에서 민관합동규제개혁추진단의 과제 발굴의 수 및 부처와의 협의를 통한 정부의 수용 건수에서 추진단을 설치한 첫해를 제외하면 이명박 행정부의 출범 초기에 높고 후반부로 갈수로 실적이 감소하고 있다. 이는 규제개혁에 대한 출범 초의 강력한 의지가 후반부로 갈수로 강도가 낮아졌다고 볼 수도 있다. 그러나 민관 합동과 현장 중심의 규제개혁 방식은 한국 규제개혁 역사에서 상당한 의미를 가지며, 기업의 생생한 목소리를 수렴하고 애로 사항을 해결함으로써 기업들로부터 규제개혁의 성과를 피부에 와 닿게 했다는 평가를 받았다.31)

셋째, 이명박 행정부에서는 공공기관의 유사 행정규제를 전수조사하고 정비를 시도했다. 그간 공공기관은 정관이나 약관에 의해 국민의 권리를 제한하거나 의무를 부과하는 것은 있어도 「행정규제기본법」의 행정규제이 아니라는 이유로 규제등록이나 규제개혁의 대상에서 제외되어 왔다. 2010년 국무총리실이 중심이 되어 101개 공공기관의 내부 규정상의 유사 행정규제

31) 민관합동 규제개혁추진단의 활동은 2011.6.8.~6.10간 멕시코에서 개최된 제7차 세계상공회의소 총회(World Chambers Congress: WCC)에서 세계기업 지원활동의 혁신성 분야에서 우수 사례(best unconventional project)로 선정되었다(민관합동규제개혁추진단, 2012: 14-15).

를 전수조사했다. 조사 결과 1,097개의 유사 행정규제를 파악하고, 2011년 에너지 공급기관의 일방적인 면책, 공사비 등 각종 비용의 선납 의무, 손해배상청구권 소멸시효 단축 등 공공기관의 우월적 지위를 이용한 불합리한 유사 행정규제 32건의 정비방안을 확정했다(국무총리실, 2011: 242-243). 그간 현황 파악이 제대로 이뤄지지 못한 유사 행정규제를 전수조사하고 일부 개혁을 추진했다는 점에서 의미가 있다.

이명박 행정부는 그간 역대 행정부에서 규제개혁에서 제외하거나 꺼려했던 출자총액 제한, 수도권 규제, 방송통신 분야 등 정책적 규제에까지 개혁하는 등 규제개혁을 국정의 최우선 과제로 추진했다. 그러나 많은 기존 규제에 대한 노력에도 불구하고 사회・경제 변화에 따라 불가피한 규제 신설도 많았다. 등록된 규제 수로 보면 정부 출범 첫해인 2008년 5.186건이던 규제가 임기 말인 2012년 12월 말에는 7,088건으로 증가했다.

박근혜 행정부의 규제개혁

규제개혁 추진 체계

박근혜 행정부의 규제개혁 추진 체계는 이명박 행정부의 이원화된 체계에서 다시 「행정규제기본법」에 의한 규제개혁위원회, 국무조정실(규제조정실) 중심으로 전환했다. 다만 규제개혁에 관한 대통령의 의지를 강조하기 위해 규제개혁의 컨트롤 타워 성격의 '규제개혁장관회의(Ministrial Meeting on Regulations)'를 설치했다. 장관회의 의장은 대통령이, 부의장은 국무총리로 하고 기획재정부 장관, 미래창조과학부 장관 등 주요 장관과 국무조정실장, 공정거래위원회 위원장, 법제처장, 중소기업청장 및 대통령비서실의 국정기획(정책조정) 담당 수석비서관이 참여하고 있다. 국무조정실에서 간사 역할을 수행한다. 규제개혁장관회의는 규제개혁 정책의 기본 방향 및 전략에 관한 사항, 규제개혁과 관련한 법제도에 관한 사항, 서비스산업 등 주요 분야의 규제개혁에 관한 사항, 관계 부처 또는 지방자치단체 간 협의가 필요한 사항 등을 심의 · 조정한다.

박근혜 행정부는 2013년 9월 민관 합동으로 '민관합동규제개선추진단'을 설치해 기업 현장의 규제 애로를 발굴해 개선하고 있다. '민관합동규제개선추진단'은 국무조정실과 대한상공회의소 및 중소기업중앙회가 공동으로 추진단을 구성하고 있다. 이 추진단은 이명박 행정부에서 성공적으로 운영한 '민관합동규제개혁추진단'이 폐지된 후 지속적으로 운영해 줄 것을 희망하는 기업들의 건의를 수용해 만들어졌다.[32] 추진단은 기업 현장의 간담회를 통해 '손톱 밑 가시' 등 현장 규제 애로 과제를 발굴해 개선하고 이행 상황을 점검한다.

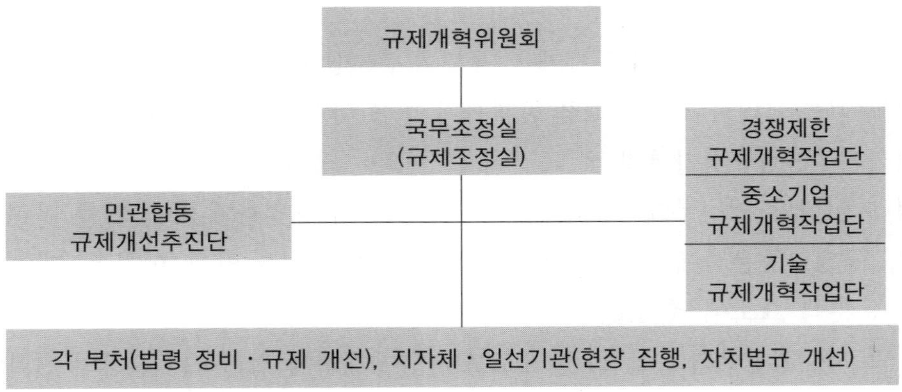

[그림 3-4] 박근혜 행정부의 규제개혁 추진 체계

자료: 규제개혁위원회(2015)를 참고해 구성.

32) 이명박 행정부에서 국가경쟁력강화위원회와 대한상공회의소가 공동으로 설치 운영한 '민관합동규제개혁추진단'(단장: 국가경쟁력강화위원회 고위공무원, 대한상공회의소 부회장)은 2013년 2월 28일 국가경쟁력강화위원회와 함께 폐지되었다. 박근혜 행정부는 기업의 계속적인 민관 합동 조직의 운영을 건의함에 따라 2013년 8월 16일 국무총리훈령(민관합동규제개선추진단 설치 운영에 관한 규정)으로 설치했다. 추진단은 국무총리실, 대한상공회의소 및 중소기업중앙회로 민간단체의 참여를 확대해 3개 기관 공동단장(공동단장: 국무조정실 규제조정실장, 2개 민관단체 부회장) 체제로 운영하고 있다. 사무실의 위치(대한상공회의소) 및 과제 발굴 방법 등은 이명박 행정부와 민관합동규제개혁추진단과 유사하다.

그 외 현장 중심의 규제개혁 추진을 위한 3개의 '규제개혁작업단'을 설치했다. 2016년 12월 31일까지 한시적으로 '경쟁제한규제개혁작업단'(공정거래위원회), '중소기업규제개혁작업단(중소기업청)', '기술규제개혁작업단'(산업통상자원부)을 설치했다. 작업단은 관련 분야에 대한 규제영향평가와 소관 분야의 규제개혁 과제 발굴 및 조사·연구 업무를 수행하게 된다.

박근혜 행정부에서 대통령 주재의 규제개혁 점검 차원의 회의체인 '규제개혁장관회의'를 제외한 기본적인 규제개혁 추진 체계는 [그림 3-4]와 같다.

규제개혁 제도의 변화

박근혜 행정부에서의 규제개혁 제도의 큰 변화는 규제비용총량제 도입의 시도이다. 그러나 2015년 6월 현재까지 비용총량제는 시범 실시 중이며, 현재까지 「행정규제기본법」의 근간에 큰 변화는 없다. 다만 일부 기본법을 개정해 이명박 행정부에서 시행했던 '재검토형 규제일몰제'의 근거를 마련했고, 규제영향분석에서 그간 실제 분석해 온 '중소기업에 미치는 영향'을 RIA 분석 요소에 추가했다.

박근혜 행정부의 큰 변화는 제도보다 규제개혁에 접근하는 전략의 변화이다. 박근혜 행정부의 규제개혁은 규제의 절대량과 품질 제고를 동시에 투 트랙(two-track)으로 추진하는 전략이다. 주요한 규제개혁 전략은 다음과 같다.

규제개혁의 전략과 특징

박근혜 행정부는 '경제혁신 3개년개혁'을 수립하는 등 새로운 경제 활성화를 추진함에 있어 핵심 전략의 하나로 규제개혁을 특히 강조하고 있다.

역대 행정부에서도 외국인 투자 유치, 일자리 창출 등을 위해 규제개혁을 강조하며 추진했다. 다만 박근혜 행정부에서의 규제개혁은 그 중요성의 강조와 추진전략 면에서 역대 행정부의 규제개혁과는 다소 다른 특징을 보이고 있다. 박근혜 행정부에서의 규제개혁의 주요한 특징을 몇 가지로 정리하면 다음과 같다.[33]

첫째, 규제의 성격과 유형에 따른 투 트랙 접근 규제개혁을 제시하고 있다. 창조경제, 투자 활성화 촉진을 저해하는 규제는 폐지·완화하되 안전, 환경, 소보자 보호 등과 관련된 규제는 보완하거나 강화하는 방향으로 추진 전략을 달리하고 있다.

둘째, 규제의 양과 질을 함께 개혁하는 투 트랙 전략이다. 한국의 규제는 역대 행정부에서 많은 규제개혁의 노력에도 불구하고 지난 15년간 규제 수는 오히려 지속적으로 증가했다. 박근혜 행정부는 규제개혁의 접근 전략에서 품질 제고 못지않게 규제비용총량제의 도입, 미등록 규제의 실효화 등 규제의 양적 관리에도 중점을 두어, 규제의 양과 질을 동시에 추진하는 전략으로 접근하고 있다.

셋째, 규제 시스템 자체의 개혁을 추진하고 있다. 박근혜 행정부는 그간 한 건씩 하는 규제 개선을 넘어 규제 시스템 자체를 개혁하기로 하고, 시스템과 형태를 포함한 규제개혁 틀의 개혁을 추진하고 있다. 현재 규제개혁의 시스템적인 정비를 위해 규제비용총량제, 네거티브 방식 및 일몰제의 원칙 적용, 규제 폐지 개선의 국민청구권제도 등을 담은 「행정규제기본법」의 전면적인 개정을 추진하고 있다.[34]

넷째, 민간과 합동의 쌍방향 소통을 통한 규제개혁을 강조하고 있다. 박근혜 행정부는 이명박 행정부에서 경험한 민관 합동과 유사한 '민관합동규

33) 국무조정실(2014a, 2014c)을 참고해 정리.

34) 규제비용총량제, 국민청구권제도 신설, 규제의 네거티브 원칙 도입 등 규제 시스템 개혁을 위한 「행정규제기본법」 개정안은 2014년 8월 국회에 제출되어 있다.

제개선추진단'을 설치해 민관이 함께 기업 현장의 '손톱 밑 가시'를 발굴하고 개선하고 있으며, 규제정보의 제공 및 신고 활성화 등을 통해 피규제자와의 쌍방향 소통을 통한 규제개혁을 추진하고 있다. 박근혜 행정부의 세부적인 규제개혁 전략은 다음과 같다.[35]

규제비용총량제의 도입

규제로 인해 발생하는 기업의 직접비용과 직접편익에 초점을 맞춰 규제의 신설·강화로 인해 순비용(직접비용-직접편익)이 발생할 경우 이에 상응하는 비용의 규제의 폐지·완화를 유도함으로써 규제의 질적 제고와 함께 규제비용 총량을 감축하는 방식이다. 박근혜 행정부는 규제비용총량제(cost-in, cost-out)를 전면 도입한다는 계획에 따라 2014년 7월 시범 실시를 시작해 2015년 6월 현재 14개 기관을 대상으로 실시 중에 있다.[36]

경제규제의 원점 재검토

박근혜 행정부는 신설 규제에 대한 비용총량관리와 함께 기존 규제에 대한 개혁을 추진한다. 기존 규제는 절대량 관리와 핵심 규제 개선 등 규제품질 제고에 중점을 두게 된다. 특히 모든 경제규제에 대해서는 원점(zero-base)에서 재검토함으로써 규제의 절대량과 품질 제고를 동시에 추진한다는 계획이다. 특히 보건의료, 관광, 교육, 금융, SW 등 5대 서비스 분야는 TF를 구성해 중점 추진하게 되며 투자에 걸림돌이 되는 핵심 규제는 폐

---

35) 국무조정실(2014a); 규제개혁위원회(2014, 2015)를 참조해 정리.

36) 규제비용총량제는 2014년 7월 8개 중앙행정기관을 대상으로 시범 실시를 시작했고, 2015년에 6개 부처가 자율 참여해 2015년 현재 14개 부처청이 참여하고 있다. 전면 실시를 위한 법적인 근거 마련을 위한 「행정규제기본법」 개정안이 2014년 8월에 국회에 제출된 이후 2015년 6월 현재까지 개정이 지연되고 있다. 그러나 규제비용총량제의 시행과 관련해 별도의 법률적인 근거가 필요하지 않고 기존 「행정규제기본법」의 신설·강화 규제 사전심사 제도에 의해 가능하다는 의견도 일부 제기되고 있다. 시범 실시 중인 규제비용총량제의 주요 내용은 이 책 제2장(한국의 규제비용총량제)을 참고하기 바란다.

지에 중점을 두고 추진하고 있다.

신설 규제에 네거티브 시스템 및 일몰제의 원칙적 적용

신설되는 규제에는 원칙적으로 금지행위 열거 방식(negative system)과 규제일몰제(sun-set)를 적용한다. 기존 규제에 대해서도 현재 일부(12%, 1,800건)에만 설정된 일몰제 적용을 확대해 임기 내 50%(7,500건)까지 확대를 추진한다. 일몰의 설정은 신기술 규제, 산업환경 급변 규제 등에는 효력상실형(5년) 일몰제를 우선적으로 적용하고, 사회적 인식 등 가변적 기준에 근거한 규제는 재검토형(3년)을 설정한다는 전략이다.

미등록규제 등록 조치 및 20% 실효화

박근혜 행정부는 미등록 규제의 발굴을 위해 소관 부처의 자발적 신고 및 등록, 국무조정실과 법제처의 실태조사, 규제정보 포털을 통한 상시 신고 접수를 통해 미등록 규제를 발굴하고 폐지를 포함한 개선을 추진한다. 부처에서 자진해 신고된 미등록 규제는 규제등록 조치와 함께 기존 규제의 감축과 동일하게 박근혜 행정부 임기 내에 최소 20% 폐지를 목표로 하고 있다. 자진해 신고하지 않은 미등록 규제는 원칙적으로 실효화(失效化)하게 된다. 다만 실효가 곤란한 경우에는 효력 상실형 일몰제를 설정하고 아울러 규제비용총량제의 교환 대상(OUT)에서도 제외하는 방식으로 운영한다.

'손톱 밑 가시' 존치 이유 3개월 내 소명 의무화 제도

민관합동규제개선추진단과 규제정보 포털(better.go.kr)을 통해 기업 현장의 규제 애로 발굴을 강화하고, 건의한 제기 내용을 해당 부처에 통보해 개선 방안을 강구하게 된다. 건의된 내용을 1차적으로 해당 부처에서 불수용할 시에는 관련 기관은 3개월 내에 건의 규제가 존치되어야 하는 이유를 소명하도록 의무화하고 있다.

「행정규제기본법」의 의미와 주요 내용

한국의 규제개혁 역사에서 「행정규제기본법」의 시행은 그 의미가 매우 크다. 기본법의 시행으로 항구적인 규제개혁 추진 체계가 설치되었고, 지속 가능한 강력한 규제개혁 제도를 마련했기 때문이다. 기본법은 1997년 12월 29일 제정된 이후 몇 차례의 개정이 있었으나 최초의 제정 내용을 대부분 그대로 유지해 오고 있다.[37)]

「행정규제기본법」 시행의 의미

그간 한국에서의 규제개혁은 앞에서 살펴본 바와 같이 역대 행정부에서

37) 1997년 12월 29일 김영삼 행정부에서 제정된 「행정규제기본법」은 기관의 명칭 변경, 법률 용어 순화, 한글화 등으로 인한 개정을 제외하면 실질적인 기본법의 내용이 변경된 개정은 2015년 6월까지 3차례 이뤄졌다. 2005년 12월 29일 노무현 행정부에서 규제개혁위원회의 구성과 권한을 강화하는 개정(법률 제7797호)이 있었고, 박근혜 행정부에서 그간 실제 적용해 오고 있던 '재검토형 규제일몰제'의 법적 근거 마련 개정(2013년, 법률 제11935호)과 '중소기업 영향평가제도'를 도입하는 개정(2015년, 법률 제13329호)이었다.

다양한 조직과 방법으로 다양한 규제개혁을 추진했다. 그러나 「행정규제기본법」이 시행된 1998년 3월 1일 이전과 이후는 규제개혁의 추진 동력, 추진 방식 등 제도 전반에 걸쳐 근본적인 차이가 있다. 규제개혁에서 기본법 시행 이전과 이후의 주요한 차이점은 다음과 같다.

첫째, 규제개혁 추진 동력 면에서 보면, 「행정규제기본법」 시행 이전에는 통치권자의 의지와 경제위기 등 경제·사회적인 필요성에 주로 의존했다. 그러나 기본법 시행 이후에는 정부의 규제 정비지침 시달, 정비계획의 수립 및 추진, 추진 결과에 대한 평가 등 법적 구속력에 의한 일련의 체계적인 제도에 의해 규제개혁이 이뤄진다.

둘째, 규제개혁의 범위 면에서 보면 기본법 시행 이전에서 주로 기존 규제의 정비에 머물렀다.[38] 그러나 기본법 시행 이후에는 규제개혁위원회의 심사를 통해 신설·강화하려는 규제를 억제하면서 기존 규제에 대한 정비도 동시에 추진하는 기본적인 투 트랙(two-track) 방식이다.

셋째, 규제개혁 과정에 피규제자의 참여 면에서 보면, 기본법 시행 이전에는 피규제자의 규제로 인한 애로를 건의받아 민원 해결 차원에서 규제개혁을 추진했으나, 기본법 시행 이후에는 규제의 제정·개혁 과정에 이해

38) 「행정규제기본법」 시행 이전에도 제한적이긴 하나 법령 제·개정 시 사전 협의 또는 심사하는 제도가 있었다. 1994년에 시행된 「행정규제 및 민원사무기본법」(법률 제4735호) 제6조에 의해 중앙행정기관이 행정규제를 신설·강화하고자 할 때에는 '규제의 필요성', '행정규제를 받는 자의 불편 및 부담', '기존 규제와의 중복 여부'을 종합적으로 고려해 중앙행정기관 스스로 심사하고 결정하도록 했다. 또한 1995년 1월에 제정된 「기업활동 규제 완화에 관한 특별법」에서는 의무 고용, 검사 기준에 관한 사항 등의 규제를 신설할 경우 특별법에 근거한 '기업활동규제심의위원회'의 사전 심의를 거치도록 했다. 그러나 기업활동규제심의위원회의 심사는 대상이 제한적이고 실제로 사전 심의는 이뤄지지 못했다. 또 다른 제도로서 1980년 12월에 제정되어 1981년에 시행된 「독점규제 및 공정거래에 관한 법률」에 근거해 각 부처가 경쟁 제한적인 법령의 제정 및 개정 시에 경제기획원(공정거래위원회)과 사전 협의하도록 했고, 1995년부터 경제 법령의 제정과 개정 시에 재정경제원과 사전 협의하도록 하는 「경제법령규제 사전심사제도」를 일시적으로 운영하기도 했다(류충렬, 2000: 29-33). 그러나 위에 소개한 사전심사 또는 협의제도는 규제자인 중앙행정기관이 스스로 심사하거나, 극히 제한적인 대상에 대한 중앙행정기관 간의 부처 협의 제도의 성격으로서 「행정규제기본법」에서 규정하고 있는 심사제도와는 심사기구의 위치, 심사 대상의 범위, 심사 결과의 강제성 등에서 기본적인 차이가 있다. 기본법 시행 이전의 제도는 기본법 시행과 함께 폐지되었다.

관계자의 참여가 제도적으로 보장되고 확대되는 등 이해관계자도 규제개혁의 동참자로 지위로 변화되었다.

넷째, 규제개혁 기법과 제도 발전의 측면에서 그간의 규제개혁은 임시적인 조직으로 정권의 만료로 규제개혁의 조직도 폐지되어 개혁의 영속성이 없었다. 그러나 기본법 시행 이후에는 규제개혁을 총괄하는 법률상 기구로서 '규제개혁위원회'가 설치되어 영속성이 확보됨으로써 규제개혁의 기법과 제도적인 발전이 가능해졌다.

1998년 3월 1일에 시행된 「행정규제기본법」에 근거한 규제개혁 제도는 현재까지 일부 제도의 보완은 있었으나 기본적인 제도는 동일하다. 기본법 시행에 따른 새로운 규제개혁 추진 체계와 제도를 바탕으로 한국의 규제개혁은 2009년 한시적 규제유예(temporary regulatory relief)제도 도입, 2009과 2010년의 규제일몰제(sun-set system) 확대 적용, 2013년 네거티브 규제개혁(negative system) 등 다양한 의미있는 규제개혁을 추진하고 있다. 여러 가지 면에서 기본법의 제정과 시행은 한국의 규제개혁 역사에 새로운 출발점이 된다.

기본법의 주요한 규제개혁의 수단

「행정규제기본법」에는 규제개혁의 추진 체계를 비롯해 다양한 규제개혁의 제도와 수단을 규정하고 있다. 기본법이 제공하는 규제개혁의 주요한 수단은 [그림 3-5]와 같이 규제법정주의, 규제의 등록과 공표제도, 규제영향분석제도, 규제정비계획의 수립과 추진, 이해관계자의 참여 보장과 확대, 규제 개선 실태에 대한 평가 등을 들 수 있다.

규제법정주의

규제법정주의(Principle of Legality for Regulations)는 국민의 권리를 제한

하거나, 국민에게 의무를 부과하는 규제는 반드시 법률(legal)에 근거가 있어야 하며, 법률에 근거하지 아니한 규제로 국민의 권리를 제한하거나 의무를 부과할 수 없다는 원칙이다. 기본법에서 규정하고 있는 규제법정주의의 내용을 정리하면 다음과 같다.

- 규제는 법률에 직접 규정해야 한다.
- 대통령령(presidential decree), 부령(departmental ordinance) 및 지방자치단체의 조례(local ordinance)·규칙은 법률에 근거해 상위 법령의 위임한 범위 내에서 규제의 세부 내용을 정할 수 있다(규제 자체가 아닌 규제의 위임된 세부 내용을 정한다).
- 고시 등(훈령·예규·고시 및 공고)의 행정명령(administrative order)에는 규제 또는 규제의 내용을 정할 수 없다. 다만 전문적·기술적 사항

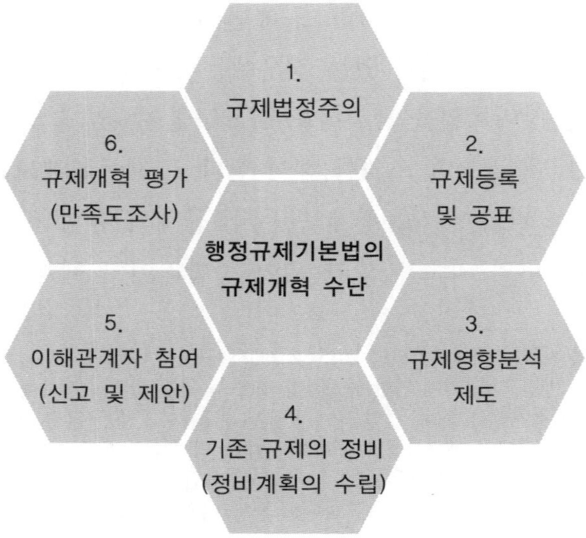

[그림 3-5] 행정규제기본법의 규제개혁 수단

자료: 국무조정실(2013: 12)을 참조해 재구성.

이나 경미한 사항으로 불가피하게 위임된 경우에 한해 정할 수 있다 (불가피한 위임과 전문적·기술적·경미한 사항에 한한다).

- 내부지침, 교육자료, 지시, 직무명령(ex-officio order) 등에는 새로운 규제를 정할 수 없으며, 해당 규제의 운영·집행 절차, 내용의 명확화 등 규제의 해석에 관한 사항만 정할 수 있다.

규제법정주의는 무분별한 규제의 증가를 억제하고 국민의 대표기관인 국회에 의한 법률에서 위임을 받지 못한 규제를 강제적으로 정비할 수 있는 근거를 제공하게 된다.[39]

규제 등록 및 공표

중앙행정기관의 장은 모든 소관 규제의 명칭·내용 등을 규제개혁위원회에 등록(registration)해야 한다.[40] 위원회는 등록된 규제사무 목록을 작성해 공표(promulgation of regulations)하고, 매년 6월 말일까지 국회에 제출해야 한다. 등록되지 아니한 규제가 있는 경우에는 위원회에 등록하게 하거나 그 규제를 폐지하는 정비계획을 제출하도록 요구할 수 있게 되며, 요구받은 행정기관은 30일 내에 필요한 조치를 해야 한다. 규제등록제도는 규제의 유형이나 규제의 총량 파악이 가능하게 만든다. 규제의 유형별·성격별로 정리된 자료는 규제개혁의 기초 자료가 되어 종합적이고 체계적인 규제개혁의

---

39) 규제개혁위원회의 지침(규제개혁위원회, 2015: 20)에서 '규제는 「행정절차법」, 「법제업무 운영규정」, 「훈령·예규 등의 발령 및 관리에 관한 규정」 및 조례 등 관련 법령이 정하는 바에 따라 적법성 심사(법제처 심사)를 실시해야 하며, 특히 규제의 세부 내용을 '고시등'(훈령·예규·고시·공고 등)에 정하는 경우에는 위임의 불가피성과 구체성에 대해 엄격하게 검토해야 한다고 되어 있다.

40) 규제의 등록 단위는 1998년 최초 등록에서 규제의 행위 단위(허가·인가·신고 등)로 했다. 이후 2006년 노무현 행정부에서 관련된 사업을 하나로 묶어 '사업 단위'로 등록하도록 했고, 이후 박근혜 행정부에서는 규제의 등록은 규제를 포함하고 있는 조문(이하 "규제조문"이라 한다)으로 등록하도록 하고 있다. 규제 조문을 등록하는 경우 규제의 명칭, 규제의 내용, 규제의 필요성, 규제의 존속기한 등의 규제정보사항을 규제정보화 시스템(RIS)상의 규제정보카드에 명시하도록 하고 있다(규제개혁위원회, 2015: 17).

기초가 된다.

규제영향분석 및 신설 규제 심사

규제를 신설하거나 기존 규제를 강화하려는 행정기관은 신설, 강화하려는 규제로 인해 국민의 일상생활과 사회·경제·행정 등에 미치는 제반 영향을 객관적으로 미리 예측·분석하는 규제영향분석(RIA)을 실시해야 한다. 규제영향분석시에는 규제의 신설 또는 강화의 필요성, 실현 가능성, 규제외 대체 수단의 존재 여부 및 기존 규제와의 중복 여부, 비용과 편익의 비교분석, 중소기업에 미치는 영향, 경쟁 제한적인 요소 포함 여부, 규제 내용의 객관성과 명료성, 행정기구·인력 및 예산의 소요, 구비서류 및 처리 절차 등의 적정 여부 등을 종합적으로 고려해 분석하도록 하고 있다.[41)]

규제를 신설·강화·존속 기한을 연장하려는 부처는 규제영향분석서(RIA)와 함께 자체 규제심사위원회의 심사를 거쳐 위원회에 규제심사를 요청하게 된다.[42)] 위원회는 요청된 규제에 대해 위원회의 심사 대상인 규제(중요 규제)인지 여부를 먼저 결정하고, 중요 규제인 경우 위원회가 심사하고 중요 규제가 아닌 규제는 입안 부처의 자체 심사로 종료하게 된다.[43)]

위원회의 심사 대상인 중요 규제의 판단은 위원회가 미리 설정한 판단 기준에 따라 결정한다. 판단 기준은 기본법에 근거해 규제개혁위원회의 지

---

41) 규제영향분석의 분석 항목, 방법과 절차에 관해서는 이 책 제2장(규제영향분석)을 참고하기 바란다.

42) 규제개혁위원회는 「규제영향분석 처리지침」으로 각 행정기관은 위원회의 심사를 받게 될 해당 규제와 규제영향분석서 초안을 입법예고일 10일 전까지 위원회에 제출해 그 내용의 충실성, 적정성 여부에 대해 미리 협의하도록 하고 있다. 위원회는 내용 미흡 시 보완을 요청할 수 있으며, 각 부처는 위원회의 보완 요청이 있는 경우 이를 반영해 입법예고하고, 입법예고 기간 동안 제출된 의견을 검토해 추가된 사항이나 새로운 사실은 반영·보완하도록 하고 있다. 최종 규제영향분석서가 확정되는 경우 지체없이 인터넷 홈페이지 및 규제정보 포털을 통해 각각 공개해야 한다(규제개혁위원회, 2015: 22).

43) 중요 규제가 아닌 경우, 즉 위원회의 심사 대상이 아니라고 결정한 규제는 위원회의 심사를 받은 것으로 보게 되어(행정규제기본법 제11조) 중요 규제가 아닌 규제는 자체규제심사위원회의 심사로 종료하게 된다.

침으로 마련하고 있다. 2015년 8월 현재 중요 규제 판단 기준은 1998년에서 마련된 기준에서 몇 개의 기준이 추가되어 〈표 3-5〉와 같이 8개의 기준을 제시하고 있다. 위원회의 중요 규제 판단 방법에도 1998년 최초의 판단 기준과 차이가 있다. 1998년에 시행된 기준은 1개 이상의 기준에서 기준 이내일 때에는 원칙적으로 중요 규제로 분류하도로 했으나, 2015년 중요 규제 분류에서는 원칙적으로 8개의 판단 기준을 종합적으로 고려해 정하도록 하면서 어느 하나에 해당하더라도, 불가피성이 인정되는 경우 중요 규제로 보지 않을 수 있도록 하고 있다(국무조정실, 1998: 62; 규제개혁위원회, 2015: 24).

위원회는 해당 규제를 심사해 중앙행정기관의 장에게 규제의 신설·강화를 철회하거나 개선하도록 권고 할 수 있다. 중앙행정기관의 장은 특별한 사유가 없는 한 이를 따라야 하며, 만약 위원회의 심사 결과에 이의가 있거나 따르기 곤란한 경우 재심사를 요청할 수 있게 된다.

〈표 3-5〉 중요 규제 판단 기준의 비교

1998년 최초 중요 규제 판단 기준	2105년 현재 중요 규제 판단 기준
1. 규제영향비용이 연간 100억 원 이상인 규제	1. 좌동
2. 피규제자의 수가 연간 100만 명 이상이 되는 규제	2. 좌동
3. 명백하게 진입 또는 경쟁 제한적인 성격의 규제	3. 좌동
4. 국제 기준에 비춰 규제 정도가 과다하거나 불합리한 규제	4. 좌동
	5. 다른 행정기관에 의해 시행되고 있거나 시행 예정인 조치와 심각한 불일치 또는 간섭을 발생시키는 규제
	6. 이해당사자 간 이견이 첨예하게 대립하거나 사회·경제적으로 상당한 부작용이 우려되는 규제
	7. 중소기업영향평가·경쟁영향평가·기술영향평가 결과 개선이 필요한 규제
	8. 규제 수준 및 정도가 현저히 부당해 위원회의 심도 있는 논의가 필요한 규제

자료: 국무조정실(1998: 63); 규제개혁위원회(2015: 25)를 참고해 재구성.

기존 규제에 대한 제도적 정비

위원회는 매년 말 다음 연도 기존 규제의 정비지침을 마련해 중앙행정기관에 통보하고, 각 중앙행정정기관은 통보된 위원회의 지침에 따라 소관 규제에 대한 규제정비계획을 수립해 위원회(국무조정실)에 제출하면, 위원회는 부처의 정비계획을 종합해 정부의 종합계획을 수립하고 국무회의, 대통령 보고를 거쳐 공표하게 된다. 정부의 종합계획에 따라 각 중앙행정기관은 규제 정비를 추진하고 추진 결과는 위원회에 보고되고 평가하게 된다.

기본법에 의한 이러한 정비계획 수립·추진 방식은 한국의 규제개혁 역사에서 기본법 이전과 이후를 구분하게 하는 제도 변화의 하나이다. 기본법 시행 이전에는 통치권자의 의지에 의존해 민간의 건의나 민원을 근거로 해서 이뤄졌다. 그러나 기본법 시행 이후에는 정부 스스로 제도화된 규제 정비 방침에 따라 규제개혁을 시행하게 된다는 점이다. 이는 통치권자의 의지에 따라 달라질 수 있는 규제개혁의 노력을 정부의 정비계획의 수립과 집행이라는 법적 구속력을 갖는 제도화된 방법으로 규제개혁의 효율적인 추진을 가능하게 만든다.

정비계획의 수립·추진 방식과 함께 위원회(국무조정실)는 국민의 건의를 받거나 개선이 필요하다고 위원회가 판단하는 규제에 대해 규제 정비방안을 마련해 관련 행정기관에 개선을 권고할 수 있다. 권고를 받은 행정기관은 특별한 사유가 없는 한 위원회의 개선 권고를 수용해야 한다.

이해관계자의 참여 보장과 확대

기본법에서는 규제의 신설·강화 또는 기존 규제의 정비에 이해관계인, 전문가 등의 참여를 제도적으로 보장하고 있다. 규제를 신설·강화할 경우 규제를 신설·강화하려는 기관에서 민간단체·이해관계인·연구기관·전문가 등의 의견을 의무적으로 수렴해야 하고(기본법 제9조), 해당 기관은 위원회에 규제를 심사 요청하면서 이해관계자 등의 제출된 의견의 요지를 첨부하도록 했다(기본법 제10조).

기존 규제의 정비에서도 규제개혁에 관한 국민의 제안이나 건의는 기본법에서 적극 장려되고 보장된다. 중앙행정기관은 소관 규제에 대해 이해관계인·전문가 등의 의견을 수렴해 정비가 필요한 규제를 선정해 정비해야 한다(기본법 제19조). 위원회에 제출된 의견에 대해서는 필요하다고 판단하는 경우 위원회가 심사하고 관련 중앙행정기관에 규제 정비를 권고하게 된다. 중앙행정기관은 위원회의 권고에 따라야 한다.

규제개혁 실태의 평가 및 만족도조사

위원회는 각급 행정기관의 규제제도 운영 실태와 개선 사항을 확인 점검하도록 하고 있으며, 전문기관을 통해 여론조사를 할 수 있다. 이에 따라 정기적으로 규제개혁에 대한 시민, 전문가, 규제개혁 관련 공무원 등을 대상으로 규제개혁 만족도, 성과를 조사해 규제개혁 활동에 피드백(feedback)하고 있다. 위원회의 규제개혁 성과에 대한 평가는 정부의 규제개혁 노력을 촉구하고 규제개혁의 책임성을 제고하게 된다.

제4장
이제는 개혁해야 할 규제들

이제는 개혁해야 할 규제들

우리나라는 OECD 국가 중에서 규제개혁의 노력에 관해서는 비교적 열심히 하는 나라의 하나로 평가받고 있다. 1980년 정부 주도의 규제개혁을 시작한 이래, 여러 정권마다 투자 유치, 경제 발전, 경제위기 극복, 국가 경쟁력 강화, 경제 재도약 등을 위한 핵심적인 전략의 하나로 규제개혁에 중점을 두고 노력한 것도 사실이다. 또한 세계 어느 나라에서도 갖기 어려운 강력한 「행정규제기본법(Basic Act on Administration Regulations)」을 1997년에 제정하고 1998년 3월 1일부터 시행하고 있기도 한다.

그러나 역대 행정부마다 규제개혁을 강조하는 나라임에도 여전히 규제개혁의 성과에 대한 만족도는 높지 않은 것이 사실이다. 여러 가지 이유가 있지만 그중에서도 가장 큰 이유는 중요하고 핵심적인 규제가 규제개혁의 대상에서 제외되어 제대로 다듬어 보는 기회를 갖지 못하고 있기 때문일 것이다.

수도권 규제, 노동의 유연성과 관련된 규제 등은 이해관계 집단의 반대를 넘어 규제개혁으로부터 성역(聖域)화되어 가고 있다. 이제는 수도권 규제와 노동규제는 규제개혁을 검토하자는 의견마저도 제대로 개진하기 어렵게 하고 있다. 수도권 규제는 2009년 이명박 행정부에서 지방 발전 시책을 제시하면서 일부 시행령 이하 규제를 개선한 바 있으나, 오랜 기간 그 골격을 유지하면서 수도권과 비수도권 서로에 도움이 되는 규제인지 제대로 진지하게 논의조차 하기 어렵다. 노동규제 또한 고용유연성을 통해 새로운 일자리 창출이 가능한지 따져보기조차 어려운 분위기이다.

투자개방형 의료법인(영리병원)과 카지노를 포함한 복합리조트 등의 경우에도 크게 다르지 않는다. 투자개방형 의료법인은 의료민영화의 전(前)단계라는 논리의 비약으로, 카지노를 허용하는 복합리조트는 국민 정서에 맞지 않는다는 이유로 제대로 논의조차 어렵게 되고 있다. 주변 경쟁국에서 대형 투자개방형 병원, 복합리조트를 설치해 앞다퉈 의료관광객을 유치하고 있는 것을 그저 부러워할 뿐이다.

또한 의사·한의사·약사 등 이해관계 집단의 서비스 영역 다툼으로 소비자는 양질의 복합 의료 서비스를 제대로 얻지 못하고 있음에도 관련된 의료 서비스 제도를 들여다볼 기회조차 갖기 어렵다.

더 늦기 전에 그동안 미루거나 회피해 온 이해관계가 복잡한 대형 규제에 대한 개혁 논의가 시작되어야 한다. 이제 수도권 규제, 투자개방형 병원, 노동규제 등에 대해, 국내에 한정하거나 머무르는 사고에서 벗어나 세계와 경쟁하기 위해 어떻게 개선하는 게 좋은지, 보완책은 무엇인지 본격적으로 논의되어야 한다.

글로벌 세계에서 국내에 한정된 집단 간 대립 시각으로 접근하면 국가 간의 경쟁에서는 점점 멀어지게 된다. 늦으면 늦은 만큼 경쟁국에게 더 뒤지게 된다. 이제는 개혁을 검토할 때가 된 규제는 위에서 언급한 규제 이외에도 많다. 세계에 유례를 찾기 어려운 '공공기관의 광고 대행 의무화 규제'도 마찬가지이다.

위에서 언급한 규제 중에서 몇 개의 규제를 선택해 무엇이 문제이고 찬반론의 주장은 무엇인지, 어떻게 개혁해야 하는지를 나름대로 살펴보고자 한다. 도입된 지 43년이 지난 '공공기관의 광고대행 의무화 규제', 개혁이 필요함에도 점차 성역화되어 가고 있는 규제들 중에서 '투자개방형 의료법인', '수도권 규제'에 대해 살펴본다.

공공기관의 광고 대행 의무화

시대의 흐름과 글로벌 기준에 걸맞지 않은 이상한 규제 중의 대표적 사례의 하나가 '정부 및 공공기관의 유료광고 대행 의무화 규제'이다. 규제의 핵심 내용은 국가 또는 공공기관이 홍보매체에 유료광고를 하려고 할 경우 문화체육관광부 장관이 지정하는 대행기관을 통해 시행해야 한다는 규제이다. 공공기관의 광고 대행 의무화 규제는 박정희 정부인 1972년 3월 4일 국무총리 훈령으로 「정부광고 시행에 관한 건」으로 제정된 이후 두 차례의 개정을 거쳐 「정부광고 시행에 관한 규정」(국무총리 훈령 제541호)으로 오늘에 이르고 있다.[1)]

이 규제는 국가기관 및 공공기관이 유료광고 행위를 할 경우 대행기관을 통해 홍보매체를 선정하고, 대금의 지불도 대행기관을 통해 이뤄지게 의무

---

1) 1972년 3월 4일에 최초 국무총리훈령 제102호(정부광고 시행에 관한 건)로 제정되어 모든 정부기관의 광고는 해당 기관이 직접 민간 광고매체에 의뢰하지 못하고 지정된 대행기관(언론진흥재단)에 의뢰하고, 대행기관이 민간 홍보매체 선정, 대금 지급 등을 대행하도록 하고 있다. 이 훈령은 이후 1974년 5월 11일 국무총리 훈령 제120호로 개정되었고, 2009년 10월 6일 「정부광고 시행에 관한 규정(국무총리 훈령 제541호)」으로 일부 개정을 거쳐 오늘에 이르고 있다.

화하고 있다. 세계적으로 그 유례를 찾기가 어려운 규제이다.[2)]

광고 대행 의무화 규제의 내용

의무화 대상인 정부기관의 범위는 모든 중앙행정기관, 지방자치단체 및 공공기관(이하 '공공기관'이라 칭함)이 된다. 즉, 모든 공공기관이 홍보매체에 유료광고를 시행하려는 경우 문화체육관광부 장관이 지정하는 기관(이하 '대행기관'이라 칭함)을 통해 시행하도록 규제하고 있다. 공공기관은 민간의 다양한 홍보매체를 직접 선정하지 못하고 대행기관에 먼저 의뢰를 하고 대행기관이 선정하는 매체에 유료광고를 해야 한다는 것이다.[3)]

규제 대상이 되는 홍보매체의 범위도 매우 광범위하다. 모든 홍보매체가 대상이 된다. 국무총리 훈령에 근거한 문화체육관광부의 「정부광고 업무 시행지침」에서 그 대상을 정하면서 인쇄매체(일간신문, 주간신문, 월간잡지, 각종 화보 등 간행물), 전기통신매체(방송, 통신, 인터넷 등), 교통광고(기차, 지하철, 버스, 택시 등), 기타 광고(전광판, 선전탑, 광고판, 영화 상영관, DM 등)를 포괄하고 있다.[4)] 즉, 모든 공공기관의 모든 민간 홍보매체를 통한 유료홍보행위 자체가 규제 대상인 것이다.

---

2) 필자는 그간 규제개혁 업무를 담당하면서 한국의 「정부광고 시행에 관한 규정」과 같은 대행 의무화 규제의 해외 사례를 확인하고자 했으나 유사한 규제를 확인하지 못했다. 다만 일본의 경우 유사한 정부 및 공기업의 광고 대행에 대한 독점이 있었으나 오래전에 이를 폐지되었고, 규제 폐지로 오히려 세계적인 광고대행사가 탄생해 해외 진출까지 하게 된 사례가 있었다고 한다. 또한 영국 등 일부 국가에서 공공기관의 전문성 부족을 우려해 기관의 요청에 따라 적절한 홍보 매체 선정을 알선·조언 하는 비규제적인 방법은 있다고 한다. 이 또한 모든 국가의 규제를 확인하지 못한 것으로 필자의 주장에 한계가 있다.

3) 현재 「정부광고 시행에 관한 규정」에는 광고 대형의 의무 규정을 위반한 공공기관에 대한 명시적인 벌칙 규정을 담고 있지는 않다. 그러나 대행은 임의 조항이 아니라 '대행하여야 한다'로 강제 조항으로 규정하고 있다. 훈령의 위반은 형벌 등이 아닌 징계의 사유가 될 수 있다.

4) 「정부광고업무 시행지침」(문화체육관광부, 2009.10.6) 제2조 참조.

광고 대행기관은 문화체육관광부 장관이 지정한다. 현재 지정된 광고 대행기관은 국내에 있는 홍보매체에 대한 대행은 '한국언론진흥재단'이, 해외에 있는 홍보매체에 대한 광고는 '국제방송교류재단'이 각각 지정되어 독점적으로 대행하고 있다.[5] 다만 지상파 방송매체 및 종합편성 방송매체에 의뢰한 경우 별도의 한국언론진흥재단과 한국방송광고공사가 체결한 '정부광고의 방송광고 대행 업무에 관한 약정'에 따라 한국방송광고공사가 대행하고 있다.

결국 모든 공공기관은 지정된 2개의 대행기관(한국언론진흥재단, 국제방송교류재단)을 통해 홍보매체를 선정하고 유료광고를 해야 한다. 이 과정에서 대행기관은 공공기관으로부터 광고료를 받아 대행 수수료(10% 내외, 방송은 19%)를 수수하고 차액을 홍보매체에 지급하게 된다. 국내 매체홍보를 독점적으로 대행하고 있는 한국언론진흥재단의 경우 재단의 수입 중 상당 부분이 이 규제로 인한 중간 대행 수수료 수입이라고 한다.

광고 대행 의무화 규제의 문제점과 쟁점

규제가 민간 홍보매체 시장에 미치는 영향을 살펴보자. 먼저 민간 홍보매체의 입장에서는 경쟁을 통한 영업활동을 제한받게 된다. 시장의 홍보매체는 인쇄매체, 전기통신매체, 기타 광고매체 등 매우 다양하다. 다양한 홍보

5) 정부광고 대행기관은 1972년 3월 10일에 '한국홍보협회'에서 대행했고, 1976년부터 '한국국제문화협회'에서 1984년 7월부터 1989년 1월까지는 '한국방송광고공사'에서 위탁 수행했다. 이후 다시 '한국국제문화협회'에서 대행하다 1991년 12월 '한국국제교류재단'으로, 1992년에는 '한국언론회관'으로, 1998년 이후 '한국언론재단'에서 대행했다. 2009년 10월 6일 이후 국내매체 홍보는 '한국언론진흥재단'(한국언론재단에서 명칭 변경)에서, 해외매체는 '국제방송교류재단'에서 대행하고 있다. 다만 정부광고 중에서 지상파와 종편방송을 통한 정부광고의 경우 「정부광고업무시행지침」 제8조에 따라 한국언론진흥재단과 한국방송광고공사가 체결한 '정부광고의 방송광고 대행 업무에 관한 약정'에 따라 이뤄지고 있으며, 중간 수수료를 나눠 갖게 된다.

매체는 자신의 홍보 능력과 전문성을 바탕으로 공공기관에 직접적인 영업 활동이 불가능하게 된다. 공공기관의 광고가 대행기관을 통해 이뤄지기 때문이다. 이는 유료 광고 공급 물량의 상당량을 차지하고 있는 공공기관의 물량을 1개의 대행기관이 독점함에 따라 국내 홍보매체 시장을 왜곡하게 된다. 공공 발주 물량에 민간 업체의 경쟁성 배제는 우리 홍보매체의 경쟁력을 저하시키게 된다. 나아가 글로벌한 민간 광고 대행사의 탄생을 어렵게 만든다. 독점은 관련된 산업의 경쟁력을 저하시키기 때문이다.

홍보 광고를 하려는 공공기관의 경우에도 다르지 않다. 공공기관의 각종 홍보, 특히 정책광고는 정책 수요자에게 최대한 알기 쉽게, 최대한 많은 수요자에게 와닿게 해야 한다. 공공기관은 알리고자 하는 사항을 제대로 알려야 하고 정책수요자는 홍보 내용을 잘 알아야 정책 효과가 제고되기 때문이다. 홍보 효과가 최대화되기 위해서는 홍보 내용과 홍보 대상에 적합한 홍보매체를 적절히 선정하는 것이 당연히 중요하다. 그러나 이 규제로 공공기관이 자신의 책임 하에 효과적이라고 판단되는 홍보매체를 선정할 가능성이 낮아지면 정책홍보의 기본적인 출발부터 어려워질 수도 있다.

이 규제는 직접 민간의 홍보매체에 의무를 강요하지 않고 공공기관에게 대행기관을 통하도록 규제하는 방식으로 정부 간의 규제라는 주장이 제기될 수 있다. 즉, 외형적으로 국민이나 기업(이 경우 홍보매체)에게 직접적으로 의무화하지 않고 정부가 정부기관(공공기관)에 의무를 주는 것처럼 보여 정부 내부규제에 불과하다는 것이다.[6] 그러나 이 규제는 실제적으로 관련 분야의 시장과 영업활동에 영향을 미치고 있다. 행정규제의 판단은 실제 규제가 미치는 영향을 고려해 종합적으로 판단해야 할 것으로 이런 점에서 행정규제로 분류될 여지도 있다.

한국의 「행정규제기본법」은 행정규제는 법률에 근거해야 하며, 하위 규

---

6) 규제의 방법이 정부가 국민이나 기업에 규제하는 형식이 아니고 국가기관이나 공공기관에게 의무를 주는 형식일 경우를 내부규제로 분류되기도 한다.

정으로 규제를 하지 못하도록 하고 있다.7) 이 규제가 행정규제라면 국무총리 훈령이 최상위 근거인 이 규제는 당연히 폐지되거나 법률의 근거를 확보해야 한다. 정부 내부의 규제로 「행정규제기본법」의 대상이 되는 행정규제로의 분류하는 데 형식상 일부 다툼이 있을 수 있다. 그러나 설혹 기본법상의 직접 적용을 받는 행정규제가 아니라 하더라도 규제가 아니거나 규제개혁의 대상이 될 수 없는 것은 아니다.8)

이제는 개혁을 전향적으로 추진해야 한다

이 규제는 1972년에 시작되어 40년 이상 이어지고 있다. 이 규제 탄생의 숨은 의도가 무엇인지에 대해서는 제대로 알려지지 않고 있다.9) 현 시점에서 그 의도가 무엇이었든 이제는 폐지를 포함해 전향적으로 개혁을 추진해야 한다. 여러 가지 대안이 가능하다.

글로벌 기준에 맞게 의무화를 폐지하고 대신 전문성이 부족할 수도 있는 공공기관을 위해 매체의 알선·조언 등 비규제적 대안으로 전환하는 것이 가장 혁신적인 안이 될 수 있다. 즉각적이고 일시적인 폐지가 어려우면 일정 기간 대행기관을 복수화해서 경쟁을 제고하고 순차적으로 민간 시장에

---

7) 행정규제기본법 제4조 규제법정주의에 따라 규제는 법률에 직접 규정하되, 세부적인 내용에서 법률 또는 상위 법령에서 범위를 정해 위임한 바에 한해 제한적으로만 정할 수 있도록 되어 있다.

8) 행정규제는 「행정규제기본법」상의 적용 대상이 되는 규제를 의미이며 일반적으로 규제이냐 아니냐의 구분과는 차이가 있다. 기본법상의 행정규제는 기본법에서 정한 규정을 직접적으로 받는 규제라는 의미를 갖게 되어 기본법이 갖는 규제법정주의, 신설·강화 시 규제개혁위원회의 심사 및 규제영향분석서의 작성, 규제등록 및 공표 등의 직접적인 적용을 받게 된다는 것을 의미한다. 그러나 행정규제로 분류되지 않더라도 규제인 경우에는 직접적으로 기본법의 적용을 받지는 않으나 규제관리기관에서 행정 유사 규제 또는 법령 미근거 규제 등으로 표현되어 규제 정비의 대상(예: 1998년 김대중 행정부의 협회·단체의 유사 규제 정비, 2011년 이명박 행정부의 공공기관 유사행정 규제 정비 등)이 되고 있으며, 내부규제의 경우에도 국무조정실(일반행정정책관실), 행정자치부 등에서 내부규제 정비를 추진하고 있다.

9) 일부 언론 등 홍보매체의 간접적인 통제를 위해 출발했다는 기원설도 있으나 확인되지 않는다.

넘기는 방안도 가능하다. 또한 규제 대상인 홍보매체의 범위를 순차적으로 축소해 일정 기간 이후 규제를 폐지하는 점진적인 개혁 방안도 있다. 규제의 숨은 의도에 비춰봐도 의무 대행 홍보매체의 범위에 전문잡지, 화보 등 특수 인쇄매체나 교통시설을 이용한 광고, 영화 상영관, 전광판 등 기타 광고가 포함될 이유는 찾기 어렵다.

투자개방형 의료법인

한국의 규제개혁을 논할 때 빠지지 않는 화두의 하나가 투자개방형 의료법인(영리병원)의 도입이다. 현재 의료법상으로 의료기관의 개설은 의료인, 국가나 지방자치단체, 비영리법인(의료법인, 학교법인, 사회복지법인 등)으로 제한하고 있다.

투자개방형 의료법인을 허용하자는 주장은 의료기관 개설권을 투자금의 조달과 분배를 자유롭게 할 수 있는 투자개방형 의료법인(상법상 법인)에도 부여하자는 것이 된다. 투자개방형 의료법인과 비영리법인과의 차이는 투자에 따른 이익 배당과 법인 해산 시에 남은 재산처분권이 인정되느냐 하는 것들이 핵심적인 차이점이다.[10] 투자개방형 의료법인과 비영리법인의 주요 차이는 〈표 4-1〉과 같다.

현재 한국은 완전한 내국인 투자법인의 '투자개방형 의료법인'을 인정하

10) 상법상 회사도 직접이 아닌 비영리법인을 통해 의료기관 개설은 가능하게 된다. 예를 들어 삼성의료원은 삼성그룹의 비영리법인인 삼성생명공익재단, 아산병원은 현대의 아산사회복지재단 등 비영리법인을 통한 의료기관 개설이 된다. 비영리법인을 통한 개설의 경우 투자금의 회수 및 해산 시 청산의 어려움 등으로 활발한 투자에 제약을 받게 된다.

〈표 4-1〉 투자개방형 의료법인과 비영리 의료법인의 비교

의료기관 구분	이익 배당	세제 혜택	해산
투자개방형	가능	없음 (일반 영리기업과 동일)	재산 처분의 자유 인정
비영리	이익 분배 불가 운영비 · 인건비 충당 및 공익사업 재투자만 허용	법인세 · 소득세 · 지방세 등 각종 세제 혜택 제공	국고 귀속 또는 유사한 사업 재투자만 허용

자료: 관련 법령을 참고해 구성.

지 않고 있다. 다만 제주도와 경제자유구역에 한정해 외국인이 50% 이상 투자한 경우에만 설립을 허용하면서, 이 경우에도 외국인 병원장의 선임, 외국인 의사의 10% 이상을 고용한 경우에만 가능하도록 하고 있다. 그러나 제주도와 경제자유구역이라는 제한된 지역에서 가능한 외국인 병원장의 투자개방형 병원마저도 2015년 현재까지 영리병원 반대로 인해 실제 설립은 이뤄지지 못하고 있다. 투자개방형 의료법인은 노무현 행정부, 이명박 행정부에서도 도입의 필요성을 검토했으나 이념 논쟁 우려 및 찬반 대립으로 추진이 중단된 바 있다.

투자개방형 의료법인 도입 찬성론

투자개방형 의료법인을 허용하자는 찬성론의 핵심은 의료산업의 선진화, 일자리 창출, 의료 서비스의 제고와 다양화 등이다. 찬성 논리를 조금 더 자세히 살펴보자.

첫째, 의료시설에 대한 투자의 증가로 고급 의료 서비스 제공이 가능해지고, 소비자 선택권과 경쟁을 통한 서비스 개발로 의료 서비스의 질이 개선된다는 것이다. 한국 의료진의 의료 수준은 우수한 것은 사실이나 국내 병원의 낮은 수익률로 새로운 의료장비, 새로운 기술 개발에 대한 투자가 부족해

우수한 의료 기술에 비해 의료 서비스의 경쟁력이 높지 않다는 주장이다. 이때 투자 개방형 의료법인 제도로 새로운 투자가 가능해 우수한 의료기술에 걸맞은 시설과 의료장비를 갖출 수 있게 된다는 것이다.

둘째, 고부가가치인 의료관광 수요 증가에 대응해 새로운 투자를 통해 호텔 리조트 및 관광과 겸영이 가능하도록 함으로써 해외 환자 유치에 적극 대응할 수 있다는 것이다. 아시아 지역이 새로운 의료관광의 허브로 부상하는 가운데 한국에도 중국, 중동 등지로부터 의료관광이 증가하고 있다. 그러나 태국, 싱가포르 등 다른 아시아 국가의 투자개방형 의료법인의 등장으로 자칫 주도권을 잃게 될 우려가 있어 이에 대한 대응이 필요하다는 것이다. 특히 늘어가는 중국의 의료관광에 적극적으로 대응해야 한다는 주장이다.

셋째, 의료산업의 투자 증가로 연관 산업의 성장을 가져오고, 다른 산업과의 융·복합을 통한 새로운 신산업의 등장으로 양질의 일자리 창출이 가능하다는 것이다. 동일한 투자를 했을 경우 의료산업이 제조업이나 산업 평균보다 일자리가 더 증가한다는 것이다.[11]

넷째, 차라리 투자개방형을 도입해 현재의 우회 방법에 의한 자본 조달 등 편법적인 문제를 현실화하고 경영을 투명화하자는 것이다. 현재 비영리 의료법인의 경우에도 외형적으로 비영리나 실제 편법을 통한 이윤 추구, 다양한 우회 방법에 의한 자본 조달의 시도가 있어 이를 양성화(陽性化)하고 외부 통제를 강화할 경우 오히려 의료법인의 경영이 투명화된다는 주장이다.[12]

---

11) 2013년 의료 및 보건 분야의 취업 유발계수는 14.7명으로 산업 평균 12.6명보다 높다(한국은행).

12) 비영리의료법인의 편법에 의한 투자, 배당 및 이익 실현의 방법으로 이사장의 직위의 세습, 개인적으로 투자를 받고 대신 납품업체를 설립해 일정한 마진을 통한 이익의 배당, 기타 리베이트 등 편법회계를 통한 이익 실현 등의 방법이 제기되고 있다.

투자개방형 의료법인 도입 반대론

투자개방형 의료법인의 반대론은 명확하다. 영리병원은 이윤을 추구하고 이로 인해 의료비의 상승, 의료 양극화, 공적 건강보험 체계의 훼손 등이다. 반대론의 주요 주장을 정리하면 다음과 같다.

첫째, 투자개방형 의료법인은 기본적으로 이윤을 추구하게 되고 경쟁의 심화를 가져와 외적 서비스 증가, 과잉 진료, 비급여 의료 서비스 증가 등으로 결국 의료비가 증가하게 된다는 것이다.

둘째, 의료 양극화의 심화에 대한 우려이다. 투자개방형 의료법인 설립 시 상류층만 질 좋은 서비스를 이용하게 되고, 저소득층 및 취약지역은 의료접근성이 저하되어 의료 양극화를 가져오게 된다는 주장이다.

셋째, 현재의 공적 의료보장 체계인 국민건강보험의 훼손에 대한 우려이다. 영리병원이 민간보험과 결합하게 되어 민간의료보험이 건강보험을 대체하게 될 경우 공적 의료보장 체계가 붕괴될 수도 있다는 주장이다. 이 주장은 투자개방형 의료법인 도입이 의료민영화의 출발점 또는 계기기 될 수 있다는 우려이기도 하다.

주요 국가의 투자개방형 의료법인

OECD 국가 중에서는 한국, 일본, 네덜란드를 제외하고는 모두 투자개방형 의료법인을 허용하고 있다. 투자개방형 의료법인 제도의 도입 배경은 나라마다 조금은 다르나 대부분 의료 서비스 수요 증가로 인한 기존 의료 서비스에 대한 불만, 고급 의료 서비스 제공 및 해외 환자 유치 활성화 목적으로 도입하고 있다. 미국의 경우 1965년 일부 의료보험(메디케어 등) 도입으로 의료 수요가 급증하자 공공의료 기능을 보완하는 형태로 영리병원이 출현했고, 영국의 경우에도 공공의료 서비스를 구축하고 있으나 대기 시간의 장기화, 소비자 선택 문제 등으로 예외적으로 민간보험을 통한 영리병원을 허용했다. 특히 싱가포르, 태국, 인도 등은 고급 의료 수요 충족에 따른 해외 환자 유치라는 전략적 목적을 달성하기 위해 영리병원(주식회사)을 도입해 운영하고 있다.

투자개방형 의료법인을 허용하는 나라도 허용은 하고 있지만 전체 의료기관에서 투자개방형이 차지하는 비중이 그렇게 높지 않고, 여전히 공공 및 비영리병원 위주이다. 이는 허용하더라도 많은 의료기관이 영리병원으로 전환될지 모른다는 우려가 현실화되지 않을 것이라는 의미이기도 하다. 세계적으로 영리병원의 비중이 상대적으로 높은 나라는 미국, 싱가포르, 태국 등 일부 국가에 불과하다. 태국, 싱가포르의 경우 의료관광을 위해 적극적인 투자개방형으로 많은 해외 환자를 유치하고 있다.

이제는 개혁을 적극 검토해야 한다

투자개방형 의료법인 도입 반대론에 대해 다시 살펴보자. 반대론은 의료비 상승, 의료 양극화, 공적 의료보장 체계인 국민건강보험에서 민간의료보험으로의 이전 등 공적 의료 공급 체계의 붕괴 우려 등이 핵심이 된다.

먼저 반대론은 건강보험의 보장률이 주요 선진국에 비해 낮은 상태에서,[13] 투자개방형 의료법인은 기본적으로 이윤을 추구하는 영리법인으로 곧 의료비의 상승을 가져오고 이에 따라 민간 부담이 증가한다는 것이다.

---

13) 국민의료비에서 공공 부문 재원 부담은 영국(82.8%), 일본(82.1%), 프랑스(76.8%), 독일(76.5%), 캐나다(70.4%), 한국(55.3%), 미국(47.8%)순으로, 한국이 OECD 주요국에 비해 낮다(한국보건산업진흥원, 2014: 456).

투자개방형이 의료비의 상승을 가져올 우려가 있는 것은 사실이다. 그러나 투자개방형에 의한 투자 증가로 의료법인 간의 경쟁이 제고되고, 그간 현 제도에서도 편법에 의한 이윤 추구의 문제를 현실화해서 투명한 경영 체제를 가져오면 가격 하락 요인도 동시에 존재하게 된다. OECD 국가 중에서 국민 의료비 중 공공 부문 재원 부담이 높은 국가도 일본을 제외하고는 투자개방형 의료법인을 허용하고 있는 국가들이다. 의료비의 공공 부담 증가는 제도적 보완을 통해 해결해야 하며, 투자개방형의 억제를 통해 해결할 사안은 아니다.

또한 반대론은 투자개방형이 민간보험 활성화를 가져오고, 이로 인해 국민건강보험 기능이 더욱 약화될 우려를 제기하고 있다. 그러나 투자개방형을 도입하더라도 건강보험 적용 필수 의료를 거부할 수 없도록 건강보험제도의 유지 등은 제도 개선을 통해 해결이 가능하다. 투자개방형을 이미 도입한 해외 국가에서도 기존의 공적 의료 공급 구조가 악화된 나라는 아직 확인되지 않고 있다. 또한 투자개방형을 비급여 의료관광(성형, 건강검진 등) 분야에 제한적으로 도입할 경우 의료비 상승이나 공적 의료보험 공급 구조 훼손에 대한 우려는 지나친 반대 이유가 될 수 있다.

반대론의 핵심은 투자개방형 의료법인의 도입을 의료민영화의 출발로 인식하고 있다는 점이다. 투자개방형과 의료민영화는 구분되어야 한다. 투자개방형은 의료법인에 상법상의 법인의 투자를 허용하자는 것으로 의료제도 자체와는 차이가 있다.

반면에 현재와 같은 원천적인 도입 반대로는 최근의 다양한 의료 서비스 수요를 만족시키기 어렵게 되고, 특히 증가하고 있는 의료관광 수요에 좀 더 적극적으로 대응하기 어렵게 된다. 이제는 투자개방 자체를 원천적으로 제한하기보다는 투자를 개방하되 어떻게, 어느 정도로 개방하고 어떻게 관리하고 어떻게 공적 의료구조를 보완할 것인가에 대한 논의가 필요하다고 본다. 특히 의료관광은 늦으면 늦을수록 경쟁국에 뒤지게 되고, 의료산업과

연관된 의료관광을 통한 새로운 산업과 일자리 창출의 기회를 잃게 된다.[14)]

2009년 의료법 개정 이후 시작된 한국의 해외 환자 유치사업은 해마다 35% 이상의 빠른 증가세를 보이고 있다. 〈표 4-2〉에서처럼 2013년에는 최초로 20만 명을 넘어섰으며, 진료 수익도 4천억 원에 달하고 있다. 이러한 해외 의료관광의 증가세는 당분간 계속될 것으로 기대하고 있다.

〈표 4-2〉 연도별 해외 환자 유치 실적

구분	2009	2010	2011	2012	2013	누계	연평균 증가율(%)
환자 수(명)	60,201	81,789	122,297	159,464	211,218	634,969	36.9
진료 수익 (억 원)	547	1,032	1,809	2,673	3,934	3,934	63.8

자료: 한국보건산업진흥원(2014: 130).

한국을 찾는 외국인 환자의 국적은 2011년 180개국에서 2013년 총 191개국으로 증가하는 등 매년 국적이 다양화되고 있다. 중국인 의료관광객은 2012년 1위를 차지해 2013년 56,075명에 이르고 있는 등 연평균 70.8%의 증가율을 보이고 있다. 러시아의 환자도 2013년도에는 24,000명으로 일본을 제치고 3위로 부상했는데, 러시아 환자는 중증 환자가 많아서, 향후 우리나라 해외 환자 유치시장의 주요한 비중을 차지할 것으로 전망된다. 또한 중동 아랍에미리트의 고액 진료 환자 수는 연평균 169.9%의 증가세로 높아가고 있다(한국보건산업진흥원, 2014: 127-132).

점차 국적이 다양화되고 증가하는 의료 관광객의 유치를 위해서는 우수한 의료 인력에 상응하는 병상 시설, 의료장비, 다양한 통역 시스템 등 많은 투자를 필요로 한다. 그러나 우리나라 병원의 자기자본 비율은 38.7%로 낮고, 의료수익 의료 이익률[15)]은 최근 10년간 평균 3.7%, 일반 병원을 제외한

14) 현대경제연구원(2011)은 일정한 전제하에 투자개방형 의료법인을 허용한 의관광산업화(시나리오 2)에서 직·간접 생산 유발 효과 16조 원, 일자리 10만 개가 창출된다고 보고 있다.

15) 의료수익 의료 이익률 = 의료이익 / 의료수익 × 100

상급 종합병원은 2.0%에 불과해 추가적인 대형 투자가 어려운 실정에 있다(보건산업진흥원, 2014: 463-464).

더 늦기 전에 투자개방형 의료법인을 통한 투자 확대로 외국인 의료관광객을 유치하고 있는 태국, 싱가포르, 인도 등 주변의 경쟁국에 뒤처지지 않고 양질의 일자리를 창출하는 계기를 찾아야 한다. 주요 의료관광객 유치에서 경쟁국인 태국은 아래의 사례처럼 '범룽랏(Bumrungrad)' 한 개의 병원에서 우리나라 모든 병원의 해외 환자 유치의 2배가 넘는 연간 52만 명의 외국인 환자를 유치하고 있다.

[사례 1] 태국의 투자개방형 의료법인, 범룽랏(Bumrungrad) 병원[16]

1980년 설립된 투자개방형 의료법인 병원, 아시아 최초 2002년 JCI(국제병원평가위원회) 인증받은 병원으로 많은 의료진(의사 1,300여 명, 간호사 900명), 종사자 4,800명이 근무하고 있으며, 27개 전문진료센터, 270개 진료실, 580개 병상을 보유하고 있다.

매년 110만 명의 환자를 진료하고 있으며, 이 중 외국 의료관광객은 190개국 52만 명을 유치하고 있다.

생각해 볼 수 있는 방안들

투자개방형 의료법인의 도입에 대해서는 여러 가지 대안이 가능하다. 반대론의 공적 의료 체계의 붕괴라는 우려를 고려해 제한된 범위에서 보완적인 장치와 함께 대안을 마련할 수도 있게 된다. 큰 틀에서 몇 개의 대안을 제시

16) Bumrungrad https://www.bumrungrad.com/en/hospital-news/moph-visit-no-mers. 2015년 7월 5일 검색해 정리.

해 보고자 한다.

첫째, 현재 제한된 지역(제주도, 경제자유구역)과 외국인 50% 이상이 투자하고 외국인이 병원장인 경우에 한해 허용되고 있는 제도를 부분적으로 보완하는 방안이다. 외국인의 50% 이상 투자와 외국인 병원장만을 허용하는 제도를 내국인의 50% 이상 투자와 한국인 병원장의 경우에도 동일하게 가능하도록 확대하는 방안이 가능하다. 외국인에게만 투자개방형을 허용하는 것은 내국인에게 역차별이 된다. 한국의 우수한 의료기술로 의료관광의 유치를 통해 가능한 수익을 외국의 법인에 주로 허용하는 것은 투자개방형 의료법인 도입으로 오히려 국부 유출의 우려가 있게 된다.

둘째, 투자개방형 의료법인이 설립 가능한 지역 지정제도 도입이다. 전국을 대상으로 가능하게 하되, 일정한 한정된 지역을 지정해 해당 지역에 한해 가능하게 하자는 것이다. 일정한 지정 요건을 정해 의료특구 등 지역을 지정해 허용하면서 병원 허가 과정에서 진료 과목의 조정도 가능하게 된다. 이때 의료관광객의 유치가 가능한 지역을 우선 특구로 지정하고 진료 과목도 서민의 치료가 아닌 과목(종합검진, 피부·성형, 헬스케어, 중증 환자 등)에 우선해 허용하면 특화된 투자가 가능하게 된다. 반대론에서 우려하는 공적 의료 공급 구조의 훼손 우려는 별도의 제도 보완 방안을 통해 마련할 수도 있다.

셋째, 모든 지역, 진료 과목의 제한이 없는 투자개방형 의료법인 허가제를 전면 허용할 수 있다. 실제 개방형 의료법인의 설립은 강력한 허가제를 통해 제한적으로 설립되도록 유도하게 된다. 개방형의 경우 허가 요건을 엄격히 하고, 투자적격 심사제도를 도입해, 지나친 이윤 추구의 법인을 심사 과정을 통해 걸러 갈 수도 있으며 진료 과목의 조정도 가능하게 된다. 대형 의료법인의 설치에는 많은 초기 투자가 필요하다. 설립을 허용한다고 일시에 많은 병원이 설립되기 어렵다. 투자에 대한 적격 여부의 심사 또는 의료법인의 허가 과정을 통해 반대론이 주장하는 부작용이 최소화되는 접점을 찾아갈 수도 있게 된다.

그 밖에도 다양한 방안이 가능할 것이다. 어떠한 방안이든 이제는 일반적으로 규제할 것이 아니라 어떠한 정도로 어떻게 허용할 것인가를 논의해 보자는 것이다. 늦어지면 그만큼 양질의 일자리 창출 기회가 사라지고 경쟁국에 의료관광 수요를 잃게 된다.

수도권 규제개혁

한국의 수도권 집중은 1960년대부터 나타나기 시작해 1970년대 이후 경제개발 최우선 정책 추진 과정에서 서울과 주변 위성도시 중심의 국가 성장 시책을 시행함에 따라 가속화되어 이로 인한 교통난, 환경오염 등 여러 가지 문제가 나타나게 되었다. 이에 수도권의 경쟁력과 삶의 질을 향상시키기 위한 목적으로 수도권에 대한 억제정책을 추진하게 되었다.

수도권 규제는 1964년 건설부의 '대도시 인구집중방지책'을 시작으로 1982년 「수도권정비계획법」이 제정되고, 1984년 제1차 수도권정비계획(1982~1996)을 시작으로, 2006년 제3차 수도권정비계획(2006~2020)을 추진 중에 있다(국토교통부, 2015).

2015년 현재 수도권을 억제하기 위한 규제의 기반은 「수도권정비계획법」, 「산업 집적 활성화 및 공장 설립에 관한 법률」이 대표적인 법률이다. 그 밖에도 환경과 관련해 「수도권 대기환경 개선에 관한 법률」, 「한강수계 상수원 수질개선 및 주민 지원 등에 관한 법률」에 의해 별도 규제받고 있으며, 동시에 수도권 기업의 지방 이전을 유도하기 위해 다양한 재정 · 조세정책으로 「조세제한 특례제한법」, 「지방세법」 등이 있다.

수도권 규제의 현황

수도권의 과도한 인구·산업 집중을 정비하기 위해 「수도권정비계획법」에 따라 서울·인천·경기의 수도권을 과밀억제권역, 성장관리권역, 자연보전권역 등 3개 권역[17]으로 구분해 권역별로 대학과 대학원 신설 및 정원 제한, 산업입지, 공용 청사 건립 제한, 대규모 개발사업 규모 제한 등 행위를 제한하고 있다.[18]

〈표 4-3〉 수도권 권역 현황

구분	과밀억제권역	성장관리권역	자연보전권역
면적 11,818km^2 〈11.8%〉	2,061㎢(17.4%)	5,926㎢(50.1%)	3,831㎢(32.4%)
인구* 25,721 〈49.6%〉	19,691천 명(76.6%)	4,954천 명(19.3%)	1,076천 명(4.2%)
행정 구역	서울, 인천(일부), 의정부, 구리, 남양주(일부), 하남, 고양, 수원, 성남, 안양, 부천, 광명, 과천, 의왕, 군포, 시흥(일부) 16개 시	동두천, 안산, 오산, 평택, 파주, 남양주(일부), 용인(일부), 연천, 포천, 양주, 김포, 화성, 안성(일부), 인천(일부), 시흥(일부) 14개 시, 1개 군	이천, 남양주(일부), 용인(일부), 가평, 양평, 여주, 광주, 안성(일부) 5개 시 3개 군
정비 전략	과밀화 방지 도시문제 해소	이전 기능 수용 자족 기반 확충	한강수계 보전 주민 불편 해소

주: *인구는 2012년 말 기준.
자료: 국토교통부(2015).

17) 수도권의 세부권역은 1983년 5개권(이전촉진·제한정비·개발유보·개발유도·자연보전권역)으로 구분해 규제했으나, 1994년 인구·산업 집중도 등을 감안해 3개 권역으로 단순화했다.

18) 수도권 권역 내나 「주한미군 공여지역지원 특별법」에 의한 반환공여구역 주변 지역, 「평택시 등 지원에 관한 특별법」에 의한 평택시, 「경제자유구역법」에 의해 수도권 내 경제자유구역의 경우는 여타 수도권지역과 달리 일부 특례가 적용되고 있다. 예를 들어 3개의 특례법의 지역에는 다른 지역

공장 및 공업지역 관련 규제

수도권 3개 권역에서의 공장(500m^2 이상 규모) 입지는 시·도 단위의 공장 총량 범위 내에서 가능하다. 공장 총량은 3년 단위로 국토교통부 장관이

〈표 4-4〉 수도권의 공장 입지 및 공업지역 지정 관련 규제 현황

<table>
<tr><th colspan="3">규제유형</th><th>과밀억제권역</th><th>성장관리권역</th><th>자연보전권역</th></tr>
<tr><td rowspan="6">공장입지 규제</td><td rowspan="2">산업단지</td><td>대기업</td><td rowspan="2">• 제한없이 신·증설</td><td rowspan="2">• 제한없이 신·증설</td><td>• 1천㎡ 이내 증설
• 첨단·현지 근린: 1천㎡ 이내 신·증설</td></tr>
<tr><td>중소기업</td><td>• 제한없이 신·증설</td></tr>
<tr><td rowspan="2">공업지역</td><td>대기업</td><td>• 3천㎡ 이내 증설 (첨단: 200% 이내 증설) (현지 근린: 1천㎡ 이내 신·증설)</td><td>• 기존 부지 내 증설 (첨단: 제한없이 증설) (현지 근린: 5천㎡ 이내 신·증설)</td><td>• 1천㎡ 이내 증설
• 첨단·현지 근린: 1천㎡ 이내 신·증설</td></tr>
<tr><td>중소기업</td><td>• 제한없이 신·증설</td><td>• 제한없이 신·증설</td><td>• 1천㎡ 이내 증설
• 첨단·현지 근린: 1천㎡ 이내 신·증설
• 도시형: 3천㎡ 이내 증설</td></tr>
<tr><td rowspan="2">기타지역</td><td>대기업</td><td>• 1천㎡ 이내 증설 (첨단: 100% 이내 증설) (현지 근린: 1천㎡ 이내 신·증설)</td><td>• 3천㎡ 이내 신·증설 (첨단: 200% 이내 증설) (현지 근린: 5천㎡ 이내 신·증설)</td><td>• 1천㎡ 이내 증설
• 첨단·현지 근린: 1천㎡ 이내 신·증설</td></tr>
<tr><td>중소기업</td><td>• 제한없이 신·증설</td><td>• 제한없이 신·증설</td><td>• 1천㎡ 이내 증설
• 첨단·현지근린: 1천㎡ 이내 신·증설
• 도시형: 1천㎡ 이내 신·증설</td></tr>
<tr><td colspan="3">공장 총량</td><td colspan="3">• 500㎡ 이상 공장(단 사무실·창고 제외)은 총 물량 범위 내에서 허용</td></tr>
<tr><td colspan="3">공업지역 지정</td><td>금지
기존 면적 범위 내 위치 이전만 가능</td><td>30만㎡ 이상 심의 후 허용</td><td>3만~6만㎡ 이하 심의 후 허용</td></tr>
</table>

자료: 「수도권정비계획법」 및 「산업집적 활성화 및 공장 설립에 관한 법」을 참고해 정리.

에 불가능한 대학의 이전·증원, 외국 대학의 신설이 가능하며, 그 외 공장 건축 총량의 별도 배정(평택시) 등의 특례가 있다.

시 · 도의 수요를 근거로 공장 건축허가 총허용량을 '수도권정비위원회의' 심의를 거쳐 고시 하게 된다.[19] 공장 총량의 범위 내라도 개별 공장의 입지는 「산업 집적 활성화 및 공장 설립에 관한 법률」에 따라 권역별(과밀억제권역, 성장관리권역, 자연보존권역), 기업의 규모(대기업, 중소기업), 시설의 종류(첨단형, 도시형 등), 공장의 규모 등에 따라 개별 입지규제를 다시 받게 된다.

공업지역의 지정의 경우에는 과밀억제권역은 신규 조성 자체가 금지되고, 다른 권역은 면적 기준을 정해 수도권정비위원회 심의 후 허용하고 있다. 수도권의 공장 입지 및 공업지역 지정과 관련된 규제를 정리하면 〈표 4-4〉와 같다.

대학 설립 및 이전에 관한 규제

대학은 인구 유발시설로 분류되어 엄격하게 규제되고 있다. 대학의 정원은 공장과 마찬가지로 총량 규제를 하고 있다. 대학의 신설, 이전은 권역별,

〈표 4-5〉 수도권 대학 규제 현황

규제 유형		과밀억제권역	성장관리권역	자연보전권역
대학 신설 · 이전 제한	4년제 및 교육 대학	• 신설 금지 • 권역 내 이전 가능 (서울 이전은 금지)	• 신설 금지 • 권역 내 또는 다른 권역에서의 이전 가능	• 신설 금지 • 권역 내, 권역 간 이전 금지
	산업 및 전문대학	• 신설 및 이전 가능 (서울 이전은 금지)	• 신설 및 이전 가능	• 심의 후 신설 및 이전 가능(산업대학은 신설 및 이전 금지)
증원		• 총량 규제		

자료: 「수도권정비계획법」을 참고해 정리.

19) 제조업의 과도한 수도권 집중을 억제하기 위해 매 3년간 수도권에 허용되는 공장 건축 총량을 설정해 제한하는 제도로서 1994년부터 도입했다. 1994년 도입 시 1년 단위로 총량 운영을 하다, 2004년부터 여건 변화에 따라 탄력적인 운영을 위해 3년 단위로 전환했다.

유형별(4년제, 교육대, 전문 · 산업, 소규모, 대학원 등)로 다소 차이가 있으나 모든 권역에 4년제 대학과 교육대는 신설이 금지된다. 권역 내, 권역 간의 이전도 권역별로 다소 차이가 있으나 과밀억제권역인 서울로는 이전이 금지된다. 수도권 대학의 규제는 〈표 4-5〉와 같다.

대규모 개발사업 및 대형 건축물의 제한

권역별로 일정 기준 이상의 대규모 개발사업(택지, 공업용지, 관광지 조성)은 수도권정비위원회 심의를 거쳐 허용된다. 대규모 연수시설(30,000m^2)의 경우 과밀억제권역에서는 입지가 금지된다. 대규모 개발사업 및 대형 건축물 등에 관한 수도권 규제의 현황은 〈표 4-6〉과 같이 정리된다.

〈표 4-6〉 개발사업 및 대형 건축물에 관한 수도권 규제 현황

규제 유형	과밀억제권역	성장관리권역	자연보전권역
개발사업 제한	• 택지: 100만㎡ 이상 심의 후 허용 • 관광지: 10만㎡ 이상 심의 후 허용 • 공업용지: 30만㎡ 이상 심의 후 허용		〈오염총량제 미시행〉 • 3만~6만㎡ 이하 심의 허용 〈오염총량제 시행〉 • 택지(도시) 10만㎡ 이상 심의 허용 • 관광지 3만㎡ 이상 심의 허용
대형 건축 (용도별 15~25천㎡ 이상)	과밀부담금 부과(서울)	• 허용	• 금지(오염총량제지역은 허용)
공공청사 및 연구소	• 신 · 증축 심의 후 허용 * 비수도권 시설의 이전을 위한 신축은 금지	• 좌동	• 좌동
연수시설 (30,000㎡)	• 금지	• 신 · 증축 심의 후 허용	• 신 · 증축 심의 후 허용

자료: 「수도권정비계획법」을 참고해 정리.

환경 관련 수도권 규제들

수도권 규제의 주된 근거는 「수도권정비계획법」과 「산업집적 활성화 및 공장 설립에 관한 법률」이다. 그러나 수도권은 그 밖에도 특히 환경과 관련해 몇 가지 법에 근거해 추가적인 규제를 더 받고 있다.

먼저 「수도권 대기환경 개선에 관한 법률」에 의해 비수도권과 달리 대기오염의 배출 허용 총량을 할당하고 대기오염물질 배출 총량의 범위 내에서 배출시설(공장)의 입지가 가능하게 된다. 아울러 시·도 단위의 배출 총량과 함께 주요 개별 사업장별로 배출 허용 총량을 할당하고 있다.[20] 따라서 기존 공장의 경우에도 사업장별로 시설을 증설할 경우 할당된 배출허용량에 여유가 없으면 배출권 거래소에서 개별적으로 필요한 배출권을 구매해야 한다.

그 밖에도 「한강수계 상수원 수질 개선 및 주민 지원 등에 관한 법률」에 따라 한강수계의 구간별로 오염 총량을 정하고 총량의 범위 내에서 시설 입지가 허용된다. 아울러 개별 사업장별로 오염 부하량도 할당되고 있다. 또한 유해물질의 배출 허용 기준도 비수도권에 비해 강화되어 배출시설(공장)의 입지가 매우 제한적이다. 특히 자연보존권역의 경우에는 환경과 관련된 규제가 강하다.

수도권 억제를 위한 재정·세제

수도권의 억제를 위한 각종 조세제도는 두 가지 방법으로 이뤄지고 있다.

---

20) 환경부 장관이 10년 단위로 시·도별 대기오염물질 배출 허용 총량은 10년 단위로, 사업장 단위의 오염물질의 배출 허용 총량은 5년 단위로 할당하게 된다.

수도권에서 지방으로 이전하는 기업에 대해 세제 감면을 지원하는 한편, 수도권에 소재하는 기업에는 지방에 소재한 기업에 제공하는 각종 감면제도의 혜택의 적용을 배제하거나 비수도권에 비해 중과하는 방법이다.

현재 「조세제한 특례제한법」에 따라 수도권(과밀억제권역)에 소재한 기업에 대해서는 창업 중소기업에 대한 세액 감면, 중소기업 투자 세액 공제, 연구인력 개발 시설 투자세액 공제, 생산성 향상 시설투자 세액 공제 등 각종 세액 공제의 적용을 배제하고 있다. 아울러 「지방세법」에 의해 취득세를 중과세하고, 등록세는 일반세율의 3배로 중과하고 있으며, 재산세는 5년간 기본 세율의 5배를 부과하고 있다. 공장 증설 억제, 공장·배출 총량 규제 등 각종 규제로 인해 제한을 받고 있는 상황에서 조세 차별은 수도권에 대한 이중 규제라는 주장도 제기되고 있다.

수도권 규제의 개선에 대한 찬반 논리

수도권의 규제는 위에서처럼 여러 가지 법령에 의해 중복적으로 규제되고 있다. 공장, 대학, 대형 건축물 등의 경우 인구 유발시설 또는 환경오염원으로 분류되어 사실상 입지가 제한된다고 할 수도 있다. 수도권 규제에 대해서는 그간 여러 차례의 규제개혁 시도가 있었다. 하지만 수도권 억제를 통한 지방 균형발전이라는 정치적 형평성의 논리와 지방의 반대로 추진되지 못했다.[21] 수도권 규제개혁은 2009년 이명박 행정부에서 시행령 이하의

21) 최근의 사례로는 2006년 지역균형발전위원회에서 수도권 경쟁력 강화를 위해 이전 부지·낙후지역 등을 정비발전지구로 지정하고 규제를 완화하는 수도권발전종합대책을 수립해 추진했으나 관련 법안은 18대 국회 임기 만료로 폐기되었다. 2009년 이명박 행정부의 국가경쟁력강화위원회에서 5+2 광역경제권 설정 등 비수도권 지역발전시책과 함께 수도권을 성장거점의 하나로 선정해 규제 완화를 추진했으나, 일부 시행령 이하 규정의 부분적인 완화에 그쳤다. 2013년에는 국토부가 4년제 대학의 자연보전권역권역 내 또는 수도권의 다른 권역에서의 이전을 심의·허용할 수 있도록 「수도권정비계획법」 시행령 개정을 추진했으나 차관회의를 거친 후 국무회의 상정 직전에 지역의 반대

규정에서 일부 규제 완화가 이뤄진 이후 규제개혁의 추진 자체가 시도되지 못하고 있다.[22] 수도권 규제개혁은 이제 경제적인 효율성의 논리가 아니라 정치적 형평성의 문제로 변질되어 가고 있다.

수도권 규제 완화에 관해서는 찬반 대립이 거세다. 찬성하는 측은 경기도 등 수도권 지방자치단체와 경제단체이며, 반대하는 측은 수도권 이외의 지방자치단체이다. 최근에는 대다수 부처의 세종특별자치시로의 이전으로 기존 수도권에 가까운 충청지역도 포함해 수도권을 재편성해야 한다는 지방 간의 목소리도 제기되고 있다. 수도권 규제 완화에 대한 반대 주장과 이에 대한 찬성 측의 논리를 살펴보자.

첫째, 반대 측은 수도권 규제를 완화하면 지방경제가 위축된다는 주장이다. 수도권의 규제를 완화하면 풍선 효과[23]가 줄어들어 수도권 기업의 지방 이전이 어려워지고, 지방으로 이전한 기업이 다시 수도권으로 다시 이전할 수 있어 수도권과 비수도권과의 격차가 더 커진다는 것이다.

이에 대해 찬성 측은 현재의 개방경제에서의 풍선 효과는 더 이상 불가능하며 수도권의 규제로 인해 비수도권으로 이전보다 공장 신·증설을 미루거나 포기 또는 해외로 이전하게 된다는 주장이다. 오히려 수도권 규제를 완화하면 지역 간, 산업 간 보완 관계로 인해 지방경제가 더욱 활성화되어 지역 간 상생이 가능하다는 주장이다.

둘째, 수도권 규제 완화의 논의 시기와 관련해, 반대 측은 '선(先) 지방 육성, 후(後) 수도권 규제 완화'를 주장한다. 아직도 수도권으로 인구·산업

로 개정안이 보류(2013.4)된 바 있다.

22) 2009년 이명박 행정부에서 이뤄진 주요 수도권 규제 개선은 공장 총량제 적용 대상 공장 규모 기준 완화(200→500㎡), 경제자유구역 및 주한미군기지 반환공여구역 등은 산업단지 물량규제 배제, 산업단지(과밀억제권역 및 성장관리권역)에서의 공장의 신설·증설·이전 허용, 성장관리권역 중 산업단지 외 지역에서의 첨단 업종인 대기업 공장 증설 규제 완화(100%→200%) 등이다.

23) 수도권 규제에서 풍선 효과는 풍선과 같이 한쪽을 누르면 다른 곳이 부풀어 오르는 것처럼 수도권에 공장 증설, 입지를 제한하면 다른 곳인 지방으로 기업이 몰려 부풀게 되는 효과가 발생한다는 것이다.

집중이 완화되지 않고 지역발전 시책의 성과가 가시화되지 않은 상황에서 수도권 완화는 지역균형 발전에 역행하게 될 것이라는 것이다.

이에 대해 찬성 측은 '선 지방 육성, 후 수도권 규제 완화'는 수도권과 지방의 동반 하락을 가져오고 결국 국가경쟁력 악화를 초래하게 된다는 것이다. 오랜 수도권 규제정책에도 불구하고 수도권 비중은 아래에서처럼 변화가 없거나 오히려 악화되고 있다. 이는 그간 수도권 규제정책이 경제적 효과성을 가져오지 못한 잘못된 정책이라는 반증으로, 이제 수도권 규제가 왜 지역 균형 발전에 실제 기여하지 못했나에 대해 재검토가 필요하다는 주장이다.

수도권의 비중 변화[24)]

- 주민등록 인구 중 수도권의 비중: 48.6%(2006) →49.1%(2008) →49.6%(2012), → 49.6%(2013)
- 지역 내 총생산액 중 수도권의 비중: 49.2%(2007) →48.8%(2008) →49.0%(2009) →48.2%(2011) →48.3%(2012) →48.7%(2013)

셋째, 반대 측은 최초 수도권 규제 목표의 하나인 수도권의 대기, 교통난, 환경오염 등 수도권의 삶의 질 향상을 위해서도 수도권 규제는 계속적으로 필요하다는 것이다. 이에 대해 찬성 측은 과도한 규제로 인해 주민생활과 기업활동을 과도하게 제약하는 것이 오히려 삶의 질을 억제하는 것으로 국가경쟁력 제고를 위해 규제 개선이 필요하다는 것이다. 규제 완화 시 투자 확대로 경제 활성화 및 일자리 창출을 통한 삶의 질 개선도 이뤄진다는 주장이다.

24) e-나라통계를 활용해 정리.

주요 국가의 수도권 정책

유럽, 일본 등 대다수 국가에서도 1950년대 전후로 수도권 집중을 억제하기 위한 규제정책을 시작했다. 그러나 수도권의 억제정책을 추진한 대부분의 국가들은 1970년대 후반 이후 경제 성장을 위해 규제를 완화하고 있으며, 최근에는 세계화·개방화에 따라 국가 간 대도시경쟁이 심화되면서 수도권 정책은 '규제'에서 '경쟁력 강화' 방향으로 전환하고 있다.[25)]

일본의 경우, 1950년대 도쿄(東京) 인구의 급증과 생활환경·교통 상황 악화 및 지역 불균형 문제의 대두로 수도권 규제가 도입되어, 대규모 공장과 대학 신설 제한 등 1970년대까지 규제를 강화했다. 그러나 1980년대 들어 규제을 완화하기 시작했고, 제5차 수도권 기본계획(1999~2015)에서는 '수도권 규제'에서 '수도권 기능의 강화·재편'으로 전환하고 있다. 특히 2002년에 「수도권 기성 시가지의 공장 등 제한법」과 2006년에 「공업재배치 촉진법」을 각각 폐지하는 등 대도시권 각종 개발규제를 대폭 완화했으며, 2003년에는 「도시재생특별조치법」을 제정해 대도시권의 성장과 재생을 촉진함으로써 투자 및 경제 활성화로 나아가고 있다.

영국의 경우, 1944년 '대(大)런던 계획'으로 수도권 규제정책을 도입한 이후 '런던에 집중된 인구·산업의 분산'을 목표로 산업 및 사무실 개발허가제, 공공기관 이전정책 등을 시행했다. 그러나 1970년대 제조업 쇠퇴 및 1976년 IMF 외환위기 등 경제가 침체하자 수도권 집중억제정책을 수정하고 자유시장 원리를 강조하는 정책으로 전환했다. 1979년에 '사무실 개발 허가제'와 1981년에 수도권 공장 신·증설을 규제하는 '산업개발 허가제'를 각각 폐지했다. 영국은 현재 세계화·개방화 추세에 따른 도시 간 경쟁 시

25) 주요 국가 수도권 정책 내용은 국토교통부(2015)를 참고해 정리.

대에 오히려 경쟁력 강화를 위한 수도권 지원정책을 마련하고 있다.

프랑스의 경우에도 1960년 '파리권 종합계획(PADOG)'을 수립하고 1963년 '국토균형개발청(DATAR)'을 설립해 사무실·공장의 설립허가제를 도입하는 등 수도인 파리의 성장을 억제하고, 지방 중심도시를 중점 육성하는 정책을 추진했다. 그러나 프랑스의 경우도 1970년대 경기 침체·실업률 증가 이후 규제 완화 추세로 전환하고 있으며, 1990년대 후반 이후에는 유럽연합 내 대도시권 간 경쟁이 심화되면서 수도권 정책 기조를 '억제'에서 '경쟁력 중점'으로 전환했다.

수도권 정책의 패러다임을 바꿔야 할 시점이다

그간 수도권 규제는 지역 간 형평성 제고를 목적으로 경제적 효율성을 희생하는 정책이었다. 경제적 효율성이 배제된 '정치적 형평성'의 규제인 것이다. 30년 이상의 억제 정책 결과는 형평성과 효율성을 모두 달성하지 못하고 있다는 부정적인 평가가 증가하고 있다. 30년 이상의 규제정책에도 불구하고 효과가 없는 정책은 경제적 효율성을 고려한 새로운 정책의 변화가 필요하다.

규제를 통한 수도권 억제와 국가균형발전전략은 선진국에서 이미 실패한 정책으로 평가하고 있다. 세계화와 개방화라는 새로운 경제환경의 출현에 따라 선진국들은 수도권 정책의 패러다임을 규제에서 경쟁력 강화로 전환하고 있다.

이제 한국도 수도권을 '규제'의 시각에서 수도권의 경쟁력을 제고하고 활용하는 정책으로 전환할 때이다. 집중된 수도권을 억누르는 시각에서 집적의 외부경제를 창출하는 핵심 지역으로 바꿔야 할 시기라는 것이다. 이는 가속화되는 국제적 경쟁에 맞서 국가의 경쟁력을 위해 불가피한 선택의 흐름이다. 대신 지방의 육성정책은 강화되어야 한다. 다만 수도권을 억눌러 풍선 효과를 통한 지방 육성의 시도는 조그만 지방 육성의 효과에 비해 국가 전체의 경쟁력을 크게 저하시키게 되고 경쟁국만 이롭게 한다. 이제 수도권 정책은 규제를 통한 '정치적 효율성'을 강조하는 정책에서 경쟁력을 제고하고 함께 성장하는 '경제적 효율성'으로 전환이 필요한 시점이다.

현재의 수도권 정책을 일시적으로 전환하기에 어려움이 있다면 우선 수도권에 전략적인 발전지구 지정과 같은 특구제도를 넓게 도입하는 것도 중간 단계의 대안이 될 수 있다. 수도권의 일정 지역을 지정해, 공량총량제, 건축물의 규모 제한 등 기존 규제의 적용을 배제하거나 완화하는 방안도 가능하다. 일자리 창출이나 국제경쟁력 확보에 시급한 지역을 시작으로 순차적인 추진하고, 중장기적으로 현재의 권역별 수도권 규제를 지방 발전의 정도에 맞춰 폐지할 수도 있게 된다.

그러나 무엇보다 수도권의 성장 잠재력을 국가경쟁력 강화에 활용하고 그 경쟁력을 지방 육성에 활용하는 상생적인 규제개혁 논의부터 우선 시작해야 한다. 풍선 효과에 의존하는 것은 상생과는 거리가 멀게 된다. 세계는 모두 대도시 간 경쟁으로 수도권을 활용하는 정책으로 이미 전환했다.

참고 문헌

국가경쟁력강화위원회 (2011). 「2011년 국가경쟁력강화보고서: 우리의 미래는 국가경쟁력에 달려 있습니다」.

______ (2012). 『국가경쟁력 강화로 선진 한국 건설』.

국가경쟁력강화위원회 실무추진단 (2012). 『대한민국 국가경쟁력 리포트』. 서울: 매일경제신문사.

국무조정실 (1998). 「규제개혁추진 종합지침」, 규제개혁 98-4.

______ (2007). 「참여정부 규제개혁을 말하다」.

______ (2013). 「한국의 규제개혁(PPT)」, 국무조정실.

______ (2014a). 「규제시스템 개혁 방안」, 규제개혁장관회의 보고 안건.

______ (2014b). 「공인중개사의 업무 및 부동산 거래 신고에 관한 법률 시행령 개정안 규제심사 검토서」, 국무조정실.

______ (2014c). 「규제비용총량제 관련 합동교육자료」, 농식품 분야 규제비용총량제도의 효율적 운용을 위한 워크숍 자료집, 농림축산식품부.

국무조정실 · 한국개발연구원 · 한국행정연구원 (2014a). 「영국의 규제개혁시스템」.

______ (2014b). 「규제비용총량제 시범사업 매뉴얼」.

국무총리실 (2009). 「한시적 규제유예 추진계획」, 규제개혁위원회 및 관계장관 합동회의 안건.

______ (2011). 『이명박 정부의 규제개혁 이야기(사례집)』.

국무총리실 · 환경부 (2009). 「성과 기준 방식에 의한 환경규제 선진화 방안: 기술 발전을 고려한 최종 배출기준 규제로 전환」, 국가정책조정회의 안건.

국토교통부 (2014). 「규제총점관리제를 통한 규제의 질적 개혁」, 경제관계장관회의 안건(14-34-3호).

______ (2015). 「국토업무편람」, 국토교통부 국토정책국.

규제개혁위원회 (1998a). 「행정규제 영향분석 및 자체심사 업무지침」, 규제개혁추진 종합지침, 국무조정실.

______ (1998b). 「행정규제 영향분석요령」, 규제개혁98-5. 국무조정실.

______ (1998c). 「1999년 규제정비 지침」, 국무조정실.

______ (1999). 『1998년도 규제개혁백서』.

______ (2000). 『1999년도 규제개혁백서』.

______ (2003). 『2002년도 규제개혁백서』.

______ (2004). 『2003년도 규제개혁백서』.

______ (2008). 『2007년도 규제개혁백서』.

______ (2009). 『2008년도 규제개혁백서』.

______ (2014). 『2013년 규제개혁 백서』.

______ (2015). 「행정규제 업무기준」, 행정규제 업무기준 및 규제비용총량제 시범 매뉴얼 교육자료집.

규제개혁위원회 · 한국개발연구원 · 한국행정연구원 (2015). 「규제비용총량제 시범사업 매뉴얼(3차)」.

규제조정실 (2014). 「일몰규제 근거법령 정비 추진 경과」, 규제조정실 내부자료.

김동건 (1997). 『비용편익분석』. 서울: 박영사.

김재광 (2012). 「규제와 법제 개선 그리고 경제 효과」. 법제처 · 한국입법정책학회 공동 학술세미나 자료집.

김종석 (1998). 「규제개혁 어떻게 해야 하는가」, 1998년 규제개혁추진 종합지침, 국무조정실.

김종석 · 김진국 · 김태윤 · 이성우 · 이주선 · 최병선 (1999). 「규제개혁추진 체계개선 및 규제개혁의 발전방안에 관한 연구」, 홍익대경영연구소.

김종석 · 최병선 · 김일중 (1996). 「규제영향평가 도입 방안」, 재정경제부규제개혁기획단.

김태윤 · 김준모 · 심미승 (1999). 「규제대안연구」, 한국행정연구원.

농림축산식품부 (2014a). 「농업의 미래성장 산업화를 위한 규제개혁 방안」, 제2차 규제개혁장관회의 자료.

______ (2014b). 「농식품 규제개혁 추진 현황」, 농식품 분야 규제비용총량제도의 효율적 운용을 위한 워크숍 자료집.

______ (2015). 「농식품 규제개혁 추진 현황 및 계획」, 민관합동 농식품 규제개혁추진협의회 자료집.

대한상공회의소 (2010). 「민선5기 지방자치단체에 바라는 기업의견조사」 보도자료.

______ (2014). 「민선6기 지방자치단체에 바라는 기업 의견」 조사보도자료.
______ (2015). 「전국 규제지도로 본 지자체 규제 현황과 주요 개선과제」. 행정자치부(경제단체와 함께 푸는 규제혁신 대토론회) 보도자료집.
대한상공회의소 · 한국산업단지공단 · 산업연구원 (2013). 「자자체 기업활동 규제 실태조사」.
류충렬 (2000). 「우리나라 규제영향분석제도(RIA)의 운영실태 분석 및 개선방안 연구」, 서울대행정대학원.
민관합동규제개혁추진단 (2012). 「2011년 기업현장 애로 개선활동」.
______ (2013a). 「민관합동규제개혁추진단 5년간 성과: 기업 현장 애로 이렇게 개선하였습니다」.
______ (2013b). 「기업현장 애로 개선활동 실적: 민관합동 규제개혁추진단 개선과제 모음집」.
______ (2013c). 「민관합동으로 이룬 기업현장 애로 개선활동」.
이종수 (2009). 『행정학사전』. 서울: 대영문화사.
이주선 · 한선옥 (1999). 「김영삼 행정부의 규제 완화 실적 평가」, 한국경제연구원.
정강정 (2006). 「규제순응도 결정 요인에 관한 연구」, 고려대학교 대학원 박사학위논문집.
최병선 (1992). 『정부규제론』. 서울: 법문사.
______ (1998). 「우리나라 규제개혁정책의 핵심과 쟁점」, 1998년 규제개혁추진 종합지침, 국무조정실.
최송화 (1993). 「행정규제 완화와 재량권 남용 방지를 위한 법제 정비 방안」, 『법제연구』 제4호, 한국법제연구원.
한국개발연구원 (2015). 「규제제도 및 규제영향분석에 관한 연구」, 경제 · 인문사회연구회 미래사회 협동연구총서(14-38-01).
한국보건산업진흥원 (2014). 『2013 보건산업백서』, 한국보건산업진흥원.
한국행정연구원 (2014a). 『대한민국 역대정부 주요정책과 국정 운영(전두환 정부)』. 서울: 대영문화사.
______ (2014b). 『대한민국 역대 정부 주요 정책과 국정 운영(노태우 정부)』. 서울: 대영문화사.
______ (2014c). 『대한민국 역대 정부 주요 정책과 국정 운영(김영삼 정부)』. 서울: 대영문화사.
______ (2014d). 『대한민국 역대 정부 주요 정책과 국정 운영(김대중 정부)』. 서울: 대영문화사.
______ (2014e). 『대한민국 역대 정부 주요 정책과 국정 운영(노무현 정부)』. 서울: 대

영문화사.
______ (2014f). 『대한민국 역대 정부 주요 정책과 국정 운영(이명박 정부)』. 서울: 대영문화사.
______ (2015). 「캐나다 One-for-One Rule 소개」.
행정자치부 (2015). 「경제단체와 함께 푸는 규제혁신 대토론회」. 보도자료집.
현대경제연구원 (2011). 「투자개방형 의료법인의 경제적 효과」. 경제주평(11-33).

Martelli, Mario (2014). "Regulatory Impact Assessment: Its Origins, Evolution, and Challenges." 2014 International Seminar, The Korea Institute of Public Administration.
Meier, Kenneth J. (1985). *Regulation: Politics, Bureaucracy and Economics.* New York: St. Martin's Press.
Mitnick, Barry M. (1980). *The Political Economy of Regulation*. New York: Columbia University Press.
OECD (1997). *Regulartory Impact Analysis: Practices in OECD Countries.*
Smy, David Alexander (2014). "One-In, Two-Out: Lessons and Challenges." 2014 International Seminar. The Korea Institute of Public Administration.
The Republic of Korea (2009). *Temporary Regulatory Relief: A New Experiment in Regulatory.*
Watt, Peter Andrew (2014). "Perspectives on Regulatory Reform: Better Regulation and Its Challenges." 2014 International Seminar. The Korea Institute of Public Administration.

류충렬 블로그, www.blog.naver.com/crryu4
규제개혁위원회 홈페이지, www.better.go.kr
호주 총리내각부 홈페이지, www.dpmc.gov.au

류충렬

총무처(현: 인사혁신처), 국무총리실 등에서 32년간 공직생활을 하고 2014년 1월 국무총리실 경제조정실장으로 퇴직했다. 재직 중 국무조정실 규제개혁조정실(서기관), 국무총리실 사회규제관리관(국장급) 및 국가경쟁력강화위원회 민관합동규제개혁추진단장(실장급)직을 거치면서 규제개혁 업무를 추진했으며, 현재 한국행정연구원 초청연구위원으로 재직하고 있다. 성균관대학교 대학원에서 행정학박사 학위를 받았다.

규제의 파르마콘

펴낸날 제1판 제1쇄 2015년 8월 25일
지은이 류충렬
펴낸이 임춘환
펴낸곳 도서출판 대영문화사
주 소 서울특별시 용산구 청파로 61길 5(청파동 1가) 제일빌딩 2층
등 록 1975년 12월 26일 제3-16호
전 화 (02)716-3883, (02)714-3062
팩 스 (02)703-3839
홈페이지 http://www.dymbook.co.kr

ISBN 978-89-7644-531-5
값 16,000원